中国演讲口才与人际沟通经典教材
中国社会艺术协会口才专业委员会指定教材

学术顾问

著名语言学家、博士生导师、华中师范大学资深教授邢福义先生
著名语言学家、博士生导师、暨南大学詹伯慧教授
著名修辞学家、博士生导师、武汉大学郑远汉教授
著名修辞学家、博士生导师、暨南大学黎运汉教授
著名修辞学家、博士生导师、复旦大学宗廷虎教授
著名语言学家、中国社会科学院资深研究员陈建民教授

教材指导委员会

主任委员　　**副主任委员**

邱新建　　　　李元授　颜永平　孙朝阳　宁爱中　黄春燕

委　员

刘　吉　刘德强　蔡朝东　李志勤　武传涛　刘智伟　李　梅
石　鼎　曾桂荣　谈晓明　曹　辉　谭武建　王　军　许振国
易书波　韩娜娜

教材编写委员会

总主编　　　**执行主编**　　　**副主编**

李元授　　　　孙朝阳　李晓玲　　熊福林　孙兆臣

总策划　　　**特邀专家**

邓楚杰　巫世峰　　李荣建　洪　潮　石　鼎　吴茂华　张　强

编　委

易吉林　李玉超　蔡　涨　邱红光　李庭芳　姚俊峰　余　磊
李维亚　徐启明　杨玉娣　吴　秀　吴卓凡　朱淑娟　郭　珊
巫世峰　邓楚杰　孙兆臣　熊福林　李晓玲　孙朝阳　李元授

中国演讲口才与人际沟通经典教材
中国社会艺术协会口才专业委员会指定教材

总主编 李元授

我们的理念是——
口才，天下第一才
会说话，赢天下。

礼仪训练

（第四版）

主 编 李荣建

华中科技大学出版社
http://www.hustp.com
中国·武汉

内 容 提 要

《礼仪训练》(第四版),系"中国演讲口才与人际沟通经典教材"之一。

礼仪是人类文化的结晶,具有鲜明的时代特征,是人们进行社会交往的行为规范与准则。

本书探讨了礼仪的起源与发展,阐明了礼仪的原则及功能,系统论述了个人礼仪、家庭礼仪、学校礼仪、公共场所礼仪、求职礼仪、公务礼仪、社交礼仪、商务礼仪、外事礼仪、餐饮礼仪、旅游礼仪、宗教礼仪、外国礼仪与禁忌集锦等。

本书资料丰富翔实,实例生动有趣,文字优美流畅,实用性强,是新时代人才学习礼仪知识、提高文化素质的好教材。

图书在版编目(CIP)数据

礼仪训练/李荣建主编. —4版. —武汉:华中科技大学出版社,2022.5
ISBN 978-7-5680-8143-6

Ⅰ. ①礼… Ⅱ. ①李… Ⅲ. ①礼仪-教材 Ⅳ. ①K891.26

中国版本图书馆 CIP 数据核字(2022)第 062144 号

礼仪训练(第四版)
Liyi Xunlian(Di-si Ban)

李荣建　主编

策划编辑:陈培斌　兰　刚
责任编辑:余　涛
封面设计:刘　卉
责任监印:周治超
出版发行:华中科技大学出版社(中国·武汉)　　电话:(027)81321913
　　　　　武汉市东湖新技术开发区华工科技园　　邮编:430223
录　　排:华中科技大学惠友文印中心
印　　刷:武汉市籍缘印刷厂
开　　本:787mm×1092mm　1/16
印　　张:15　插页:2
字　　数:358千字
版　　次:2022年5月第4版第1次印刷
定　　价:48.00元

本书若有印装质量问题,请向出版社营销中心调换
全国免费服务热线:400-6679-118　　竭诚为您服务
版权所有　侵权必究

总　　序

中国古代的哲人有言："一言可以兴邦，一言可以丧邦。""一言之辩，重于九鼎之宝；三寸之舌，强于百万之师。"这里把国之兴亡与舌辩之力量紧密联系起来，借"九鼎之宝""百万之师"的强喻，充分揭示了口才的巨大的社会作用。二战时的美国人将"舌头"、原子弹和金钱称为赖以生存和竞争的三大战略武器；后来又把"舌头"、美元和计算机视为竞争和发展的三大战略武器。"舌头"，即口才，独冠于三大战略武器之首，强调了口才的价值非同小可。我们将口才再往前推进一步，展示口才的目的是什么？就是人际沟通。"沟通改变人生，沟通成就事业"；"时代呼唤沟通，世界呼唤沟通"。这些论断和理念，让我们每一个当代人都清醒地认识到演讲口才与人际沟通的至关重要性——关系到个人的前途、国家的生存与发展。现在，我们国家已进入新时代，中国已成为世界第二大经济体，今天的中国前所未有地接近世界舞台中心，实现中华民族伟大复兴进入了不可逆转的历史进程，共同构建人类命运共同体需要中国智慧、中国方案与中国贡献，中国在国际舞台上愈来愈具有举足轻重的地位。由此看来，演讲口才与人际沟通的巨大作用更是不言而喻。

有鉴于此，30多年来，武汉大学信息传播与现代交际研究中心组织了数十位专家学者，就口才、演讲、辩论、谈判、交际、沟通、公关、礼仪、策划、营销、广告、文秘等一系列课题展开了科学的研究。在国家教育部主持的"大学生文化素质教育书系"中，李元授教授主编了《现代公共关系艺术》《交际与口才》《交际礼仪学》3部教材；还先后主编出版了"交际学丛书""人际交往精粹丛书""新世纪人才素质训练丛书""创造性人才素质训练教材""综合素质训练系列教程""中国少儿口才艺术精品教材""文化素质教育经典教材""中国演讲口才与人际沟通经典教材"等10余套丛书，共计80余本著作。我们本次推出的"中国演讲口才与人际沟通经典教材"（以下简称经典教材，共计6本，其中4本为第四次修订，2本为新增）就是其中之一。

承蒙几位全国顶尖的本学科大家担任本经典教材的学术顾问。他们是：著名语言学家、博士生导师、华中师范大学资深教授邢福义先生，著名语言学家、博士生导师、暨南大学詹伯慧教授，著名修辞学家、博士生导师、武汉大学郑远汉教授，著名修辞学家、博士生导师、复旦大学宗廷虎教授，著名修辞学家、博士生导师、暨南大学黎运汉教授，著名语言学家、中国社会科学院资深研究员陈建民教授。

诚邀十余位著名的演讲家与演讲理论家担任本经典教材指导委员会的专业指导。

出任本经典教材指导委员会主任委员的是文化和旅游部中国社会艺术协会党组书记、会长邱新建主席；出任教材指导委员会副主任委员的有中国社会艺术协会艺术顾问兼口才专业委员会名誉会长、武汉大学李元授教授，著名的演讲家颜永平、孙朝阳两位专家，中国社会艺术协会副秘书长、北京爱芝音教学设备有限公司宁爱中总经理和中国管理科学研究院商学院客座教授黄春燕董事长。

出任本经典教材指导委员会委员的有：中国四大演讲家之一的刘吉教授，上海演讲学研究会创会会长、上海市委党校刘德强教授,著名的演讲家蔡朝东先生,云南省演讲学会原会长李志勤教授,山东省演讲学会会长武传涛教授,黑龙江省演讲口才协会刘智伟主席,湖南省演讲与口才学会副会长、湖南响语演讲团李梅团长,中国资深营销培训专家、武汉大好科技有限公司石鼎董事长,著名教育与管理专家、广东省启学教育集团曾桂荣董事长,著名人际沟通专家谈晓明教授,湖北省演讲协会曹辉常务副会长,贵州省演讲研究会谭武建会长,宁夏演讲与口才协会王军会长,辽宁省演讲学会许振国会长,世界500强演讲培训专家易书波老师,还有青年演讲家、山西省演讲学会韩娜娜执行会长。

在本经典教材第四次修订再版之际,我们特别怀念"共和国演讲泰斗"尊敬的李燕杰先生。燕杰先生2017年11月16日仙逝,他生前不仅全力支持广大青少年学习演讲艺术,鼓励青少年积极参加演讲培训、演讲比赛和各种演讲实践活动,而且还热情鼓励推动演讲艺术的理论研究。有一次燕杰先生语重心长地对我说:"现在我国的演讲艺术缺乏科学的专业的理论研究,从事研究的专家太少太少,数得出来的专家就你们几位。你的理论研究成果多多,硕果累累,可喜可贺!希望你能多培养几个接班人;希望你们能进行演讲艺术的应用研究、深度研究和比较研究,让我国的演讲理论研究水平能上一个新的台阶。我寄厚望于你们!"燕杰先生的厚望强烈地激励着我,鞭策着我,让我不敢有丝毫的懈怠。这次推出的第四次修订再版的"中国演讲口才与人际沟通经典教材",可以算作我们向燕杰先生的汇报与怀念。

在编写本经典教材过程中,我们参阅了诸多相关著作、论文,所引材料尽可能注明,其中或许有遗漏。敬请相关作者及时联系我们,以便及时修订,谨向作者表示歉意与谢意!

需要说明的是我们编写出版本经典教材(第四版),出版社不但要求修订文字,还要求与时俱进,要展示与教材内容相关的精彩视频和珍贵照片资料,立体化出书,为广大读者提供丰富的认知世界。这些视频照片资料是本经典教材核心专家以及诸多演讲家、演讲理论家热情提供的,有的是从"今日头条"和微信中下载的,我们尽可能注明出处和作者;如有遗漏,请及时与我们联系,以便下次印刷时更正。对以上所有专家谨致诚挚的谢意与崇高的敬礼!

需要感谢的是广东演讲学会对本经典教材的关心、支持与帮助,不仅及时剪辑制作了李燕杰先生等精彩演讲短视频,还积极宣传推广了本经典教材。广东演讲学会自2011年成立以来,培训事业红红火火,所编写的系列培训教材科学实用,为"党政军企校"提供了社会服务,广受好评,荣获"5A级社会团体"称号,被誉为"中国演讲界一面旗""中国演讲事业的桥头堡",真是可喜可贺!我们谨此致以崇高的敬礼!

最后,我们郑重宣告:中国社会艺术协会口才专业委员会于2021年12月19日,在广州广东演讲学会举行了隆重的成立大会,中国社会艺术协会党组书记、会长邱新建主席出席了大会,并发表了热情洋溢的讲话;协会热烈祝贺口才专业委员会的成立,希望我们牢记习近平总书记的重要指示,"讲好中国故事,传播好中国声音",接过"共和国演讲泰斗"李燕杰先生的演讲旗帜,全国一盘棋、一条心、一股劲,努力开创演讲理论研究、演讲教育培训、演讲服务社会与演讲选手同台比拼的崭新局面!

是为序。

李元授

2022年2月22日修订于武汉大学

目 录

导语 新世纪人才的风采 ……………………………………………………（1）

第一章 源远流长的礼仪——礼仪训练概述 …………………………………（3）
    第一节 礼仪的起源与发展 …………………………………………………（3）
    第二节 礼仪的特征及原则 …………………………………………………（11）
    第三节 礼仪的种类及功能 …………………………………………………（13）
    思考与训练 …………………………………………………………………（16）

第二章 自我完善的途径——个人礼仪训练 …………………………………（19）
    第一节 心灵美 ………………………………………………………………（19）
    第二节 外表美 ………………………………………………………………（22）
    第三节 行为美 ………………………………………………………………（25）
    思考与训练 …………………………………………………………………（28）

第三章 营造温馨的灵丹——家庭礼仪训练 …………………………………（31）
    第一节 亲属称谓 ……………………………………………………………（31）
    第二节 家庭成员礼仪 ………………………………………………………（34）
    第三节 家庭应酬 ……………………………………………………………（39）
    思考与训练 …………………………………………………………………（43）

第四章 尊师爱生的玉律——学校礼仪训练 …………………………………（46）
    第一节 教师礼仪 ……………………………………………………………（46）
    第二节 学生礼仪 ……………………………………………………………（47）
    第三节 学校仪式 ……………………………………………………………（49）
    思考与训练 …………………………………………………………………（51）

第五章 伸缩有度的准绳——公共场所礼仪训练 ……………………………（53）
    第一节 日常礼仪 ……………………………………………………………（53）
    第二节 公共场所礼仪 ………………………………………………………（55）
    第三节 交通礼仪 ……………………………………………………………（60）
    第四节 志愿者礼仪 …………………………………………………………（64）
    思考与训练 …………………………………………………………………（64）

第六章 自我推销的艺术——求职礼仪训练 …………………………………（65）
    第一节 广泛收集人才需求信息 ……………………………………………（65）
    第二节 放试探性求职气球 …………………………………………………（66）

第三节　闯过求职面试关 …………………………………………………… (68)
　　思考与训练 …………………………………………………………………… (73)

第七章　和睦相处的法则——公务礼仪训练 ………………………………… (77)
　　第一节　工作场所礼仪 ……………………………………………………… (77)
　　第二节　集会礼仪 …………………………………………………………… (79)
　　思考与训练 …………………………………………………………………… (87)

第八章　开拓进取的谋略——社交礼仪训练 ………………………………… (91)
　　第一节　见面与介绍 ………………………………………………………… (91)
　　第二节　交谈与交往 ………………………………………………………… (95)
　　第三节　舞会、沙龙及社交禁忌 …………………………………………… (101)
　　思考与训练 …………………………………………………………………… (107)

第九章　创造财富的钥匙——商务礼仪训练 ………………………………… (110)
　　第一节　售货礼仪 …………………………………………………………… (110)
　　第二节　推销礼仪 …………………………………………………………… (115)
　　第三节　谈判礼仪 …………………………………………………………… (118)
　　第四节　商业礼仪 …………………………………………………………… (123)
　　思考与训练 …………………………………………………………………… (125)

第十章　国际交往的规范——外事礼仪训练 ………………………………… (128)
　　第一节　迎送礼仪 …………………………………………………………… (128)
　　第二节　会见与会谈 ………………………………………………………… (131)
　　第三节　约请与应邀 ………………………………………………………… (134)
　　第四节　文艺晚会 …………………………………………………………… (136)
　　第五节　国际礼宾次序与国旗的悬挂 ……………………………………… (137)
　　思考与训练 …………………………………………………………………… (142)

第十一章　优质服务的准则——旅游礼仪训练 ……………………………… (145)
　　第一节　接待服务礼仪 ……………………………………………………… (145)
　　第二节　客房服务礼仪 ……………………………………………………… (147)
　　第三节　餐厅服务礼仪 ……………………………………………………… (149)
　　第四节　导游礼仪 …………………………………………………………… (150)
　　思考与训练 …………………………………………………………………… (152)

第十二章　饮食活动的要领——餐饮礼仪训练 ……………………………… (155)
　　第一节　中餐进餐礼仪 ……………………………………………………… (156)
　　第二节　西餐进餐礼仪 ……………………………………………………… (162)
　　第三节　饮酒礼仪 …………………………………………………………… (169)
　　第四节　饮茶礼仪 …………………………………………………………… (173)
　　思考与训练 …………………………………………………………………… (176)

第十三章　五光十色的世界——宗教礼仪训练 ……………………………… (179)
　　第一节　基督教礼仪 ………………………………………………………… (179)

第二节　伊斯兰教礼仪 …………………………………………………… (182)
　　第三节　佛教礼仪 ………………………………………………………… (187)
　　思考与训练 ………………………………………………………………… (190)
第十四章　丰富多彩的习俗——中国礼俗选介 ……………………………… (192)
　　第一节　汉族习俗与礼仪 ………………………………………………… (192)
　　第二节　主要少数民族习俗与礼仪 ……………………………………… (197)
　　第三节　现代礼俗 ………………………………………………………… (201)
　　思考与训练 ………………………………………………………………… (208)
第十五章　外国礼仪与禁忌集锦 ……………………………………………… (211)
　　第一节　一些亚非国家的礼仪与禁忌 …………………………………… (211)
　　第二节　一些欧洲国家的礼仪与禁忌 …………………………………… (220)
　　第三节　美洲、大洋洲一些国家的礼仪与禁忌 ………………………… (225)
　　思考与训练 ………………………………………………………………… (227)
主要参考书目 …………………………………………………………………… (231)
后记 ……………………………………………………………………………… (233)

导　语　新世纪人才的风采

21世纪是科学技术突飞猛进、知识经济竞放异彩的时代。与此同时,世界上多种文明会更加猛烈地碰撞、交融,而各国间在政治、文化方面的较量将会加剧,综合国力和高级人才的竞争也会日趋激烈。

面临新的机遇和挑战,中国人民正同心同德,奋发图强,努力实现中华民族的再次腾飞,在21世纪中叶基本实现现代化,把中国建设成为一个富强、文明、民主的社会主义现代化强国。

建设祖国的伟大事业,需要数以亿计高素质的劳动者和数以千万计的专门人才。而随着经济全球化的迅速发展,国际交往日益频繁,对新时代人才提出了更高的要求。

为了抓住新世纪的巨大机遇,积极迎接更加严峻的挑战,新时代人才要有远大的理想、高尚的情操、渊博的学识、强健的体魄、健全的意志、一定的交际能力、乐观的人生态度。只有这样,才能适应新世纪的需求,成为国内行业里的尖兵,国际舞台上的闯将。

中国是著名的礼仪之邦。礼仪是人类文化的结晶,社会文明的标志,人际交往的行为规范。为了培养高尚的情操和交际能力,新时代人才应当继承和发扬中华民族的传统美德,吸取人类文明的优秀成果,学习礼仪概论,洞察古今中外礼仪的演变;学习个人礼仪,自觉提高思想修养和文化素质;学习家庭礼仪,与亲人一起营造温馨的氛围;学习学校礼仪,尊师爱生;学习网络礼仪,自由驰骋于互联网;学习公关场所礼仪,参与净化社会风气;学习公务礼仪,左右逢源;学习社交礼仪,结交良朋益友;学习公关礼仪,增强协调能力;学习商务礼仪,领悟销售技巧和谈判艺术;学习外事礼仪,了解国际交往的规范;学习旅游礼仪,掌握操作要领;学习求职礼仪,顺利走向成功;学习宗教礼仪,理解宗教文化背景;探讨民族礼俗,领略大千世界。

现在已是21世纪,望青年朋友们认真学习文化,尽快熟悉礼仪,以饱满的热情、高昂的斗志、优雅的风度,拥抱人类的新纪元。

第一章　源远流长的礼仪
——礼仪训练概述

礼仪是人类文明的产物,它随着社会的进步逐渐形成。古今中外许多学者对礼仪的理论和实践进行了广泛探讨和深入研究,硕果累累。其中一些优秀著作是人类文化宝库中的精品,至今仍放射出熠熠光彩。

由于地理环境和历史背景不同,中外礼仪种类纷繁,异彩纷呈,但各有千秋。尽管中外礼仪有着这样和那样的差异,但总体来看,其反映人们追求真善美的愿望是一致的,其基本礼仪均为社会各阶层人士所共同遵守的准则与行为规范。因此,中国和外国的礼仪教育由来已久,并积累了大量成功的经验。

▶ 第一节　礼仪的起源与发展 ◀

礼仪起源于人类社会形成之初,经历了漫长的发展过程。

一、中国礼仪的起源与发展

中国自古就以礼仪之邦著称于世,其漫长的礼仪发展史大致可以分为礼仪的萌芽时期(公元前5万年—公元前1万年)、礼仪的草创时期(公元前1万年—公元前22世纪)、礼仪的形成时期(公元前21世纪—公元前771年)、礼仪的发展和变革时期(公元前770年—公元前221年)、礼仪的强化时期(公元前221年—1796年)、礼仪的衰落时期(1796—1911年)、现代礼仪时期(1912—1949年)和当代礼仪时期(1949年至今)等8个时期。礼仪的形成和发展,经历了一个从无到有,从低级到高级,从零散到完整的渐进过程。

(一) 礼仪的萌芽时期(公元前53年—公元前1万年)

礼仪起源于原始社会时期,在长达100多万年的原始社会历史中,人类逐渐开化。在原始社会中、晚期(约旧石器时期)出现了早期礼仪的萌芽。例如,生活在距今约1.8万年前的北京周口店山顶洞人,就已经知道打扮自己。他们用穿孔的兽齿、石珠作为装饰品,挂在脖子上。而他们在去世的族人身旁撒放赤铁矿粉,举行原始宗教仪式,这是迄今为止在中国发现的最早的葬仪。

(二) 礼仪的草创时期(公元前13年—公元前22世纪)

公元前1万年,人类进入新石器时期,不仅能制作精细的磨光石器,而且开始从事农耕和畜牧。在其后数千年岁月里,原始礼仪渐具雏形。例如,在今西安附近的半坡遗址中,发现了生活在距今约五千年前的半坡村人的公共墓地。墓地中的坑位排列有序,死者的身份有所区别,有带殉葬品的仰身葬,还有无殉葬品的俯身葬等。此外,仰韶文化时期的其他遗址及有关资料表明,当时人们已经注意尊卑有序、男女有别。而长辈坐上席、晚辈坐下席、男子坐左边、女子坐右边等礼仪日趋明确。

(三)礼仪的形成时期(公元前21世纪—公元前771年)

公元前21世纪至公元前771年,中国由金石并用时代进入青铜时代。金属器的使用,使农业、畜牧业、手工业生产跃上一个新台阶。随着生活水平的提高,社会财富除消费外有了剩余并逐渐集中在少数人手里,因而出现阶级对立,原始社会由此解体。

公元前21世纪至公元前15世纪的夏代,中国开始从原始社会末期向早期奴隶社会过渡。在此期间,尊神活动升温。

在原始社会,由于缺乏科学知识,人们不理解一些自然现象。他们猜想照耀大地的太阳是神,风有风神,河有河神……因此,他们敬畏"天神",祭祀"天神"。从某种意义上说,早期礼仪既包含原始社会人类生活的若干准则,又是原始社会宗教信仰的产物。礼的繁体字"禮",左边代表神,右边是向神进贡的祭物。因此,汉代学者许慎说:"礼,履也,所以事神致福也。"(《说文解字》)

以殷墟为中心展开活动的殷人,在公元前14世纪至公元前11世纪活跃在华夏大地。他们建造了中国第一个古都——地处现河南安阳的殷都,而他们在婚礼习俗上的建树,被其尊神、信鬼的狂热所掩盖。

推翻殷王朝并取而代之的周朝,对礼仪建树颇多。特别是周武王的兄弟、辅佐周成王的周公,对周代礼制的确立起了重要作用。他制作礼乐,将人们的行为举止、心理情操等统统纳入一个尊卑有序的模式之中。全面介绍周朝制度的《周礼》,是中国流传至今的第一部礼仪专著。《周礼》(又名《周官》),本为一官职表,后经整理,成为讲述周朝典章制度的书。《周礼》原有6篇,详介6类官名及其职权,现存5篇,第6篇用《考工记》弥补。6类官分别称为天官、地官、春官、夏官、秋官、冬官。其中,天官主管宫事、财货等;地官主管教育、市政等;春官主管五礼、乐舞等;夏官主管军旅、边防等;秋官主管刑法、外交等;冬官主管土木建筑等。

春官主管的五礼即吉礼、凶礼、宾礼、军礼、嘉礼,是周朝礼仪制度的重要方面。吉礼,指祭祀的典礼;凶礼,主要指丧葬礼仪;宾礼,指诸侯对天子的朝觐及诸侯之间的会盟等礼节;军礼,主要包括阅兵、出师等仪式;嘉礼,包括冠礼、婚礼、乡饮酒礼等。由此可见,许多基本礼仪在商末周初已基本形成。此外,成书于商周之际的《易经》和在周代大体定型的《诗经》,也有一些涉及礼仪的内容。

在西周,青铜礼器是个人身份的表征。礼器的多寡代表身份地位的高低,形制的大小显示权力的等级。当时,贵族佩带成组饰玉成为风气。而相见礼和婚礼(包括纳采、问名、纳吉、纳征、请期、亲迎等"六礼")成为定式,流行民间。此外,尊老爱幼等礼仪,也已明显确立。

(四)礼仪的发展和变革时期(公元前770年—公元前221年)

西周末期,王室衰微,诸侯纷起争霸。公元前770年,周平王东迁洛邑,史称东周。承继西周的东周王朝已无力全面恪守传统礼制,出现了所谓"礼崩乐坏"的局面。

春秋战国时期是我国的奴隶社会向封建社会转型的时期。在此期间,相继涌现出孔子、孟子、荀子等思想巨人,发展和革新了礼仪理论。

孔子(公元前551—公元前479年)是中国古代大思想家、大教育家,他首开私人讲学之风,打破贵族垄断教育的局面。他删《诗》《书》,定《礼》《乐》,赞《周易》,修《春秋》,为历史文化的整理和保存作出了重要贡献。他编订的《礼仪》,详细记录了战国以前贵族生活的各种礼节仪式。《礼仪》与前述《周礼》和孔门后学编撰的《礼记》,合称"三礼",是中国古代最早、最重要的礼仪著作。

孔子认为:"不学礼,无以立。"(《论语·季氏篇》)他说:"质胜文则野,文胜质则史。文质彬彬,然后君子。"(《论语·雍也》)他要求人们用道德规范约束自己的行为,要做到"非礼勿视,非礼勿听,非礼勿言,非礼勿动"(《论语·颜渊》)。他倡导的"仁者爱人",强调人与人之间要有同情心、要互相关心、彼此尊重等。总之,孔子较系统地阐述了礼及礼仪的本质与功能,把礼仪理论提高到一个新的高度。

孟子(约公元前372—公元前289年)是战国时期儒家主要代表人物。在政治思想上,孟子把孔子的"仁学"思想加以发展,提出了"王道""仁政"的学说和民贵君轻说,主张"以德服人"。在道德修养方面,他主张"舍生而取义"(《孟子·告子上》),讲究"修身"和培养"浩然之气"等。

荀子(约公元前313—公元前238年)是战国末期的大思想家。他主张"隆礼""重法",提倡礼法并重。他说:"礼者,贵贱有等,长幼有差,贫富轻重皆有称者也。"(《荀子·富国》)荀子指出:"礼之于正国家也,如权衡之于轻重也,如绳墨之于曲直也。故人无礼不生,事无礼不成,国家无礼不宁。"(《荀子·大略》)荀子还提出,不仅要有礼治,还要有法治。只有尊崇礼,法制完备,国家才能安宁。荀子重视客观环境对人性的影响,倡导学而至善。

(五)礼仪的强化时期(公元前221年—1796年)

公元前221年,秦王嬴政最终吞并六国,统一中国,建立起中国历史上第一个中央集权的封建王朝,秦始皇在全国推行"书同文""车同轨""行同伦"。秦朝制定的集权制度,成为后来延续两千余年的封建体制的基础。

西汉初期,叔孙通协助汉高祖刘邦制定了朝仪之礼,突出发展了礼的仪式和礼节。而西汉思想家董仲舒(公元前179—公元前104年),把封建专制制度的理论系统化,提出"惟天子受命于天,天下受命于天子"的"天人感应"之说(《汉书·董仲舒传》)。他把儒家礼仪具体概括为"三纲五常"。"三纲"即"君为臣纲,父为子纲,夫为妻纲"。"五常"即仁、义、礼、智、信。汉武帝刘彻采纳董仲舒"罢黜百家,独尊儒术"的建议,使儒家礼教成为定制。

汉代时,孔门后学编撰的《礼记》问世。《礼记》共计49篇,包罗宏富。其中:有讲述古代风俗的《曲礼》(第1篇);有谈论古代饮食居处进化概况的《礼运》(第9篇);有记录家庭礼仪的《内则》(第12篇);有记载服饰制度的《玉藻》(第13篇);有论述师生关系的《学记》(第18篇);还有教导人们道德修养的途径和方法,即"修身、齐家、治国、平天下"的《大学》(第42篇)等。总之,《礼记》堪称集上古礼仪之大成,上承奴隶社会、下启封建社会的礼仪汇集,是封建时代礼仪的主要源泉。

盛唐时期,《礼记》由"记"上升为"经",成为"礼经"三书之一(另外两本为《周礼》和《仪礼》)。

宋代时,出现了以儒家思想为基础,兼容道学、佛学思想的理学,程颢、程颐兄弟和朱熹为其主要代表。二程认为:"父子君臣,天下之定理,无所逃于天地间。"(《二程遗书》卷五)"礼即是理也"(《二程遗书》卷二十五)。朱熹进一步指出:"仁莫大于父子,义莫大于君臣,是谓三纲之要,五常之本。人伦天理之至,无所逃于天地间。"(《朱子文集·癸未垂拱奏札·二》)朱熹的论述使二程的"天理"说更加严密、精致。

家庭礼仪研究硕果累累,是宋代礼仪发展的另一个特点。在大量家庭礼仪著作中,以主撰《资治通鉴》而名垂青史的北宋史学家司马光(1019—1086年)的《涑水家仪》和以《四书集注》名扬天下的南宋理学家朱熹(1130—1200年)的《朱子家礼》最著名。

明代时,交友之礼更加完善,而忠、孝、节、义等礼仪日趋繁多。满族入关后,逐渐接受了汉族的礼制,并且使其复杂化,导致一些礼仪显得虚浮、烦琐。例如,清代的品官相见礼,当品级低者向品级高者行拜礼时,动辄一跪三叩,重礼则三跪九叩(《大清会典》)。

(六)礼仪的衰落时期(1796—1911年)

清代后期,清王朝政权腐败,民不聊生,古代礼仪盛极而衰。而伴随着西学东渐,一些西方礼仪传入中国。北洋新军时期的陆军便采用西方军队的举手礼等,以代替不合时宜的打千礼等。

(七)现代礼仪时期(1912—1949年,民国时期)

1911年末,清王朝土崩瓦解,当时远在美国的孙中山先生(1866—1925年)火速赶回祖国,于1912年1月1日在南京就任中华民国临时大总统。孙中山先生和战友们破旧立新,用民权代替君权,用自由、平等取代宗法等级制;普及教育,废除祭孔读经;改易陋俗,剪辫子、禁缠足等,从而正式拉开现代礼仪的帷幕。

民国期间,由西方传入中国的握手礼开始流行于上层社会,后逐渐普及民间。

(八)当代礼仪时期(1949年至今)

1949年10月1日,新中国成立,中国的礼仪建设从此进入一个崭新的历史时期。新中国成立以来,礼仪的发展大致可分为以下三个阶段。

1. 礼仪革新阶段(1949—1966年)

1949年至1966年,是中国当代礼仪发展史上的革新阶段。此间,摒弃了昔日束缚人们的"神权天命""愚忠愚孝",以及严重束缚妇女的"三从四德"等封建礼教,确立了同志式的合作互助关系和男女平等的新型社会关系,而尊老爱幼、讲究信义、以诚待人、先人后己、礼尚往来等中国传统礼仪中的精华,则得到继承和发扬。

2. 礼仪退化阶段(1966—1976年)

1966年至1976年,中国进行了"文化大革命"。十年动乱使国家遭受了难以弥补的严重损失,也给礼仪带来一场浩劫。许多优良的传统礼仪,被当作"封资修"货色扫进垃圾堆。礼仪受到摧残,社会风气逆转。

3. 礼仪复兴阶段(1977年至今)

1978年中国共产党第十一届中央委员会第三次全体会议以来,改革开放的春风吹遍了祖国大地,中国的礼仪建设进入新的全面复兴时期。1981年2月25日,全国总工会、团中央、全国妇联、中国文联、中国爱卫会、全国伦理学会、中华全国美学学会等9个单位联合发出《关于开展文明礼貌活动的倡议》，号召全国人民特别是青少年开展"五讲""四美"活动。"五讲"即讲文明、讲礼貌、讲卫生、讲秩序、讲道德，"四美"即语言美、心灵美、行为美、环境美。随后，"五讲四美"活动和"三热爱"（即热爱祖国、热爱社会主义、热爱党）活动相结合，在华夏大地轰轰烈烈地开展起来。1983年3月11日，中共中央成立了以万里为主任的"五讲四美三热爱"委员会。之后，各省、市、自治区也都分别成立了"五讲四美三热爱"委员会。通过在全国范围内开展此项活动，许多中国人开始重新树立正确的礼仪文化观念。

1996年10月10日，中国共产党第十四届中央委员会第六次全体会议通过了《中共中央关于加强社会主义精神文明建设若干重要问题的决议》，要求精神文明建设有一个大发展，中国礼仪文化进入一个新的发展期。中央及省、市、区各级文明办相继成立，全社会积极行动起来，开办市民学校，学习礼仪知识，从推行文明礼貌用语到积极树立行业新风，从开展"18岁成人仪式教育活动"到制定市民文明公约，努力创建全国文明城市（区）、文明村镇、文明单位。北京市等城市广泛发动群众自觉参与"排队推动日""让座日""过路要看红绿灯，行车礼让斑马线"等活动……上海市把迎奥运与迎世博紧密结合起来，在全市范围内开展了"百万家庭学礼仪"活动。厦门市组织"向不文明行为告别"主题实践活动，组织青年志愿者走上街头，督导市民改正各种不文明行为。武汉市200万名机关干部、职工和教职员工、中小学生，踊跃参加争创全国文明城市知识测试。《公共关系报》《现代交际》等一批涉及礼仪文化的报刊应运而出；《中国应用礼仪大全》《称谓大辞典》《外国习俗与礼仪》等介绍、研究礼仪文化的图书、辞典、教材不断问世；"中国文明网""西安文明网""武汉大学社交礼仪网"等五花八门的礼仪文化网站应运而生，《公民道德建设实施纲要》《全国青少年网络文明公约》等重要文件相继出台。广阔的华夏大地上再度兴起礼仪文化热，具有优良文化传统的中华民族又掀起了精神文明建设的新高潮……

2001年9月20日，中共中央印发《公民道德建设实施纲要》，号召全国人民"继承中华民族几千年形成的传统美德……促进整个民族素质的不断提高"。《公民道德建设实施纲要》是新时期对中华民族几千年形成的优良传统道德的继承和弘扬，是中国礼仪文化的新发展、新标杆，它"大力倡导'爱国守法、明礼诚信、团结友善、勤俭自强、敬业奉献'的基本道德规范，努力提高公民道德素质"，"大力倡导以尊老爱幼、男女平等、夫妻和睦、勤俭持家、邻里团结为主要内容的家庭美德，鼓励人们在家庭里做一个好成员"，认为"开展必要的礼仪、礼节、礼貌活动，对规范人们的言行举止，有着重要的作用。要提倡在重要场所和重大活动中升国旗、唱国歌，开展入队、入团、入党宣誓、成人仪式以及各种形式的重礼节、讲礼貌、告别不文明言行等活动，引导公民增强礼仪、礼节、礼貌意识，不断提高自身道德修养"。

随着《公民道德建设实施纲要》的贯彻、落实，"爱国守法、明礼诚信、团结友善、勤俭自强、敬业奉献"20字基本道德规范日益深入人心。

2005年10月8日至11日在北京举行的中国共产党第十六届中央委员会第五次全体会议，进一步提出了"按照构建民主法治、公平正义、诚信友爱、充满活力、安定有序、人与自然和谐相处的社会主义和谐社会的要求"，吹响了向礼仪文化进军的集结号。

2006年3月4日,胡锦涛总书记在参加中国人民政治协商会议第十届全国委员会第四次会议民盟、民进界委员联组讨论时发表讲话,号召"全社会大力弘扬爱国主义、集体主义、社会主义思想……坚持以热爱祖国为荣、以危害祖国为耻,以服务人民为荣、以背离人民为耻,以崇尚科学为荣、以愚昧无知为耻,以辛勤劳动为荣、以好逸恶劳为耻,以团结互助为荣、以损人利己为耻,以诚实守信为荣、以见利忘义为耻,以遵纪守法为荣、以违法乱纪为耻,以艰苦奋斗为荣、以骄奢淫逸为耻"。

胡锦涛总书记提出的以"八荣八耻"为主要内容的社会主义荣辱观,简要概括了新时期社会主义道德规范,继承了中华民族的传统美德,体现了新形势下的时代要求与精神风貌,明确了当代人最基本的行为准则,是科学发展观的重要组成部分,是新形势下社会主义思想道德建设的行动指南。

2013年12月30日,中共中央政治局就提高国家文化软实力研究进行第十二次集体学习。中共中央总书记习近平在主持学习时强调,提高国家文化软实力,关系"两个一百年"奋斗目标和中华民族伟大复兴中国梦的实现。习近平指出,提高国家文化软实力,要努力展示中华文化独特魅力。在5000多年文明发展进程中,中华民族创造了博大精深的灿烂文化,要使中华民族最基本的文化基因与当代文化相适应、与现代社会相协调,以人们喜闻乐见、具有广泛参与性的方式推广开来,把跨越时空、超越国度、富有永恒魅力、具有当代价值的文化精神弘扬起来,把继承传统优秀文化又弘扬时代精神、立足本国又面向世界的当代中国文化创新成果传播出去。要系统梳理传统文化资源,让收藏在禁宫里的文物、陈列在广阔大地上的遗产、书写在古籍里的文字都活起来。要以理服人、以文服人、以德服人,提高对外文化交流水平,完善人文交流机制,创新人文交流方式,综合运用大众传播、群体传播、人际传播等多种方式展示中华文化魅力。

2014年2月24日,中共中央政治局就培育和弘扬社会主义核心价值观、弘扬中华传统美德进行第十三次集体学习。中共中央总书记习近平在主持学习时强调,把培育和弘扬社会主义核心价值观作为凝魂聚气、强基固本的基础工程,继承和发扬中华优秀传统文化和传统美德,广泛开展社会主义核心价值观宣传教育,积极引导人们讲道德、尊道德、守道德,追求高尚的道德理想,不断夯实中国特色社会主义的思想道德基础。

习近平指出:要按照社会主义核心价值观的基本要求,健全各行各业规章制度,完善市民公约、乡规民约、学生守则等行为准则,使社会主义核心价值观成为人们日常工作生活的基本遵循。要建立和规范一些礼仪制度,组织开展形式多样的纪念庆典活动,传播主流价值,增强人们的认同感和归属感。要把社会主义核心价值观的要求融入各种精神文明创建活动之中,吸引群众广泛参与,推动人们在为家庭谋幸福、为他人送温暖、为社会作贡献的过程中提高精神境界、培育文明风尚。

2014年9月24日,中国国家主席习近平在人民大会堂出席纪念孔子诞辰2565周年国际学术研讨会暨国际儒学联合会第五届会员大会开幕式并发表重要讲话。他强调:不忘历史才能开辟未来,善于继承才能善于创新。只有坚持从历史走向未来,从延续民族文化血脉中开拓前进,我们才能做好今天的事业。推进人类各种文明交流交融、互学互鉴,是让世界变得更加美丽、各国人民生活得更加美好的必由之路。

习近平强调:中国优秀传统思想文化体现着中华民族世世代代在生产生活中形成和

传承的世界观、人生观、价值观、审美观等,其中最核心的内容已经成为中华民族最基本的文化基因,是中华民族和中国人民在修齐治平、尊时守位、知常达变、开物成务、建功立业过程中逐渐形成的有别于其他民族的独特标识;中国人民的理想和奋斗,中国人民的价值观和精神世界,是始终深深植根于中国优秀传统文化沃土之中的,同时又是随着历史和时代前进而不断与日俱新、与时俱进的。

习近平指出:在 21 世纪的今天,几千年来人类积累的一切理性知识和实践知识依然是人类创造性前进的重要基础;只有不断发掘和利用人类创造的一切优秀思想文化和丰富知识,我们才能更好地认识世界、认识社会、认识自己,才能更好地开创人类社会的未来。

习近平在最近的多次重要讲话中,深刻论述了包括中国优秀礼仪文化在内的中国优秀传统文化的价值、作用、影响等,为传承、弘扬、发展中国优秀传统文化指明了方向。

二、西方礼仪研究成果举要

爱琴海地区和希腊是亚欧大陆西方古典文明的发源地。自公元前 6000 年起,爱琴海诸岛的居民开始从事农业生产。此后,相继产生了克里特文化和迈锡尼文化。公元前 11 世纪,古希腊进入因《荷马史诗》而得名的"荷马时代"。

《荷马史诗》包括《伊利亚特》和《奥德赛》两部分。这部著名的叙事诗主要描写特洛亚战役和古希腊英雄奥德赛的故事,其中也有关于礼仪的论述,如讲礼貌、守信用的人才受人尊重。

古希腊哲学家对礼仪有许多精彩的论述。例如,毕达哥拉斯(公元前 580 年—公元前 500 年)率先提出了"美德即是一种和谐与秩序"的观点;苏格拉底(公元前 469 年—公元前 399 年)认为,哲学的任务不在于谈天说地,而在于认识人的内心世界,培植人的道德观念。他不仅教导人们要待人以礼,而且在生活中身体力行,为人师表;柏拉图(公元前 427 年—公元前 347 年)强调教育的重要性,指出理想的四大道德目标:智慧、勇敢、节制、公正;亚里士多德(公元前 384 年—公元前 322 年)指出,德行就是公正。他说:"人类由于志趣善良而有所成就,成为最优良的动物,如果不讲礼法、违背正义,他就堕落为最恶劣的动物。"(亚里士多德:《政治学》)

公元 1 世纪末至公元 5 世纪,是罗马帝国统治西欧时期。此间,教育理论家昆体良撰写了《雄辩术原理》一书。书中论及罗马帝国的教育情况,认为一个人的道德、礼仪教育应从幼儿期开始。而诗人奥维德(公元前 43—公元 17 年)通过诗作《爱的艺术》,告诫青年朋友不要贪杯,用餐不可狼吞虎咽。

公元 476 年,西罗马帝国灭亡,欧洲开始封建化过程,12 世纪至 17 世纪,是欧洲封建社会鼎盛时期。中世纪欧洲形成的封建等级制,以土地关系为纽带,将封建主与附庸联系在一起。此间制定了严格而烦琐的贵族礼仪、宫廷礼仪等。例如,于 12 世纪写定的冰岛诗集《伊埃达》,就详尽地叙述了当时用餐的规矩,嘉宾贵客居上座,举杯祝酒有讲究……

14 世纪至 16 世纪,欧洲进入文艺复兴时代。该时期出版的涉及礼仪的名著有:意大利作家加斯梯良编著的《朝臣》,《朝臣》论述了从政的成功之道和礼仪规范及其重要性;尼德兰人文主义者伊拉斯谟(1466 年—1536 年)撰写的《礼貌》,《礼貌》着重论述了个人礼仪和进餐礼仪等,提醒人们讲究道德、清洁卫生和外表美。英国哲学家弗兰西斯·培根(1561年—1626年)指出:"一个人若有好的仪容,那对他的名声大有裨益,并且,正如女王伊莎伯拉所说,那就'好像一封永久的推荐书一样'。"(《培根论说文集·论礼节与仪容》)

十七八世纪是欧洲资产阶级革命浪潮兴起的时代,尼德兰革命、英国革命和法国大革命相继爆发。随着资本主义制度在欧洲的确立和发展,资本主义社会的礼仪逐渐取代封建社会的礼仪。资本主义社会奉行"一切人生而自由、平等"的原则,但由于社会各阶层经济上、政治上、法律上的不平等,因此未能做到真正的自由、平等。不过,资本主义时代也编撰了大量礼仪著作。例如,捷克资产阶级教育家夸美纽斯编撰了《青年行为手册》等;英国资产阶级教育思想家约翰·洛克于1693年写作了《教育漫话》。《教育漫话》系统地、深入地论述了礼仪的地位、作用,以及礼仪教育的意义和方法。德国学者缅南杰斯的礼仪专著《论接待权贵和女士的礼仪,兼论女士如何对男性保持雍容态度》,于1716年在汉堡问世。英国政治家切斯特菲尔德勋爵在其名著《教子书》中指出:"世界最低微、最贫穷的人都期待从一个绅士身上看到良好的教养,他们有此权利,因为他们在本性上是和你相等的,并不因为教育和财富的缘故而比你低劣。同他们说话时,要非常谦逊、温和,否则,他们会以为你骄傲,而憎恨你。"

西方现代学者编纂、出版了不少礼仪书籍,其中比较著名的有法国学者让·赛尔著的《西方礼节与习俗》、英国学者埃尔西·伯奇·唐纳德编的《现代西方礼仪》、德国作家卡尔·斯莫卡尔著的《请注意您的风度》、美国礼仪专家伊丽莎白·波斯特编的《西方礼仪集萃》,以及美国教育家卡耐基编撰的《成功之路丛书》等。

三、中西礼仪的差异

礼仪是人类文明的产物,是人们进行社会交往的行为规范与准则。不论是在东方,还是在西方,人们都以讲文明、懂礼貌为荣。但是,由于东西方地理环境、历史背景和文化传统有所不同,因此,中西方礼仪在一些方面存在明显的差异。现择要略作介绍。

(一)大相径庭的问候语

中国人早晨见面时,除了说"早上好"之外,还习惯问对方:"吃了吗?"或客气地询问:"去哪里?"大家都习以为常,而且彼此心里也清楚,"去哪里"只是友人在路上相遇时说的一句客套话。但西方人清晨碰见却很少这样寒暄,而习惯互道"早安",或者简单地招呼一声"Hi(嗨)"。倘若你用"吃了吗?"或"去哪儿?"问候不大了解中国国情、风俗的西方人,他(她)可能会纳闷:"难道我没有足够的钱吃饭吗?"或许误以为"你要请我吃饭?"至于我去哪里,与你有何相干?你的鼻子怎么伸得这么长呢?"去哪里?"本来是一句中国人的礼节性问候语,可不了解中国习俗的西方人说不定会把你的善意视为干涉其私事的不礼貌行为。由此看来,中外人士互相了解彼此的风俗习惯很有必要。

(二)毁誉不一的"老"

在中国,人们习惯称呼上了岁数的工人为"老师傅",称德高望重的老师为"吴老""钱老",称年事已高的先生为"老伯"或"老大爷"等。不过,假如用"老"字称呼一些西方人,效果可能会适得其反。例如,在美国一所大学的中国留学生在欢迎校长的母亲光临时,尊称她为"老夫人",结果"老夫人"竟差点拂袖而去。对她来说,"老"意味着"魅力丧失","风韵不存"。无独有偶,一群欧洲游客在北京附近登长城时,热情的导游想搀扶一位外国老人,却遭到老人的"白眼"。"我不是'老先生',我自己能行。"在西方,"老"意味着"精力不济,走下坡路","老"有时就是"不中用"的代名词。谁愿意被人瞧不起呢?而独立意识强、不愿麻烦别人、不想拖累子女的西方老人,更是不言老,不服老,自然也不乐意被别人尊称为"老人"。故此,与西方老人打交道时,要充分理解和尊重他们的意愿。

（三）截然不同的宴请语

宴请是一种联络感情、增进友谊的方式。但是,同样是请客,中国主人和西方东道主致辞的风格却截然不同。

中国人请客人动筷子时,往往客气地说:"没什么菜,请随便用。"一些西方客人听了此话好生奇怪,明明是满满一桌子菜,主人怎么说没什么菜呢?西方客人之所以疑惑不解,皆因不熟悉中国人的生活习性。中国人一向认为,"满招损,谦受益",因此,视谦虚为美德的中国人说话时十分谨慎,甚至过分谦虚。相比之下,西方人请客时很少上许多菜,但却振振有词:"这是我的拿手好菜。"或者热情洋溢地说:"这道菜,是我夫人特地精心为你做的。"在中国人看来,这些西方人似乎有点狂妄,真不知天高地厚。但这恰恰表现出西方人的热情与直爽。这里顺便指出,中国人请客时,桌子上的食物若被客人一扫而光,主人的面子会很不好过。因为,这表明菜肴不够丰盛;而西方女主人见此情景,定会感到欢欣鼓舞。她若瞧见盘子里还剩下不少菜,反而会垂头丧气,因为剩菜说明其烹调水平有待提高。

（四）泾渭分明的送礼礼仪

送礼,是人际交往的一种重要形式,中外人士都讲究送礼。中国人和西方人在礼品选择及馈赠礼仪上有所不同。

在中国,虽然大家都会说:"千里送鹅毛,礼轻情意重。"但在现实生活中,不少人在选购礼品时,为了面子或迫不得已,专拣价高的买。有人为买一件名贵的礼品,不惜破费甚至举债。

西方人送礼比较讲究礼品的文化格调与艺术品位。如送同事一本装帧精美的好书,或献给女主人一束美丽的鲜花,或带给朋友一瓶名酒或一件别致的工艺品等。一般情况下,既不送过于贵重的礼品,当然也不送廉价的东西,但普遍重视礼品的包装。即使很普通的礼品,也会用彩纸包装,用丝带包扎,力求包装尽善尽美,借此展示其深情厚谊。

在接受礼品时,中国人和西方人的习惯做法不同。中国人收礼时,通常会客气地推辞一番。接过礼品后,一般不当面拆看礼物,以免对方因礼轻而难堪,同时亦显示自己不贪财。

西方人受礼时一般不推辞,先对送礼者表示谢意,接过礼品后当面拆看礼物,并对礼物赞扬一番。他们认为,赞扬礼物宛如赞扬送礼者。

第二节 礼仪的特征及原则

礼仪是社会生活的结晶,具有鲜明的时代特征,是衡量文明程度的准绳。

一、礼仪的概念

礼仪是人类文明的产物,是人们进行社会交往的行为规范与准则,具体表现为礼貌、礼节、仪表、仪式等。

礼貌是指人们在交往过程中表示敬重、友好的行为规范,如尊老爱幼、热情待客等。

礼节是指人们在交际活动中待人接物的形式,如拜会、回访、挥手致意等。

仪表是指人的外表,如容貌、服饰、表情、姿态等。

仪式是指在一定场合举行的具有专门程序的活动,如开业典礼、迎送仪式等。

二、礼仪的特征

礼仪具有以下三个主要特征。

(一)共同性

礼仪的产生往往与民族的生活环境、文化背景和历史传统有密切的关系。因此,世界上不同民族的礼仪有所不同。尽管如此,尊老爱幼、礼貌待客、礼尚往来和遵时守约等符合大多数人价值取向的基本礼仪,却是全人类、各民族所共同遵循的准则。这就是礼仪的共同性。

(二)继承性

礼仪是一种文化现象,在人类社会交往中逐渐确立或约定俗成。礼仪一旦形成,通常会长期沿袭,经久不衰。特别是诸如尊老敬贤、父慈子孝、礼尚往来等一些反映民族传统美德的礼仪,一代接一代流传至今,并将被子孙后代所继承,不断发扬光大。

(三)发展性

礼仪是逐渐形成的,并随着时代的发展而变化。任何时代的礼仪,都体现着时代的要求。如从封建时代的"三从四德"到社会主义时代的男女平等,礼仪随着社会的进步而更新,以符合时代的要求。

三、礼仪的原则

礼仪的核心是"尊敬";礼仪主要起规范作用,规范则有标准和尺度;而礼仪水平的高低,反映出个体或群体的修养和境界。礼仪可大致概括为以下四条原则。

(一)尊重原则

《礼记·典礼》开宗明义第一句就是"毋不敬",点出了礼仪的核心。尊敬包含自尊和尊敬他人,以尊敬他人为主。自尊就是要保持自己的人格和尊严,要自强不息,注意自身修养,才能赢得他人的尊重。而尊敬他人就是要以礼待人,尊重他人的人格。在与人交往时,要使用礼貌语言,遵循行为规范。在社会交往中,人与人之间彼此尊重,才能保持和谐、愉快的关系。

(二)遵守原则

礼仪作为社会生活的准则,反映了人们的共同利益,社会中各民族、各党派、各阶层人士都应当共同维护、自觉遵守礼仪。每个人都应该尊老爱幼,遵时守约,遵守公共秩序……谁违背了礼仪规范,自然会受到公众的批评和谴责。

（三）适度原则

礼仪是人类智慧的结晶。礼仪作为人际交往的规范,有一定的标准和分寸。犹如楚国文学家宋玉在《登徒子好色赋》中描写的美女,(其身材)"增之一分则太长,减之一分则太短；(其肤色)著粉则太白,施朱则太赤"。应用礼仪也是如此,要把握分寸,适可而止。例如,与人交往时,要彬彬有礼,但不能低三下四,应做到不卑不亢,落落大方。

（四）自律原则

礼仪宛如一面镜子。对照礼仪这面"镜子",可以发现自己的形象是英俊、美丽,还是丑陋或俗气。因此,要知礼、守礼,自我约束,在社会生活中时时处处自觉遵守礼仪规范,努力树立良好形象,做一个受大家欢迎的人。

第三节 礼仪的种类及功能

一、礼仪的种类

现代礼仪大致可分为以下几种。

(1) 按性质分,礼仪可细分为个人礼仪、家庭礼仪、社交礼仪、公务礼仪、公关礼仪、商务礼仪、外事礼仪、旅游礼仪、求职礼仪、宗教礼仪等。

(2) 按场合分,礼仪可分为家庭礼仪、学校礼仪、办公室礼仪、公共场所礼仪、客房服务礼仪等。

(3) 按身份分,礼仪可具体分为教师礼仪、学生礼仪、营业员礼仪、司门员礼仪、主持人礼仪等。

(4) 按表现形式分,礼仪可分为交谈礼仪、待客礼仪、书信礼仪、电话礼仪、交换名片礼仪等。

二、礼仪的功能

礼仪是人类文明的结晶,内容十分丰富。礼仪具有多种功能。

（一）礼仪的教育功能

礼仪是人类社会进步的产物,是传统文化重要的组成部分。礼仪蕴含着丰富的文化内涵,体现着社会的要求与时代的精神。礼仪潜移默化地熏陶着人们的心灵,使人们成为通情达理的模范公民。

（二）礼仪的美化功能

礼仪是人类生活经验的总结。礼仪讲究和谐,重视内在美和外在美的一致。礼仪使美好的心灵与美丽的仪表、优美的举止形成一个有机的整体,使人们注意塑造良好的形象,充分展现各自的风采。

（三）礼仪的协调功能

礼仪是人们在生活中和社会交往活动中逐渐形成的行为规范与准则。礼仪指导人们立身处世、立身社会。礼仪协调人与人之间的关系和人与社会的关系，使人们友好相处，社会井然有序。

（四）礼仪的沟通功能

礼仪是人们交际生活中的礼节和仪式。热情的问候、友善的目光、亲切的微笑、文雅的谈吐、得体的举止等，便于人们的交流与沟通，以利扩大社会交往，促进事业成功。

（五）礼仪的维护功能

礼仪是营造温馨的灵丹、伸缩有度的准绳、和睦相处的法则、人际交往的规范。人们知礼、守礼、讲文明、守纪律，有助于家庭的和睦，有利于社会的稳定。

三、礼仪的训练

鉴于礼仪的重要性，古今中外皆十分重视礼仪训练。

（一）礼仪训练概况

中国自古以来就重视礼仪教育。周朝时的"国学"就以"六艺"为基本教学内容。"六艺"即礼（礼节仪式）、乐（音乐舞蹈）、射（箭术）、御（驾车）、书（写作）、数（算法）。其中，礼仪教育列在首位。周朝的教育主要局限于贵族及其子弟，而春秋时代大教育家孔子主张"有教无类"，倡导并力行礼仪普及教育。自汉代起，礼仪教育和治国安邦联系起来，礼仪训练更加严格、周密。

国外的礼仪训练也很严格。例如，中世纪欧洲贵族的子弟从小就必须接受礼仪教育，以便逐渐掌握礼仪知识，做"标准的绅士"。而十二三世纪时的"骑士教育"，大致可分为三个阶段：幼时在家接受教育；8岁起开始学习文学、马术、剑术和礼仪；14岁以后成为预备骑士，平时照料主人的战马和武器，战时随主人打仗；20岁通过"授甲仪式"，成为一名骑士。

在日本，被企业录用的大学毕业生，上岗前要进行礼仪标准化训练。礼仪课程包括怎样正确地交换名片，分别在什么时候鞠躬15度、30度或者45度等。女士还要练习走姿和倒茶的动作。日本的接线员为了更好地为顾客服务，上岗前要对着镜子练习微笑通话等。日本还办有礼仪训练学校，对学生进行严格的礼仪训练。

新加坡很重视礼仪教育。20世纪70年代后期，前总理李光耀提出，要把新加坡建成一个"富而有礼"的国家。到80年代初期，又把"忠孝、仁爱、礼义、廉耻"八种美德列入政府必须贯彻的"治国之纲"。新加坡文化部特地印发了《礼貌手册》，对在家庭、学校、工作场所和街道上如何讲礼貌提供指导。

美国重视礼仪培训。在小学的中年级开设礼仪课，以便学生掌握礼仪基本知识。为了提高礼仪水平，美国首都华盛顿市及其他一些城市，还专门开办了女子礼仪学校，对夫人、小姐进行化妆技术、社交礼仪培训。

到了近现代，东西方都更加重视礼仪培训。中国首都北京市等城市，相继兴办了礼仪学校；武汉大学开设的礼仪课，深受学生的欢迎；对上岗人员进行包括礼仪培训在内的岗前培训,已成为许多用人单位的共识。

(二)礼仪训练方法

礼仪训练的方法很多,各单位可因人、因时、因地自行掌握。这里仅介绍礼仪训练的三种基本方法,供参考。

1. 注意礼仪训练的系统性

礼仪是人类文化的结晶,社会文明的标志,内容十分丰富。开展礼仪训练时,应注意礼仪的系统性。学习礼仪概论,洞察古今中外礼仪的演变,熟悉礼仪的特征与原则;学习个人礼仪,明白"言为心声、行为心表",自觉提高思想修养和文化素质;学习家庭礼仪,充分意识到自己的责任和义务,与亲人一起营造温馨的氛围;学习学校礼仪,通晓基本礼貌,尊师爱生;学习公共场所礼仪,进一步了解行为规范,参与净化社会风气;学习公务礼仪,明确自己的位置,如鱼得水,左右逢源;学习社交礼仪,掌握人际交往的常识,结交良朋益友;学习公关礼仪,增强协调能力,提高沟通水平;学习商务礼仪,领悟销售技巧和谈判礼仪,顺利走向成功;学习外事礼仪,了解国际交际的规范,更好地与外国友人打交道;学习旅游礼仪,熟悉操作要领,笑迎天下客;学习求职礼仪,发展潜能,促进事业发达;学习宗教礼仪,理解宗教文化背景,礼待教徒;学习外国习俗与礼仪,领略大千世界,知己知彼。总之,礼仪训练应循序渐进,使受训人员获益良多。

2. 讲究礼仪训练的直观性

礼仪是社会交往的行为规范,具有重要的指导作用。因此,进行礼仪训练时,教员应为人师表,率先垂范。在绘声绘色地讲解的同时,多做些示范动作,吸引学生的注意力。除了自身教学外,不妨使用多媒体教学,适当展示有关图片资料和播放音像资料。若有可能,组织学生观看礼仪知识录像片,以加深他们的印象。

3. 重视礼仪训练的实践性

礼仪贵在实践,学以致用。进行礼仪培训时,要尽量安排学生多实习。例如,讲完握手、自我介绍、交换名片礼仪后,发动学生上台表演,讲完电话礼仪后,让学生演电话小品,模拟实习;讲完外事礼仪后,想方设法给学生提供参加外事活动的机会,现场实习;讲完旅游礼仪后,组织学生到宾馆、饭店参观、实习,请学生进行导游解说。此外,还可以开展礼仪知识竞赛等活动。下面举一则实例。

近朱者赤,近墨者黑
——孟母三迁的故事

孟子3岁时,父亲就去世了。当时他家住在墓地附近,隔三差五,就有出殡的仪仗队经过。孟子看着好玩,老是跟在出殡队伍后面看热闹。孟母看见儿子这个样子很担忧,认为再这样下去孩子不会有出息。她想:得搬搬家,让儿子离开这个不好的环境。于是,她把家迁到一个集市的旁边。

集市上人来人往,各种商品花花绿绿,好不热闹。孟子非常高兴,吃了饭就往集市上跑,常常是天已经黑了还不回家。孟母多次劝说儿子,孟子却听不进去,还是一有机会就往集市上遛。孟母没有办法,只好再一次搬家。这一次,她把家搬到一所学堂的附近。

学堂里的孩子多,每天书声琅琅,吸引了孟子。他好奇地跑到学堂偷看,听到先生给学生讲一些自己没有听过的事情,觉得很有趣,因此挺羡慕那些学生。不久,孟母惊奇地发现,儿子的一举一动都在模仿学生的样子,身上的野气逐渐变少了,说话、做事越来越文明了。孟母认为这次搬家地方选对了。

思考与训练

1. 礼仪是怎样形成的?《周礼》记载了哪6种官名?各分管什么事务?
2. 中西礼仪有何差异?礼仪有哪些功能?
3. 把礼仪学习班分成若干小组,由各组代表分别讲述中国和外国的礼仪名著。
4. 请每位同学讲一个礼仪故事。
5. 下面这个故事发生在春秋战国时期。早在2000多年前,进行国事访问时,在会见、赠礼等的安排上,已经形成一定的礼仪规范。如果不遵循礼仪规范,就会引起外交纠纷。通过阅读下面这个故事,可以让大家了解中国礼仪文化的源远流长。

公元前542年,郑国国王郑简公出访晋国,按照礼仪规范,晋国国王应该及时会见郑简公。但是,晋国有意怠慢郑简公,借口为鲁哀公服丧,迟迟不安排会见。郑国宰相子产令随从人员捣毁宾馆的院墙,将自己的车马牵入院内。晋国的礼宾官为此向他们提出抗议。子产申辩说,你们借口为鲁哀公服丧,不安排会见,我们的车上装的是送给晋王的礼物,需要经过一定的仪式赠送给晋王。只要你们安排会见,接受了礼品,我们会立即把围墙修好。晋王知道自己输了礼,只好向子产致歉,立即安排了会见,并举行了隆重的欢迎仪式。

6. 下面是1992年6月16日《报刊文摘》刊登的海外女作家孙淡宁写的一篇小短文。阅读后,请你想一想其中的道理和"生活的真谛"。

钱可以买到"房屋",但买不到"家";钱可以买到"药物",但买不到"健康";钱可以买到"美食",但买不到"食欲";钱可以买到"珠宝",但买不到"美";钱可以买到"娱乐",但买不到"愉快";钱可以买到"书籍",但买不到"智慧";钱可以买到"献媚",但买不到"尊敬";钱可以买到"伙伴",但买不到"朋友";钱可以买到"奢侈品",但买不到"文化";钱可以买到"权势",但买不到"威望";钱可以买到"服从",但买不到"忠诚";钱可以买到"虚名",但买不到"实学";钱可以买到"小人的心",但买不到"君子的志"。

7. 李肇星外长关怀身边司机靳宝喜师傅的孙女珊珊的健康成长,劝告靳师傅:"请马上打电话向珊珊道歉。"读此材料感人至深。你从中受到哪些教益?

今年7月初的星期六去钓鱼台国宾馆会见外宾途中,李外长发现正在驾车的靳宝喜师傅似有不悦,便宽慰几句。

靳师傅说,今早动手打了6岁的孙女珊珊。

李外长问,为什么要打孩子?应该道歉。

靳师傅说,她把你上次送的那块好橡皮用小刀切成了碎块,好东西全给糟蹋了。

李外长说,这也不应该打人啊! 另外,珊珊为什么要切呢? 也许是有原因的。无论如何,打人不对,必须道歉。

外事活动结束后,李外长还惦记着珊珊。靳师傅也利用李外长会见外宾的空隙,给家里打过电话。回外交部的路上,李外长继续追问道:"靳师傅,孩子怎么样了? 给人家赔不是了吗?!"

"嗯!""嗯!"靳师傅欲言又止。

"究竟是怎么回事?"李外长明显加重了语气。

靳师傅这才道出了原委,并自责说,我今早打了珊珊两扫帚把,老伴立即夺走了扫帚。我马上也后悔极了。原来珊珊是因为太喜欢这块橡皮,怕被个别小朋友"偷"走,或丢失,才想到切成小块。小块也不影响使用,更不怕丢失……

"那到底给孩子赔礼了没有?"李外长盯住实质问题不放。

"还没有。"靳师傅低声答道。

"这就更错啦! 请马上打电话向珊珊道歉。"李外长很不客气地下了"命令"。

珊珊今年秋天上二年级,是北京朝阳门小学三好生。她的爸爸妈妈均在中国驻美国休斯敦总领事馆工作,这两年她都是由靳师傅的退休在家的老伴照顾,每天上学接送。

今年的8月8日是星期一,珊珊在另一户去中国驻休斯敦总领事馆探亲的家长陪伴下,去美国探望久违的爸爸妈妈。

此前的8月6日深夜,李外长在应约与韩国外长潘基文通完电话后,严肃地说:"后天一定要安排靳师傅去机场送珊珊。"

珊珊真幸福。

8. 礼仪有"和"的精神,古人在很早前就提到过"礼之用,和为贵",礼仪的最大用处就是用于人与人之间的和睦相处。在现代社会,这个"和"既是人与人之间、单位与单位之间、国家与国家的和睦、和平,也是社会的和谐。礼仪另一核心本质是"尊重"。礼仪的力量还体现在它的感情色彩方面,是有温度的,是温和的。"一车一杆,电脑收费,主动交费,谢谢合作!""一车一杆,电脑收费,闯杆砸车,后果自负。"这是我们在同一城市的两个不同的公路收费站前看到的提示。

①你认为哪个效果会更好,为什么?

②如何在处理问题方面体现礼仪的力量?

9. 阅读下面短文后你有哪些感想? 其原因是什么? 中西礼仪有何异同?

十分钟的代价

中国一家拥有职工约6000人的大型国有企业,为了避免濒临破产的局面,想寻找一家资金雄厚的企业合作。经过多方努力,这家企业终于找到了一家具有国际声望的日本大公司。经过长时间艰苦谈判,终于可以草签合约了,全厂职工为之欢欣鼓舞。本以为大功告成的中方人员,没想到在第二天的签字仪式中,公司领导因官僚作风,到达签字地点的时间比双方正式的约定晚了10分钟。待他们走进签字大厅时,日方人员早已排成一行,正恭候他们的到来。中方领导请日方人员坐上签字台,日方的全体人员却整整齐齐、规规矩矩地向他们鞠了一个大躬,随后便集体退出了签字厅。中方领导莫名其妙,因为迟到10分钟对他们来讲实在不算什么。事后,日方递交给中方一份正式的信函,其中写道:"我们绝不会为自己寻找一个没有任何时间观念的生意伙伴。不遵守约定的人,永远都不值得信赖。"无疑,双方的合作搁浅了。中方为自己迟到的10分钟付出了沉重的代价——破产倒闭,近6000人下岗。

10. 萧伯纳是爱尔兰剧作家,因作品富有理想主义和人道主义而获诺贝尔文学奖,是英国现代杰出的现实主义戏剧作家。阅读下文,看看萧伯纳对于人际关系的理解。

萧伯纳与安娜

灯光辉煌,人影散乱。萧伯纳访问苏联回来,朋友们都来看他,室内热闹极了。

萧伯纳谈了自己访问的观感后说道:"苏联有个小姑娘还给我一个教训哩。有一天我在街头遇见了一个苏联小姑娘,那小姑娘聪明活泼,逗人喜爱,便同她玩了很久。临别的时候,我对她说:'你回去告诉你妈妈,说今天同你玩的人是世界有名的萧伯纳。'"萧伯纳望着朋友们说:"你们猜,小姑娘会怎样回答呢?"

朋友们七嘴八舌,有的说小姑娘会感谢,有的说大作家同她玩,她会感到幸福。

"哈哈,你们都猜得不对。"萧伯纳说,"也许我的态度有点儿傲慢吧,小姑娘竟然学着我的口吻说:'你回去告诉你妈妈,说今天同你玩的人就是苏联姑娘安娜。'"

"啊!"朋友们啊了一声,又大笑了。"一个人不论有多大成就,他对任何人都应该平等相待,要永远谦逊。"萧伯纳深有感触地说:"这就是小姑娘给我的教训,我一辈子也忘不了她!"

第二章 自我完善的途径
——个人礼仪训练

中国是著名的礼仪之邦,中华民族具有重德贵义的优良传统。作为炎黄子孙、"龙"的传人,我们有责任继承和发扬先辈优良的思想文化传统,吸收人类文明发展的一切优秀成果,创造新文明,使我国永远雄居世界先进民族之林。

每个中国人都是中华民族大家庭里的成员,要做一个合格的成员、优秀的成员,就需要加强自身的道德修养和提高文化素养,从我做起,从现在做起,为中华民族的振兴和腾飞而努力奋斗。

几乎每个人都渴望完美,追求完美。而只有真正做到心灵美、外表美和行为美,才能实现完美。

▶ 第一节 心 灵 美 ◀

高尚的情操和浓厚的文化素养,是心灵美的基础。我们要通过加强思想品德修养,提高文化艺术素养,美化自己的心灵。

一、思想品德修养

(一)思想修养

掌握正确的思想方法,是加强思想修养的有效途径。

1. 学会辩证地看问题

任何事物都存在正反两个方面的对立。在自然界,大与小,多与少,远与近;在人类社会,美与丑,善与恶,真与假……事物的矛盾着的两个方面,是互相对立又互相依存的,是对立的统一。而事物又在矛盾中和斗争中有条件地转化。这就要求我们认识事物的两个方面,分清主次,明辨是非。

2. 学会历史地看问题

任何事物都有一个发展过程。例如,现代礼仪是由原始社会礼仪、奴隶社会礼仪、封建社会礼仪等发展而来;人类社会由低级阶段逐渐向高级阶段发展……弄清事情的来龙去脉,才能认识确切,处理得当。

3. 学会全面地看问题

所谓"见仁见智",是因为看问题的角度不同;"盲人摸象",自然受到局限;"不识庐山真面目,只缘身在此山中"。因此,只有站得高,才能看得远。全面看问题,就能够识大体,顾大局,避免"见树不见林"或顾此失彼。

(二)品德修养

遵守道德规范,品行端正,是做人的基本准则。要通过修身养性,陶冶情操,做一个品德高尚的人。

1. 加强社会主义道德修养

学会尊重人,关心人,热爱集体,热心公益,扶贫帮困,为人民为社会多做好事,反对和抵制拜金主义、享乐主义和个人主义。认识到"国家兴亡,匹夫有责"。做到"富贵不能淫,贫贱不能移,威武不能屈"。

2. 讲究社会公德和职业道德

在社会生活中讲文明,讲礼貌,遵纪守法,保护环境,爱护公物,助人为乐;在工作单位爱岗敬业,诚实守信,办事公道,服务群众,奉献社会,做一名有理想、有道德的模范公民。

3. 陶冶情操,培育美德

伟大的中华民族产生了无数优秀儿女,他们高尚的情操和优良品德,一直为世人所景仰。要学习屈原忧国忧民,疾恶如仇;学习诸葛亮鞠躬尽瘁,死而后已;学习魏徵忠心耿耿,刚直不阿;学习岳飞精忠报国,气壮山河;学习文天祥大义凛然,视死如归;学习范仲淹"先天下之忧而忧,后天下之乐而乐";学习鲁迅"横眉冷对千夫指,俯首甘为孺子牛";学习周恩来廉洁奉公,兢兢业业……养成浩然正气,做一个品德高尚的人。

二、语言文学修养

语言是人们交流思想、联络感情、传递信息的重要工具。要想把话说得清楚明白,就得加强语言修养,多学多练;而希望把话说得生动有趣,富于感染力,还必须博览群书,提高文学水平。

(一)语言修养

不少人平时很羡慕那些言谈风趣、出口成章的人。说实话,自己要想做到这一点甚至超过他们,并不是一件轻而易举的事。但是,每个人只要有恒心,勤奋读书,肯下功夫,一定会有所提高。肚子里有"货",才能口若悬河。因此,多学习,勤练习,学富五车,满腹经纶,谈起话来自然滔滔不绝,灼见迭出。

与人交流时,态度要诚恳、谦虚,谈话的内容要简明扼要,语言要准确、精练、通俗易懂,这样便于对方明白你想表达的意思。有的青年朋友啰唆了半天,别人也不清楚他到底想说什么,导致谈话索然无味,大家不欢而散。因此,必须加强语言修养,留意和收集书本上和生活中的一些佳句妙语,不断提高表达能力。

除了加强汉语言修养外,有志气的青年人还应当努力掌握一门外语。笔者到过亚洲、非洲、欧洲的十多个国家,不论是在亚洲的伊朗、巴基斯坦,非洲的埃及、阿尔及利亚,还是欧洲的法国、奥地利,宾主都可以用英语进行交流和沟通。

若有可能,多学一门其他外语也不错。例如,学好日语或德语或法语,均很有用处。

(二)文学修养

加强文学修养,有利于提高自己的文化素质和欣赏水平,又有助于提高自己的写作水平。

中国文学作品汗牛充栋,浩如烟海,不妨选读其中一些有代表性的佳作。例如,在古代诗歌方面,不妨浏览一下《诗经》和屈原(约公元前 340 年—公元前 278 年)的《离骚》,而重点阅读选收了诗仙李白(701—762年)、诗圣杜甫(712—770年)、大诗人白居易(772—846年)、李贺(790—约817年)、杜牧(803—852年)等名家诗歌代表作的《唐诗三百首》；在现代诗歌方面，可以选读郭沫若、柳亚子、郭小川、贺敬之、艾青、徐志摩、徐迟、臧克家、曾卓、李瑛、余光中、北岛、舒婷、顾城、海子等优秀诗人的诗歌代表作，如郭沫若的《女神》、艾青的《大堰河——我的保姆》等。在古代散文方面，可以重点选读唐宋八大家韩愈(768—824年)、柳宗元(773—819年)、欧阳修(1007—1072年)、苏洵(1009—1066年)、苏轼(1037—1101年)、苏辙(1039—1112年)、王安石(1021—1086年)、曾巩(1019—1083年)的散文名篇；在当代散文方面，可以选读当代四大散文家杨朔、秦牧、魏巍、刘白羽的散文佳作。在古代小说方面，应重点阅读四大名著：罗贯中(1330—1400年)的《三国演义》，施耐庵(1296—1370年)的《水浒传》，吴承恩(1500—1582年)的《西游记》，曹雪芹(约1715—约1764年)的《红楼梦》；在现代小说方面，可以选读鲁迅、茅盾、沈从文、巴金、老舍、张恨水、孙梨、金庸、柳青、赵树理、王蒙、浩然、张承志、贾平凹、刘心武、路遥、池莉、刘醒龙等小说家的佳作。

在外国文学方面，可以选读莎士比亚(1564—1616年)、易卜生(1828—1906年)、萧伯纳(1856—1950年)的戏剧佳作；浏览薄伽丘(1313—1375年)、雨果(1802—1885年)、狄更斯(1812—1822年)、巴尔扎克(1799—1850年)、列夫·托尔斯泰(1828—1910年)、莫泊桑(1850—1893年)、高尔基(1868—1936年)、海明威(1899—1961年)、奥斯特洛夫斯基(1904—1936年)、肖洛霍夫(1905—1984年)、纳吉布·马哈福兹(1911—2006年)的小说代表作；着重选读但丁(1265—1321年)、歌德(1749—1832年)、拜伦(1788—1824年)、雪莱(1792—1822年)、普希金(1799—1837年)、惠特曼(1819—1892年)、泰戈尔(1861—1941年)、马雅可夫斯基(1893—1930年)和聂鲁达(1904—1973年)等著名诗人的诗歌精品。

三、音乐艺术修养

世界各国的戏剧、音乐、舞蹈等艺术，表现了不同民族的生活方式、思维观念，同时反映了一个国家的文化发展的水平。作为一名现代青年，学习、了解琴棋书画、唱歌跳舞和摄影等方面的知识，既可以为生活增添不少情趣，也可以陶冶自己的情操。

(一)音乐修养

1. 音乐欣赏

音乐是通过有组织的乐音形成的艺术形象。欣赏音乐是一种审美活动。欣赏音乐时，我们要了解作者和作品的时代背景，从而深刻领会作品的思想内容。此外，还要知晓旋律、节奏、节拍、音区、音色、和声等音乐语言要素，以便更好地享受音乐的艺术美。

2. 声乐曲欣赏

声乐曲就是人们用嗓子唱的歌曲、戏曲等。我们都会唱歌，也知道声乐曲有独唱、齐唱、重唱、轮唱、合唱等多种形式。

中国是个戏曲大国，全国的戏曲剧种有360余种。中国青年最好能有机会了解、学会演唱中国的国粹——京剧，并了解昆曲、评剧、豫剧、黄梅戏等剧种的有关知识，以利领会各剧种所表现的内容，获得美的艺术享受。

3. 学会一种乐器

若有可能,不妨学会演奏一种乐器,或吹口琴或吹笛子,或拉二胡或拉小提琴,或弹钢琴或弹电子琴等。空闲时,友人们聚在一起吹拉弹唱,既陶冶了情操,又丰富了业余生活。

(二) 艺术修养

1. 书法欣赏

书法是一种线条艺术,是"无声的音乐、有情的图画"。书法不仅是汉字结构、意义的艺术性再现,而且往往表现出时代特点、情趣和意境,反映书法家的思想、感情和风格。欣赏书法作品时,要根据书法艺术的审美特点,领略其中的情趣和意美。

2. 中国画欣赏

中国画简称"国画"。国画分为人物、山水、花卉、禽鸟、走兽、虫鱼等画种,有工笔、写意、勾勒、水墨等技法形式。国画的特点是强调以形写神,形神兼备,追求"写意""传神"。

品画讲究绘画作品的气、韵、思、景、笔、墨。气是指心随笔运,韵者隐迹立形,思者凝想形物,景者搜妙创真,笔者随心所欲,墨者浓淡相宜。

3. 西洋画欣赏

中国把欧洲和美国等西方国家的绘画统称为"西洋画"。西洋画包括油画、水彩画、水粉画、素描等多种艺术形式。

古典西洋画追求真实性,采取明暗造型和色彩造型的方法。现代西洋画流派林立,各画派的主张和艺术追求不尽相同,但都比较重视形式和创新。

▶ 第二节 外 表 美 ◀

倘若一个人仅有美的心灵,但不注意外表美,蓬头垢面,衣冠不整,仍然显得不够完美。由此看来,外表美是完美的一个组成部分。

外表包括身材、相貌、服饰、神情等。身材高大魁梧是美,小巧玲珑也是美;浓眉大眼是美,眉清目秀同样美;穿笔挺的西装显得庄重,着轻松的休闲服显得潇洒,各有千秋;笑容可掬自然迷人,神色凝重照样动人。

一、表情

表情,主要指面部表达出来的感情。面部表情是眼睛、眉毛、嘴巴、鼻子、面部肌肉,以及它们的综合运动所表现出的心理活动和情感信息。面部的一个微妙动作,一块肌肉的细微变化,眨一下眼睛或皱皱眉,都在表达一个人的感情。

人的表情千变万化,多姿多彩。在不同的情况下有不同的表情,或表现出欢乐,或表现出忧伤,或表现出仇恨,或表现出怜悯,或怒发冲冠,或喜形于色……

一般情况下,表情应自然,目光要温和,不要动不动就吹胡子、瞪眼睛,而应该经常做到和颜悦色,面露微笑。男士待人接物要真诚,让人觉得可信;女士待人接物要和蔼,让人感到亲切。一般来说,大家都不喜欢一张冷冰冰的脸,而友好、谦恭的表情,永远富有吸引力。

微笑给人以友好、热情、真诚等积极信息,是服务行业普遍提倡的服务表情。但微笑同样要注意时间、地点、场合,否则,会引起反感。

2012年9月22日,《京华时报》报道:微笑"表哥"杨达才被撤职。

杨达才,男,汉族,1957年10月生,陕西镇坪人。1982年1月参加工作,1975年11月加入中国共产党,延安大学政教系哲学专业毕业,大学学历,哲学学士。2011年2月至2012年9月任陕西省安全生产监督管理局局长、党组书记。2013年8月底,杨达才在"8·26延安特大交通事故"现场微笑的照片在网上传出后,网友"人肉"出杨达才佩戴名牌手表、眼镜的照片,质疑与其收入不符。鉴于陕西省安监局党组书记、局长杨达才在"8·26"特大道路交通事故现场"笑脸"的不当行为和佩戴多块名表等问题,陕西省纪委高度关注。"调查表明,杨达才存在严重违纪问题,依据有关纪律规定,经省纪委常委会研究并报经省委研究决定:撤销杨达才陕西省第十二届纪委委员、省安监局党组书记、局长职务。"陕西省纪委表示,对调查中发现的杨达才的其他违纪线索,正在进一步调查。

二、服饰

服饰穿戴是人类日常生活中的一件大事,也涉及仪容礼貌。俗话说:"人要衣装,佛要金装。"又说:"三分长相,七分打扮。"我们不仅要用科学文化知识充实自己的头脑,还应当用雅致的衣服和精美的首饰打扮自己的外形。穿着,往往可以体现一个人的文化修养,反映其审美情趣,同时也从一个侧面反映他(她)的经济实力和生活水平。在公共场合、社交场合讲究服饰是尊重自己和尊重他人的表现。

(一)服装

穿着是一门艺术,既要讲究衣服的款式、色彩,又要注意出入的场合。总的来说,穿着应尽可能做到合体、合适、合意。

1. 合体

所谓合体,即穿着要和身材、体形相协调,服装不长不短,不肥不瘦。身材较高的人,上衣可适当加长,衣服颜色以深色为佳;身材较矮的人,上衣宜稍短一些,不宜穿大花图案或宽格条纹的服装;体形较胖的人,可选择小花纹、直条纹的衣料,最好是冷色(蓝、绿、白色)相谐调;体形偏瘦的人,不要穿过软、过薄的料子,男子穿灯笼裤,女子穿百褶裙,会显得丰满一些。

2. 合适

所谓合适,即衣着要与时间、地点、目的相协调,也即西方人穿衣的"T、P、O"原则。T、P、O分别是英文Time、Place、Object三个词的缩写,意思是时间、地点、目的。O有时也可指Occasion(情形)。在日常生活中,人们的穿着日益追求舒适、随意。一般来说,衣着应与自己的年龄相协调。年轻人可穿得活泼一些;中、老年人着装则应高雅一些。其次,衣着要和季节相协调,夏穿纱,冬穿棉,而不要像草窝里的斑鸠,不知道春秋。此外,衣着要和场所相协调,上学、上班、参加庆典等,应衣着庄重;而平日居家,在宿舍里或外出旅游,则不妨穿得随便一些,以宽松、舒适为宜。

请看下面的案例。

个人形象与企业经营

郑伟是一家大型国有企业的总经理。有一次,他获悉有一家著名的德国企业的董事长正在本市进行访问,并有寻求合作伙伴的意向。他于是想尽办法,请有关部门为双方牵线搭桥。

让郑总经理欣喜若狂的是,对方也有兴趣同他的企业进行合作,而且希望尽快与他见面。到了双方会面的那一天,郑总经理对自己的形象刻意地进行一番修饰,他根据自己对时尚的理解,上穿夹克衫,下穿牛仔裤,头戴棒球帽,足蹬旅游鞋。无疑,他希望自己能给对方留下精明强干、时尚新潮的印象。

然而事与愿违,郑总经理自我感觉良好的这一身时髦的"行头",却偏偏坏了他的大事。郑总经理与德方同行的第一次见面属国际交往中的正式场合,应该穿正装,即穿西服或传统中山服,以示对德方的尊敬。但他没有这样做,正如德方同行所认为的:此人着装随意,个人形象不合常规,给人的感觉是过于前卫,尚欠沉稳,与之合作之事当再作他议。由此可见,着装甚至事关谈判成败,切不可大意或随心而为。

3. 合意

所谓合意,即穿着要合自己的心意。穿着因人、因时、因地而异,既不要赶时髦,也不要当落伍者。如果在 20 世纪 90 年代还穿一身 20 世纪六七十年代的蓝衣服,就显得有点过时了。穿着不要赶潮流,更不要盲目模仿别人,"东施效颦",而应选穿款式显示自己个性、气质的服装,穿出自己的风格,或端庄,或飘逸,或简洁,或高雅,风情万种。

这里还应当指出,"穿衣戴帽,各有所好"。服装的款式不要求千篇一律,服装的料子也不一定非要十分讲究,但服装一定要干净平整。若不讲究衣着的整洁,穿一身皱巴巴、不干净的衣服,会给人以邋遢、懒散的印象。因此,一定要讲究穿着艺术。

(二)首饰

首饰是服装的陪衬,通常起点缀作用。人们常佩戴的首饰有项链、耳环和戒指等。

1. 项链

一般来说,成年女子佩戴金项链和钻石项链,显示出高雅的气质。少女宜佩戴玻璃、珍珠项链,显得轻松活泼。

2. 耳环

佩戴耳环应考虑自己的身材和脸形。例如,身材高大的女士可佩戴大耳环,身材小巧的女士宜佩戴小耳环;圆形脸庞的女士可选戴叶形、方角形耳环,而方形脸庞的女士宜佩戴圆耳环。

3. 戒指

戒指戴在不同的手指有不同的含义,所以戒指不可乱戴,以免发生误会。一般来说,戒指戴在食指上,表示未婚或求婚;戴在中指上,表示正在热恋中;戴在无名指上,表示已订婚或结婚;戴在小指上,则表示自己是独身。大拇指通常不戴戒指。

4. 手镯

手镯戴在右手腕,表示自己是自由人;戴在左手腕或左右各一,则表示"名花有主"。

三、化妆

在现代生活中,化妆已成为越来越多的女性每天生活必不可少的一项重要内容。化妆是一种追求美的艺术行为。通过恰到好处的化妆,可以淡化自己的短处,更加充分地展示自己容貌上的优点,同时能使人保持良好的精神状态。

(一)化妆与场合

化妆要考虑场合因素,去上班、去郊游、去户外进行体育训练等,可化淡妆;而参加喜庆活动、文艺晚会、舞会等,则可酌情化浓妆。

化妆通常在家里进行,在自己的卧室或化妆间里自由自在地化妆。注意不要在公共场合众目睽睽之下化妆或补妆。若确有必要化妆和补妆,可在洗手间里进行。

(二)简易化妆方法

(1) 首先用湿毛巾将脸擦干净。

(2) 选择适宜自己的皮肤与肤色的粉底,先抹在额部、鼻梁、两颊、下巴等处,然后由上而下,抹匀整个面部。

(3) 涂眼影,修饰眼睑。

(4) 画眼线。

(5) 用眉笔描眉。

(6) 双颊上略施胭脂,轻轻向四周抹匀。

(7) 涂口红,拢上下唇,让唇膏均匀。

具体化妆因人而异。例如,嘴唇稍薄的女士,想让双唇丰厚一些,可在唇线之外勾画唇线,然后填上浅色或中等色调的口红;若嘴唇太厚的女士想削减嘴唇的厚度感,可在唇线之内勾画新的唇线,然后涂上中等色调的口红。

▶ 第三节 行 为 美 ◀

英国哲学家培根说:"在美的方面,相貌的美,高于色泽的美,而秀雅合适的动作美又高于相貌美。"我们虽然并不完全赞成培根的观点,但我们对动作美即行为美的重要性的看法,与这位先哲却是一致的。

"言为心声,行为心表。"的确,美好的行为是美丽的心灵的表现。我们追求真善美,希望做一个成功者,那么,平时就应当注意自己的音容笑貌、言谈举止,让我们的一言一行、一举一动都符合行为规范,展现出美丽的光彩。

一、站姿、坐姿、走姿、蹲姿

"站如松,坐如钟,行如风,卧如弓。"这12个字生动地概括了正确的站姿、坐姿、卧姿和走姿,十分形象。我们要想做到站有站相,坐有坐相,走有走相,就必须讲究站姿、坐姿和走姿。

(一)站姿

站姿,即站立的姿势。站立时,要抬头挺胸收腹,双目平视前方,身体立直,两肩舒展,双臂自然下垂,两手可交叉在腹前,也可以把右手放在左手上。在非正式社交场合,亦可把手背在身后。

站立时,不要东倒西歪或躬腰驼背或挺肚后仰,不要耸肩或一肩高、一肩低。站着与人交谈时,不要把手插在裤袋里或叉在腰间。

站姿可靠墙训练,后脑勺、双肩、臀部、小腿及脚后跟都紧贴墙壁;也可两人一组,背靠背站立。

(二)坐姿

坐姿,即坐着的姿势。入座时,动作要轻盈、和缓、平稳,从容自如,不要慌张和用力。

穿裙子的女士,落座时用手把裙子稍稍向前拢一下,表现优雅的风度。

入座后,坐姿要端正,上身挺直,两腿并拢,双手自然地放在膝上,亦可放在椅子扶手或沙发上,不要前俯后仰。与人交谈时,可以侧坐,注意上身与腿同时转向一侧。落座后,不要摇晃上身,也不要跷起"二郎腿"。更不要抖动跷起的脚,切忌脚尖朝天。

起座时,动作要轻松,不要猛地一下站起来。

(三)走姿

走姿,即行走的姿势。走姿往往可以显示出一个人的身体状况、精神风貌和性格。人走路的样子千姿百态。有的人步伐矫健、敏捷,显得精明强干;有的人步伐稳重、大方,显得沉着老练;有的人步伐轻盈、欢快,显得朝气蓬勃。这些走姿分别给人留下良好的印象。而有的人走路时摇头晃脑,左右摇摆,给人以轻薄的印象;有的人走路时弯腰驼背,步履蹒跚,给人以压抑、老态龙钟的感觉;还有人走路时盘着八字脚,晃着"鸭子"步,这些走姿均不雅观。

正确的走姿是:抬头挺胸,两眼平视,步幅和步位合乎标准,讲究步韵。所谓步幅,是指行走时两脚之间的距离。步幅的一般标准是,前脚的脚跟与后脚脚尖的距离约等于自己的脚长。这里的脚长是指穿了鞋子的长度,而非赤脚。所谓步位,就是脚落地时的位置。一般来说,两只脚所踩的是一条直线最标准。步韵是指行走的韵律。行走时,脚腕要富于弹性,肩膀应自然、轻松地摆动。平时走路不要太快,也不宜过于缓慢。男性每分钟走100步,女性每分钟走90步,显得有节奏和韵味。

走路时,应挺直身板,自然地摆动双臂,前后摆动的幅度为45度左右,不要摇头晃肩和左右摆动双臂,也不要有意扭动臀部。此外,注意不要边走边吃东西。多人一起行走时,不要勾肩搭背,也不要排成横队,以免影响他人行走。

训练走姿,可以在地上画一条直线,双脚踩着直线走。反复练习,自然会有进步。

(四)蹲姿

蹲姿,即人蹲下时的姿势。在乡下,有的农村干部习惯蹲在坑上或田间地头与村民聊天;在城市,有的市民走累了,路旁没有石凳时,便蹲下来休息一会;有时候,东西掉在地上,人们弯下腰捡东西。未受过蹲姿训练的人捡东西时,臀部向后撅起,很不雅观。

下蹲时,可以左脚在前,右脚稍后,两腿靠紧向下蹲。左脚全脚着地,左腿小腿基本垂直于地面,右脚脚跟提起,脚掌着地,形成左膝高右膝低的姿态,臀部朝下,主要用右腿支撑身体。

二、饮食起居

在日常生活中,饿了要吃饭,渴了要喝水,困了要睡觉。人人都会吃饭、睡觉,可是,并不是每个人都知道自觉遵守饮食起居的规矩。这里略作介绍。

(一)吃的规矩

1. 不要显出贪相

吃饭时,最忌讳显出贪吃的样子。如就餐前眼睛直勾勾地盯着餐桌上的菜,进餐时狼吞虎咽等,都是不规范的行为。正确的做法是:入席落座后,菜没上齐前,可与大家聊聊天;进餐时,应细嚼慢咽,不仅有利于品味和消化,也符合餐桌上的礼仪要求。

2. 动作要文雅

进餐时,不要自私和挑食。不要抢先夹菜和用力翻动菜肴,一次夹菜不要太多。吃到不合自己口味的菜,切不可吐舌或做怪相。可用餐巾擦嘴和手,不要用餐巾擦桌子等。

(二)喝的礼貌

1. 不要用嘴吹汤

刚端上桌的菜汤很热,为了降温,有人习惯用嘴去吹,既不雅观,也不卫生。正确的做法是:当汤太热难以马上入口时,可将汤舀入自己的碗内,轻轻地舀一舀,待降温后再喝。

2. 要用汤匙喝汤

喝汤应用汤匙一勺一勺舀着喝,不要发出大的声响。汤快喝完时,可用左手端碗,将碗向内倾斜,用右手持汤匙舀着喝,不要口对碗边一饮而尽。

(三)住的文明

1. 尊重室友

同学们住集体宿舍,一定要互相尊重,彼此以礼相待。自觉遵守作息时间,不要因为自己的活动而影响别人的学习和休息。

2. 照顾邻居

邻里之间要互相关照。住在楼上,不要把楼下当作垃圾场,随意乱扔果皮、纸屑等。晾晒还在滴水的衣物时,应看看楼下邻居是否晾晒了衣物等,不要将水滴到楼下晾晒的衣物上。如果在阳台上种了花草,浇花时应避免浇湿楼下邻居的东西。

(四)行的礼仪

1. 遵守交通规则

走路要走人行道。行人横穿马路时,应注意交通信号,等绿灯亮了,再从人行横道上穿过去,不要闯红灯,也不要翻越马路上的隔离栏。

2. 注意礼让

行人之间要互相礼让。道路狭窄时,年轻人要谦让老年人,男士要谦让女士,健康人应谦让残疾人。走路不小心踩了别人的脚或撞到别人身上,要向对方说声"对不起"。对方则应说一声"没关系"。

三、举止

在社会交往中,人们的一举手一投足,一颦一笑,都表示出一种态度。举止是一种无声的语言,从一个侧面反映出一个人的修养。在交际中常用的礼貌举止有点头、举手、起立、鼓掌等。

1. 点头

两位熟人或同事在路上相遇时,不要视而不见,态度冷漠,而应点头打个招呼,以示礼貌。点头打招呼也可以在较大的迎送场合使用,当迎送者较多或距离较远时,可以点头致意。

2. 举手

与对方距离较远或没有时间寒暄时,可以举手打招呼。举手很简单,却向对方表达了敬意,乐此不疲。

3. 起立

在正式场合,有长者、尊者到来或离去时,在场者应起立表示敬意。

4. 鼓掌

在一些场合,当重要人物出现,或演出圆满结束,或精彩的演讲完毕,人们应热情鼓掌,分别表示欢迎、祝贺或赞赏。

在公共场合,人们应拘小节。注意不要随地吐痰,不要当着别人的面甩鼻涕、搔头发、掏耳屎、打哈欠、剔牙齿。咳嗽、打喷嚏时,应用手帕捂住口鼻,面向一旁,尽量不要发出太大的声音。

烟民应将吸剩的烟头放进烟灰缸,不要到处乱扔。举止得当,才能受人欢迎和尊敬,反之,则会令人侧目和讨厌。

总之,追求完美的人应做到衣冠整洁,穿着要和年龄、体形、职业、季节、场所相协调;谈吐文雅,发音准确,语言优美,谈吐风趣、幽默;彬彬有礼,尊老爱幼,不卑不亢,礼貌周到;潇洒自如,男士要自然大方,举止得当,显示出"阳刚之美"(壮美);女士应端庄、娴静、动作优雅,表现出"阴柔之美(秀美)"。下面举一例子。

美与善的化身
——著名记者侯波眼中的宋庆龄

　　首次见到宋庆龄,给我的印象是美丽、高贵、优雅。她像高山白雪,令人观止。住到一起,我深切地感受到的又是端庄、宁静、温柔、睿智、贤惠。她是美与善的化身,每一个动作、抬手举足都十分自然,无论是一瞥目光、一个微笑,还是一声轻唤,都充满了美的魅力,令人陶醉,使人着迷。难怪有人说,她只要往那一站,就为中国人争了光……但是她决不孤傲。进餐时,她礼貌、优雅,很讲卫生,搞分餐制;她将甜饼子夹到卫士面前的碟子里,然后给翻译等人员都夹了甜饼子,自己才坐下来吃饭。

思考与训练

1. 为什么要加强思想道德修养?

请看下面的案例。

　　有一批应届毕业生,实习时被导师带到国家某部委实验室里参观,全体学生坐在会议室里等待部长的到来。这时有秘书给大家倒水，同学们表情木然地看着她忙活，其中一个还问了句："有绿茶吗？天太热了。"秘书回答说："抱歉，刚刚用完了。"林然看着有点别扭，心里嘀咕："人家给你倒水还挑三拣四。"轮到他时，他轻声说："谢谢，大热天的，辛苦了。"秘书抬头看了他一眼，满含着惊奇，虽然这是很普通的客气话，却是她今天唯一听到的一句。

门开了，部长走进来和大家打招呼，不知怎么回事，静悄悄的，没有一个人回应。林然左右看了看，犹犹豫豫地鼓了几下掌，同学们才稀稀落落地跟着拍手，由于不齐，越发显得零乱起来。部长挥了挥手："欢迎同学们到这里来参观。平时这些事一般都是由办公室负责接待，因为我和你们的导师是老同学，非常要好，所以这次我亲自来给大家讲一些有关情况。我看同学们好像都没有带笔记本，这样吧，王秘书，请你去拿一些我们部里印的纪念手册，送给同学们作纪念。"接下来，更尴尬的事情发生了，大家都坐在那里，很随意地用一只手接过部长双手递过来的手册。部长脸色越来越难看，来到林然面前时，已经快没有耐心了。就在这时，林然礼貌地站起来，身体微倾，双手握住手册，恭敬地说了一声："谢谢您！"部长闻听此言，不觉眼前一亮，伸手拍了拍林然的肩膀："你叫什么名字？"林然照实作答，部长微笑点头，回到自己的座位上。早已汗颜的导师看到此景，才稍微松了一口气。

两个月后，同学们各奔东西，林然的去向栏里赫然写着国家某部委实验室。有几位颇感不满的同学找到导师："林然的学习成绩最多算是中等，凭什么推荐他而没有推荐我们？"导师看了看这几张尚属稚嫩的脸，笑道："是人家点名要的。其实你们的机会是完全一样的，你们的成绩甚至比林然还要好，但是除了学习之外，你们需要学的东西太多了，修养是第一课。"

2. 穿西服有哪些讲究？

3. 怎样做到举止得当？在老师的指导下进行坐姿训练。

4. 向同学们推荐一本关于加强思想道德修养的好书，然后安排同学们交流读书心得。

5. 组织同学们进行一次演讲比赛，每位同学讲三分钟，主题不限。

6. 下面这个实例生动地说明，形象对一个人多么重要。而改善自己的形象，对事业的成功会有很大的帮助。

在1988年的总统选举中，布什的对手杜卡基斯猛烈抨击布什是里根的影子，没有独立的政见。而布什在选民中的形象也的确不佳，在民意测验中一度落后于杜卡基斯10多个百分点。不料两个月以后，布什以光彩照人的形象扭转了劣势，反而领先10多个百分点，创造了奇迹。

其原因是布什在专家的指导下，克服和纠正了演讲的弱势，纠正了尖细的嗓音、生硬的手势和不够灵活的摆动手臂的动作，显示出独特的魅力。

为了吸引选民，经过化妆师设计，布什还经常穿着浅色的西服，配以卡其布蓝色条子厚衬衫，以显示"平民化"，终于获得了最后的胜利。

7. 日本松下电器公司的董事长松下幸之助40岁时得了严重的肺结核病，医生已经宣布了他的死期。他想,与其躺在床上等死,还不如起来奋斗,这一奋斗就奋斗到90多岁。

乐观有助于身心健康,意志坚强有助于事业成功、发达。乐观、上进心和精神力量促使松下幸之助创造了事业的辉煌。你从这个真实的故事中感悟到了什么道理?

8. 下面是关于人生的10条建议,请同学们酌情进行实践,然后交流心得体会。

① 生气的时候不要作任何决定。
② 学会礼貌而灵活地说"不"。
③ 不要指望生活会是完全公平的。
④ 每天称赞3个人。
⑤ 经常说"谢谢"。
⑥ 用你希望别人对待你的方式去对待别人。
⑦ 结交新朋友。
⑧ 保守秘密。
⑨ 学会倾听。
⑩ 学会独立思考。

9. 幽默的话语,犹如生活中的盐。恰到好处的幽默语言,能够活跃气氛,增进友谊。邓小平的一语双关,以及法国人的打趣,均是成功的范例。让我们学习幽默,丰富我们的学习生活。

有一次,邓小平会见一美国国会代表团,他们不仅身份显赫,身体亦健壮,邓小平一语双关:"看来,你们都很有分量。"会谈帷幕在轻松中拉开。另一例,俄罗斯人请法国人吃饭。饭后吃甜点,俄罗斯人用刀切蛋糕,不均匀,但并非有意。法国人打趣请客者给自己小的一块:"幸亏是蛋糕,如果是地图,那就太糟糕了。"

10. 阅读下面短文,从礼仪角度谈谈如何加强个人文学修养。

畅销书与《神曲》

在学校里,不少学生非常喜欢阅读时下流行的畅销书,对阅读畅销书的热情远胜过阅读世界文学名著。

一天,某大学中文系正在上课,一名女生问上课的教授是否读过一本正在流行的畅销书,教授回答说自己没读过。这名女生非常惊讶地对教授说:"这本书已经快发行3个月了,您怎么还没有读过呢?这可是现在最热门、最畅销的书。"

教授听了这名女生的话后,笑了笑,然后反问道:"这位同学,你读过但丁的《神曲》吗?"

学生回答:"没有,没读过这本书。"

教授说:"那你可要抓紧了,这本书已经问世好几百年了。"

教授的一句话,听起来好像简单,其实,教授委婉地表达了几层含意:首先,一些富有社会价值、文学价值的文学经典作品值得阅读;其次,一些畅销书虽然流行一时,但却经不起时间的考验;再次,大学生应该阅读品味较高的文学作品,提高自己的文学修养水平和鉴赏能力。

在场的学生听了教授的这句话,都颇有感悟。

第三章 营造温馨的灵丹
——家庭礼仪训练

家庭是人类社会生活的基本单位,是社会肌体的细胞。家庭由家庭成员构成,是建立在血缘和婚姻关系基础上的小型群体。

每个人都想有一个美满、幸福的家,每位家庭成员都希望家庭关系和谐、亲密。但是,怎样才能让家庭充满欢声笑语和温馨气氛呢?家庭生活的行为规范和准则——家庭礼仪,在这方面可以发挥重要的纽带作用和有效的调节作用。

家庭礼仪主要包括亲属称谓、家庭成员礼仪及邻居礼仪等。为了处理好家庭关系,首先要掌握亲属称谓,以便称呼恰当;其次要通晓家庭成员礼仪,彼此和睦相处;此外,还应熟悉邻居礼仪,和左邻右舍搞好关系。

▶ 第一节 亲属称谓 ◀

亲属称谓是家属和亲戚之间称呼的名称,从中可以反映出其相互关系。了解亲属称谓,准确称呼亲属,是交际活动的需要,也是懂礼节的表现。

中国是一个多民族的国家,其中汉族人口占绝大多数。这里仅简要介绍汉族亲属称谓的三个特点:

(1) 在称谓上标明了父系和母系;
(2) 在称谓上标明了性别;
(3) 在称谓上标明了父系男方亲属的长幼。

家庭亲友之间在交往中彼此尊重,在称谓上经常使用敬称和谦称。敬称是用敬语称呼对方或对方的亲属,常用字有"令""尊""贤""仁"等;谦称是用谦语称自己或自己的亲属,常用字有"家""舍""小""愚"等。

现将当代常用的亲属称谓分类列表如下(见表3-1、表3-2、表3-3、表3-4)。

一、对父系亲属的称谓

表 3-1

称呼对象	称 呼	自 称
父亲的祖父 父亲的祖母	曾祖父 曾祖母	曾孙(曾孙女)
父亲的父亲 父亲的母亲	祖父(爷爷) 祖母(奶奶)	孙子(孙女)

续表

称呼对象	称呼	自称
父亲	爸爸（爹）	儿子（女儿）
父亲的后妻	继母（妈妈）	继子（继女）
父亲的哥哥 父亲的嫂子	伯父 伯母（大妈）	侄儿（侄女）
父亲的弟弟 父亲的弟媳	叔父（叔叔） 叔母（婶婶）	侄儿（侄女）
父亲的姐妹 父亲的姐夫、妹夫	姑母（姑姑、姑妈） 姑父	内侄（内侄女）
伯、叔父的儿子 伯、叔父的女儿	堂兄或堂弟 堂姐或堂妹	堂弟、堂兄或 堂妹、堂姐
姑母的儿子 姑母的女儿	表兄或表弟 表姐或表妹	表弟、表兄或 表妹、表姐

二、对母系亲属的称谓

表 3-2

称呼对象	称呼	自称
母亲的祖父 母亲的祖母	外曾祖父 外曾祖母	外曾孙（外曾孙女）
母亲的父亲 母亲的母亲	外祖父（姥爷） 外祖母（姥姥）	外孙（外孙女）
母亲 母亲的后夫	母亲（妈妈、娘） 继父（爸爸）	儿子（女儿） 继子（继女）
母亲的兄弟 母亲的兄弟媳妇	舅舅 舅母（舅妈）	外甥（外甥女）
母亲的姐妹 母亲的姐夫、妹夫	姨母（姨妈） 姨父	姨甥（姨甥女）
舅、姨的儿子 舅、姨的女儿	表兄或表弟 表姐或表妹	表弟、表兄或 表妹、表姐

三、对丈夫亲属的称谓

表 3-3

称呼对象	称呼	自称
丈夫的祖父 丈夫的祖母	祖翁（祖父、爷爷） 祖姑（祖母、奶奶）	孙媳妇
丈夫的父亲 丈夫的母亲	公公（父亲、爸爸） 婆婆（母亲、妈妈）	儿媳
丈夫的伯父 丈夫的伯母	伯父（伯伯） 伯母（大妈）	侄媳
丈夫的叔父 丈夫的叔母	叔父（叔叔） 叔母（婶婶）	侄媳
丈夫的姑父 丈夫的姑母	姑父 姑母（姑姑）	内侄媳
丈夫的舅舅 丈夫的舅母	舅舅 舅母（舅妈）	甥媳
丈夫的姨父 丈夫的姨母	姨父 姨母（姨妈）	姨甥媳
丈夫的哥哥 丈夫的嫂子	哥哥（兄） 嫂子（姐）	弟媳（弟妹、妹）
丈夫的弟弟 丈夫的弟媳	弟弟 弟妹（妹）	嫂子
丈夫的姐姐 丈夫的姐夫	姐姐 姐夫	弟媳
丈夫的妹妹 丈夫的妹夫	妹妹 妹夫	嫂子

四、对妻子亲属的称谓

表 3-4

称 呼 对 象	称　　呼	自　　称
妻子的祖父 妻子的祖母	岳祖父 岳祖母	孙婿
妻子的父亲 妻子的母亲	岳父（爸爸） 岳母（妈妈）	女婿（婿）
妻子的伯父 妻子的伯母	伯父 伯母	侄女婿（侄婿）
妻子的叔父 妻子的叔母	叔父 叔母	侄女婿（侄婿）
妻子的姑父 妻子的姑母	内姑父 内姑母	内侄婿
妻子的舅父 妻子的舅母	内舅父 内舅母	内甥婿
妻子的哥哥 妻子的弟弟	内兄（哥哥） 内弟（弟弟）	妹夫 姐夫
妻子的姐姐 妻子的妹妹	姐姐（姨姐） 妹妹（姨妹）	妹夫 姐夫
妻子的姐夫 妻子的妹夫	襟兄 襟弟	襟弟 襟兄

附录：亲属合称称谓

祖孙（祖父与孙子女）、父母、父子、父女、母子、母女、叔侄（叔父与侄儿侄女）、公婆、翁媳（公公与媳妇）、婆媳（婆婆与媳妇）、翁婿（岳父与女婿）、舅甥（舅舅、舅妈与外甥）、兄弟、妯娌（兄妻与弟媳）、连襟（姐妹的丈夫）等。

第二节　家庭成员礼仪

家庭成员礼仪是家庭成员在家庭生活中处理相互关系的行为规范与准则。父母善待子女，晚辈孝敬长辈，父慈子孝，家庭关系更加亲密；夫妻关系是家庭关系的核心，夫妻互敬互爱，互相关心，家庭生活自然会充满温馨；婆媳之间虽然没有血缘关系，但却有法律关系。婆婆心疼媳妇，媳妇孝敬婆婆，婆媳能够和睦相处，的确是全家的福气。因为只有婆媳亲,才能全家和啊!

一、父母与子女相处的礼仪

(一)言传身教

父母的言行举止,对子女起着潜移默化的作用。孩子身上总是刻有父母影响的痕迹,他们对家长的一言一行、一举一动都看在眼里,记在心上,甚至加以模仿。父母热爱工作、办事公正、待人热情、容易接近、知识丰富、好学上进等,都可以通过工作、学习、家庭生活对孩子产生一定的影响。父母在孩子面前以身作则,为孩子树立可以信赖、可以效仿、可以直接感受到的好榜样,非常重要。父母作为孩子的第一位老师,不仅要有做好父母的良好愿望,而且还应深入了解子女,尊重子女的独立人格、志向、兴趣和合理的选择。平时在家中要用正确的语言教育子女,以模范的行动影响子女。例如,不说违背社会生活准则和社会公德的话,不做违背社会准则和社会公德的事。创造良好的家庭环境,当孩子在场时,父母不要吵架,要互相谦让,互相体谅。对子女的朋友来家中做客,应表示欢迎。在日常生活中,父母说话要算数,任何时候都不要对孩子撒谎。许诺孩子的事,要尽量兑现。在这方面,中国古代教育家曾参,为我们树立了很好的榜样。

曾参是中国古代大教育家孔子的学生,他很重视子女的教育问题。"曾参杀猪"的故事,曾给无数家长以启迪。

一次,曾参的妻子出家门,去集市上买东西。

"妈妈,妈妈,我也要上街,我也要上街!"一个两三岁的小男孩边哭边喊,从屋里扑了过来。

"好孩子,别去了,上街的路很远,难走得很。你在家乖乖玩,我回来后,让你爸爸杀猪给你吃,好不好?"曾妻哄儿子说。

"杀猪?杀我们家那头猪,真的吗?那我就有肉吃了,我喜爱吃肉,就不上街了。"儿子终于改变了主意。

儿子高兴地把这件事告诉了他的父亲曾参,曾参立即请人来家捉猪,准备杀猪。

妻子从集市上回来见丈夫正准备杀猪,赶忙阻止:"你发疯了吗?我只不过与孩子说着玩的,你怎么当真呢?"

"孩子是不能随意跟他说着玩的。"曾参严肃认真地说:"小孩子还没有做人处事的知识,只能跟我们做父母的学,听从父母的教诲。现在你欺骗他,将来他会欺骗别人。况且,母亲欺骗了儿子,儿子就不信赖母亲了,今后你再去教育他,他能听吗?"

曾参的妻子不好再说什么了,只好听由丈夫让人把猪杀了,兑现对儿子的许诺。

"曾参杀猪"的故事,说明了孩子早期教育的重要性。要培养孩子诚实守信的品格,必须从父母做起,从日常行为做起。

（二）一视同仁

父母与子女之间应保持一种亲密无间的关系，俗话说："手心手背都是肉。"父母对子女应一视同仁，对每个孩子都给予同样的爱，不要亲一个，疏一个，厚此薄彼，使孩子的心灵受到创伤。

（三）教育有方

创造良好的家庭环境，并不排除家长对子女的批评教育，但要讲究方式方法，要循循善诱，启发引导，少批评、训斥和唠叨，尽量不要当着外人的面批评孩子，否则会使孩子觉得在众人面前丢了脸，容易产生没脸见人、破罐子破摔的想法。父母平时应注意观察和表扬子女的优点，多鼓励孩子。对孩子提出的问题，父母要尽量给予答复，让他们从小就树立自尊心和自信心。教育子女要善于抓住时机，采取正确有效的方法。在现实生活中，在子女不求上进或犯错误之时，绝大多数父母亲都会采取一定的方式予以教育和帮助，听之任之的父母亲极少。问题在于，有些父母亲企图仅仅以"爱心"来感化孩子，结果"慈爱"过度，变成了溺爱，不但未使子女上进或改正缺点，反而使其更加不在乎。有些父母亲则对子女过于严厉，动辄训斥、责骂，甚至采用暴力解决的方式，这常使子女产生逆反心理，变本加厉地做坏事。由此看来，"棍棒底下出孝子"的古训已经过时，但循循善诱，依然放射出理性的光彩。在教育子女方面，我国古代著名的"孟母断织"的故事，至今仍对我们有启发意义。

孟子到了该上学的年龄，因家贫，孟母反复考虑，决定借一台织布机，靠织布供儿子上学。

孟子高高兴兴地上学了。学校的一切是那么新鲜，开头他学习劲头很高，但是日复一日地背书讲书，使他渐渐感到枯燥无味了。有一天，尚未放学，他就偷偷地溜回了家。正在织布的母亲发现了，便问儿子："你这么早回家，该不是逃学吧？"孟子满不在乎地说："念书没意思，我不想念了。"母亲听了这番话，心里一阵颤抖，半晌说不出话来，一阵沉默。

突然，她拿起剪刀，把正在织的布"咔嚓"一声剪断了。这突如其来的举动，把孟子惊呆了，他小声问："妈……妈妈，你，你怎么啦？"孟母长叹一声，缓缓地说："你看，这布是一根根丝织起来的，人的学问也是一点点积累起来的。你不好好读书，半途而废，就像我剪断了这织成的布一样，成了废品。你年纪这么小就不愿读书，长大了怎么能成才呢？"

母亲语重心长的话语和忧伤的表情，深深地打动了孟子的心，他惭愧地说："妈妈，我错了，请原谅我，我今后一定要好好读书！"

从那以后，他勤奋学习，为后来成为一代伟人打下了坚实的基础。

孟母集慈母、严母和智母于一身，因此才能把儿子培养成为一代伟人。她是一位称职的母亲，是值得我们学习的楷模。

（四）作风民主

"天高任鸟飞，海阔凭鱼跃。"现代社会已经进入信息化时代，行业竞争日趋激烈，人们的生活节奏越来越快。胸怀大志的青年人奋发上进,学文化,学技术,学外语,学管理等,学习紧张,工作较忙。细心的家长不仅关心子女的衣食住行,而且格外重视他们的成长和进步。一般来说,朝气蓬勃的青年人更喜欢自由、宽松的学习、工作、生活环境。作风民主、开明的父母能理解子女的心愿,急子女之所急,适时给予指点,但不束缚他们的手脚,放手让他们去闯,以利于子女在困难、挫折中不断成长,实现自己的理想。

二、子女与父母相处的礼仪

年轻人都希望自己有个良好的成长环境,很羡慕和谐的家庭气氛。其实作为年轻人自身在家庭中的言行,对于营造温馨的家庭气氛,有着极为重要的作用,只是还有一部分年轻人尚未意识到这一点。那么,我们究竟应该怎么做呢?

大家都清楚这样一个事实:我们的每一步成长,都凝结了父母的心血和汗水。可在日常生活中,我们又常常不能忍受父母的唠叨、事事过问,不少人为此烦恼,有人甚至采取相对抗的态度顶撞父母。这样一来,家里就免不了发生口角。如果我们以另外一种方式对待,比如先听父母说,不急于表明自己的想法,或者以征求他们意见的方式,阐述自己的想法,询问一下我可不可以这样做?因为无论与父母有多大的分歧,有一个前提是不该违背的,那就是尊重父母。虚心学习父母的优点,当父母有错误时,要耐心地说服,委婉地批评,做到这一点,父母也会变得心平气和起来。有些年轻人在外面比较活跃,回到家中却变得沉闷起来,不愿意主动与父母沟通,甚至对父母的提问也表示反感,至多是父母问一句才答一句。这种态度本身就给家庭造成很不愉快的气氛。家人每天在一起能有一点时间用来交流,无非是沟通一下这一天中各自的所为和见闻,这种行为也许要比你偶尔为家人送个小礼物更令他们高兴。因为他们不仅通过你的交谈了解你的状况,你的交谈还告诉他们一个很重要的信息:你依然爱他们,愿意向他们倾诉。

在家中孝敬长辈,可以从许多细小处做起。例如,晨起之后,向长辈问个安;外出或回到家后和父母打声招呼;平时吃东西前,先问问父母吃不吃;父母身体不适时,更要多关心问候,尽可能地多陪伴他们;日常多为父母分担家务,主动为父母分忧,也是最好的尽孝方式。这些看似区区小事,对长辈却是很大的精神安慰。

三、夫妻之间的礼仪

对于已经结为夫妻的小两口,夫妻关系的好坏,是家庭生活幸福与否的关键。有些年轻人认为,两人结了婚,都是一家人了,还有什么可见外的。于是,一些夫妻彼此谈话很随便,开玩笑也没有了分寸,有时无意中伤害了对方,影响了夫妻感情。由此看来,夫妻在家庭生活中朝夕相处,若要保持爱情的甜蜜,就应当讲究夫妻相处的礼节。

众所周知,我国有一对夫妻一辈子相敬如宾,堪称夫妻的楷模,这就是周恩来和邓颖超。他们总结出的夫妻相处的宝贵经验是"八互",即互敬、互爱、互学、互助、互让、互谅、互慰、互勉。这八条宝贵的经验,值得每一对夫妻学习和借鉴。

(一)互敬

互敬即相互尊重,相敬如宾。例如,在一次青年联欢会上,女教师小吕准备上台参加歌赛,她的丈夫大张悄悄叮嘱说,别紧张,你一定能行。小吕说,谢谢你的鼓励。这段话听起来再平常不过。事后,大张的朋友小于提起这件事儿,竟说了一句:跟你媳妇还虚虚假假的,太酸了。其实,夫妻虽是一家,但相互间多说几句"谢谢""请帮帮忙"或鼓励之类的话,并不是多余的。这样做既体现尊重对方,又能加深彼此的感情。

(二)互爱

互爱即互相体贴,温情脉脉。俗话说:"知夫莫若妻""知妻莫若夫"。夫妻在一起生活,相互了解彼此的性格、爱好和生活习惯等。丈夫不要在婚后变得粗暴,妻子也不要在婚后变得俗气。夫妻虽然不常有恋爱时花前月下的浪漫,但体贴对方的话要常讲,关心对方的话要常说,不要忘了感情交流,一个眼神,一个手势,一声亲切呼唤,无不包含深情厚谊。

(三)互学

互学即互相学习,取长补短。夫妻俩各有长处,不论在事业上还是在日常生活中,均要多看对方的长处,学习对方的优点,弥补自己的缺点,不断进步。

(四)互助

互助即互相支持,互相帮助,夫妻应共同承担家务事,各尽所能,丈夫不妨多干点力气活。夫妻在事业上更要互相帮助,互相支持,共同走向人生的辉煌。

印度诗人泰戈尔(1861—1941年)年轻时听从父命,与一位社会地位低下、长相平平、文化水平较低的姑娘结婚。但这种差别并未给诗人的生活和创作带来不利影响,相反,她的高尚品德却成了诗人生活和创作的一个不可缺少的组成部分。

婚后,在丈夫的热情关怀和严格要求下,她掌握了孟加拉语,同时学会了英语和梵语,并用孟加拉语改写了梵语的简易读本《罗摩衍那》,还登台演出了泰戈尔的戏剧《国王和王后》。她的这些出色表现,在丈夫的心中很快赢得了位置。

一次,泰戈尔身患重病,贤惠的妻子日夜守护床头,亲自调理汤药,整整两个多月,不曾离开丈夫的病榻。她以真诚的爱情,去抚慰丈夫被疾病折磨得支离破碎的心灵,使他的身体终于得到了康复。

泰戈尔希望隆重而热情地接待客人和来访者,每当这种时候,一贯崇尚简朴的她便亲自动手操持烹调,以其精湛的手艺使客人满意,让丈夫高兴。她做的烙饼,堪称一绝。他们外出旅行,她也悄悄带上必要炊具,为丈夫做美味的馅饼。

直到1902年她去世为止,在整整20年漫长岁月里,她把丈夫的理想和事业视为自己的最高追求,始终精心照料他的生活,为他分忧解难。

泰戈尔夫妇在社会地位、相貌等方面存在着显著差别,但他俩互相靠拢,互相帮助,家庭生活美满和谐,在事业上比翼双飞,堪称"模范夫妻"。

(五)互让

互让即互相谦让,切莫唯我独尊。夫妻之间要提倡平等,遇事多商量。丈夫不要以"大男子主义者"自居,妻子也不要让丈夫得"气(妻)管炎(严)",彼此多给对方一些理解和自由,夫妻感情会更加深厚、牢固。

(六) 互谅

互谅即学会宽容,互相谅解。俗话说:"金无足赤,人无完人。"何况"人有失手"。丈夫可能做事较粗心,妻子要能够容忍;妻子或许比较啰嗦,丈夫要予以谅解,彼此求同存异,互相靠拢。

(七) 互慰

互慰即互相关照,彼此安慰。人生的道路曲折、漫长,不可能事事称心如意,一帆风顺。当一方在前进的道路上遇到挫折时,另一方不要讽刺、挖苦甚至奚落,而应当多安慰对方,一起分析受挫的原因,总结经验教训,让失败变为成功之母。

(八) 互勉

互勉即互相勉励,互相鼓舞。当一方取得成功时,另一方应表示热烈祝贺,并一起分享成功的欢乐,同时激励对方再接再厉,不断开拓、前进。夫妻不论在顺境,还是在逆境,都要互相理解,互相信任,互相支持。

第三节 家庭应酬

一、待客

"有朋自远方来,不亦乐乎!"孔子的这句名言,千百年来一直为好客的国人所传诵。礼貌待客亦是我们中华民族的传统美德。

邀请亲朋到家里做客,最好事先做些准备,诸如整理房间,备点水果、饮料等。客人应邀而至时,主人应起身迎接,或提前到门口等候。对不速之客来访,也应当以礼相待。如果来客不是自己的客人,而是父母或兄妹的朋友等,也应热情接待。如果在客人到来时,家中较乱,可以稍稍收拾一下,但不要动作太大。不要立即打扫,因为当着客人的面扫地,有逐客出门的意思。

把客人迎进屋后,安排客人就座。给客人端茶时应用双手,一手抓住杯耳,一手托住杯底。夏天天气炎热,要为客人打开电扇(空调)或递把扇子,以消暑气。

与客人交谈时,态度要诚恳,不要频繁地出出进进,更不要总是看表,或打哈欠,以免对方误解你在暗下逐客令。

当客人提出告辞时,主人要等客人起身后再起身相送。送客时,请客人走在前面。快到门口时,主人应上前替客人把门打开,让客人先出门。如果送客人至电梯,主人应等电梯关门后再离开。对年长的客人或长辈,主人住在楼上则应送到楼下,再握手道别,目送客人远去。

善待自己和家人的朋友,不仅能使自己有广泛的交往,还会由此加强家人之间的情感交流,反之则会使亲友疏远。好客并讲究待客礼仪的家庭,朋友会越来越多,亲戚会越走越亲。

二、馈赠

张先生和李小姐不久前喜结良缘。可在大喜的日子里,他俩却为一事犯了愁——亲朋好友送来的贺礼中,多数是目前时兴的电饭锅。望着一大排电饭锅,小两口很发愁。由此看来,送礼也应当有所讲究。

(一) 见机行事

送礼是人之常情,也是人际交往的一种重要形式,人们通过送礼表达心意。送礼要掌握好时机,逢年过节,亲友间你来我往,互赠礼品,以联络感情;同学、同事过生日或乔迁新居时,送去一份礼品,以示祝贺;接受别人帮助后,适时送一些礼物,表达感激之情;探望生病住院的友人时,送一束鲜花或送些水果、营养品等,以示关心;应邀做客时,给主人带份礼物,以表敬意。此外,给即将出远门的老乡送点旅途用品,以及给需要接济的亲友送财物等。总之,送礼应见机行事,合乎情理,彼此觉得正常、自然和心安理得,而不要盲目地、无缘无故地送礼。否则,自己破费了不说,还让受礼人感到突然和莫名其妙。

送礼贵在及时,要"雪中送炭",送在"节骨眼上",而不要"雨后送伞"。譬如,一位好友的生日过了几天后,方才想起应送一份贺礼。此时,事过境迁,再送贺礼缺乏底蕴与情趣,倒不如另择时机,聊表心意。

(二) "投其所好"

送礼的对象多种多样,由于每个人的阅历、爱好不同,故而对物品的喜欢也不相同。因此,送礼若想博得对方的"欢心",就需要了解对方的爱好,"投其所好",选送给对方钟爱的物品。例如,给书法爱好者送一套文房四宝——纸、墨、笔、砚或一方名砚;给酷爱垂钓者送一副渔具或一根钓竿;给乒乓球爱好者送一件运动衣或一对乒乓球拍;给喜欢"吞云吐雾"的烟民送一条好烟或一个精制的打火机……

送礼应因人而异。例如,给腿脚不灵的老人送一根雕刻精美的手杖;给天真活泼的儿童送一盒智力玩具或学习用品;给恋人送一枚雅致的叶脉书签;给丈夫送一条漂亮的领带;给妻子送一条美丽的围巾等。给家境宽裕者送礼,宜讲究礼品的艺术性,如送一只景泰蓝或一幅国画。给经济拮据者送礼,应注重礼品的实用性,如送食物、衣料等实惠的东西。

常言说:"千里送鹅毛,礼轻情义重。"送礼贵在情真意切。价格昂贵的物品不一定是最合适、令人满意的礼品。送礼应量力而行,尽可能选择新颖、别致、稀奇的礼品,不落俗套,切不可"打肿脸充胖子",不必一味追求贵重的礼品。此外,赠送的礼品应避免雷同。前面提到的新婚贺礼——一大排电饭锅,就不尽如人意。其实,送一个典雅的床罩或一套高级茶具或一张纯棉桌布做贺礼,也未尝不可。倘若与受礼人关系很好,不妨打听一下新房还缺什么,以便选购,满足对方的需要。甚至可以邀他(她)一起去商场购买中意的物品,效果也许更佳。

(三) 讲究礼仪

送礼要选择恰当的时机,准备合适的礼品。此外,还应讲究送礼礼仪。

选购好礼物后,可请售货员帮忙包装好。礼品上若有价格标签,送人前应取下标签。若是自己制作的礼品,最好用专用的礼品纸包好,然后用彩带系成花结。经过包装的礼品看起来更精美,也显示出送礼人的情谊。

私人间送礼宜在私下进行。一般由送礼人当面送给受礼人,通常在刚见面时或临分手之前送上。送礼时要热情大方,礼貌地用双手或右手把礼品交给受礼人,同时讲几句表达心意的话。

送礼时如果摆出一副救世主的面孔,仿佛施舍于人,会令受礼人不痛快;当然也不要畏畏缩缩或表现出无可奈何、不得已而为之的样子,更不要到处宣扬送礼事宜,使受礼人产生不快甚至精神上的压力。

作为受礼人,双手接过礼品时要表达谢意。即使收到的礼品不称心,也不能表露在脸上。应重视别人的情意,而不必太在乎礼物的价值和功能。

接受别人馈赠后,除了办丧事等特殊情况,接受赠礼后不宜立即还礼外,一般都要尽快还礼,或待适当时机给予回赠,以加强交流,增进情谊。"礼尚往来"是我国人民世代相传的传统美德,值得我们继承并发扬光大。

(四)送花礼仪

花是大自然的精灵,美的化身。五颜六色、香气四溢的鲜花,不仅让人们赏心悦目,心旷神怡,而且成为人们联络感情、交流思想的使者。

花,千姿百态,习性各异。人们根据花卉各自的特征,赋予其一种象征意义,进而用花来表达自己的思想、感情和语言,通过赠送鲜花传情达意。人们把这一方式称为"花语",例如,用玫瑰花表达爱情,秋海棠表示友谊,白色百合花和丁香表示纯洁,水仙花表示冰清玉洁。

随着人们生活水平的不断提高,人们在交往中越来越多地用花来表达自己的思想、感情。因此,需要了解赠送花卉的礼仪常识。

1. 花语

(1) 玫瑰——求爱,初恋,爱情,爱与美。

红色玫瑰:热情,爱你。粉红色玫瑰:初恋,浪漫。白色玫瑰:纯洁。

(2) 康乃馨——母亲,我爱您,健康长寿;热情,真情。

红色康乃馨:相信你的爱。粉红色康乃馨:热爱,亮丽。白色康乃馨:我爱永在,真情,纯洁。

(3) 百合——顺利,心想事成,百年好合,祝福。

香水百合:纯洁,文静,婚礼的祝福,高贵。白色百合:庄严,心心相印。

(4) 天堂鸟——大鹏展翅,自由,幸福,快乐,热恋中的情人。

(5) 满天星——关怀,淡泊名利,清纯,高雅(主要用于配花)。

(6) 非洲菊——热情,大方,坚强。

(7) 勿忘我——永恒,真挚。

(8) 并蒂莲——夫妻恩爱,吉祥如意。

（9）郁金香——爱情，胜利，祝福。

红色郁金香：爱的宣言。粉红色郁金香：热恋，幸福。黄色郁金香：珍重，财富。紫色郁金香：忠贞，最爱。

（10）剑兰——生活美满，步步高升，健康安宁。

（11）红掌——大展宏图，热情，豪放。

（12）向日葵——光明，忠诚，爱慕，活力。

（13）牡丹花——高贵，美丽，繁荣，昌盛。

2. 送花艺术

（1）为老人贺寿，一般选送百合花、长寿花、万年青等鲜花，祝贺老人健康长寿。如果为老人举办寿辰庆典，为表示隆重、喜庆，可送玫瑰花篮，也可以根据老人的喜欢类型进行选择、搭配。

（2）为中青年人祝贺生日，可以选送百合花、一品红、石榴花等鲜花，表示火红年华和前程似锦。

（3）祝贺热恋中的青年男女或朋友新婚，可选送玫瑰花、郁金香、天堂鸟、百合花、并蒂莲、非洲菊等，还可以送花篮，表示火热吉庆，象征新婚夫妇幸福美好、白头偕老。

（4）探视病人，最好选择香味清淡的鲜花，如兰花、马蹄莲、水仙花等，不宜选择颜色太浓的花。对容易过敏的病人不宜送花。建议不要给病人选送盆花，以免误会成"久病生根"。

（5）春节时，可以选择表示吉祥、喜庆、欢乐、富贵寓意的玫瑰、剑兰、红掌、水仙、百合、天堂鸟等鲜花送人。

（6）母亲节来临时，可选择康乃馨或香水百合、玫瑰等鲜花献给母亲。

（7）父亲节来临时，可选择表示威严意味的百合或飞燕草、剑兰等鲜花献给父亲。

3. 送花禁忌

送花要因人、因场合而异。要了解各国家、地区、民族的不同送花习俗。桃花含有红火之意，如果给我国南方和港澳台地区的生意人送花，最好送桃花，而不要送梅花或茉莉花。因为，梅花的梅字和"霉"发音相同，茉莉花的茉莉两字和"没利"发音相同，被认为不吉利。在我国的广州、香港地区，探望病人的时候，要避免送剑兰，因剑兰和"见难"发音相近。

三、邻里关系

俗话说："远亲不如近邻。"近些年来，我国城乡居民的住房条件得到较大的改善，绝大多数城市家庭，还是与楼上楼下、左邻右舍的居民为邻。

大家住在一起，都希望处理好邻里关系，相安无事。可仍有不少人家事与愿违，经常为一点小事，或为共用厨房、公用厕所，或为孩子打架等产生纠纷，甚至反目。而凡是与邻居保持良好关系的家庭，大都比较讲究邻居礼仪。

邻居礼仪有许多讲究，最基本的礼仪有以下两点。

（一）彼此尊重

一栋楼或一个院子里，住着各种各样的人。但不论从事什么工作，无论职位高低，每个人在人格上和法律面前都是平等的。因此，应彼此尊重，见面时互相问候，至少应点头致意。邻里之间不要打听人家的隐私，更不要东家长、西家短，或捕风捉影，搬弄是非，以免邻里之间产生矛盾和纠纷。

（二）互相关照

住户之间为邻居，生活在一个共同的空间之中。大家应讲究社会公德，注意维护环境卫生，合理使用院内天井和楼道空间。公用电灯坏了，立刻买新灯泡换上；楼梯脏了，及时打扫干净。做一些事情或娱乐时，要为邻居着想。例如，不要在隔壁邻居午休时，往墙上敲敲打打；晚上听歌曲或唱卡拉OK时，不要把音响的声音开得太大，以免影响邻居的生活和休息。

邻里之间要相互关照，有事互相帮忙，而不要以邻为壑，"老死不相往来"。见邻居换液化气罐，不妨搭把手帮忙抬上楼。当邻居家夫妻吵嘴、打架，闹得不可开交时，作为关系不错的邻居，不要袖手旁观，更不能火上浇油，而应当酌情劝架，积极做调解工作。

俗话说："邻里好，赛金宝。"讲究邻居礼仪，妥善处理好邻里关系，就能建立真诚的友谊。而友好的邻里关系，能给生活增添不少乐趣，使小家庭、大家庭生活气氛更祥和，更温馨。

思考与训练

1. 汉族亲属称谓有哪三个特点？
2. 送礼的原则是什么？如何处理好邻里关系？
3. 安排同学们表演待客情景剧。
4. 组织同学们交流与父母相处的艺术。
5. 下面是作者往事成风在《小品选刊》2005年第七期上发表的文章《"突然"与"突然之间"》。作家海明威赏识自己的孩子，充分肯定其长处，对短处只是点到为止。这样的赏识教育会对孩子产生什么影响？你从中受到什么启发？

"突然"与"突然之间"

美国作家海明威（1899—1961年）的儿子在回忆录《爸爸教我写作》中写道：有一天早晨爸爸说"你自己写一篇短篇小说，不要期望写得很好"。我坐在桌子边，冥思苦想。用爸爸的打字机，慢慢地打出一篇故事，交给爸爸。

爸爸戴上眼镜，给自己倒了一杯酒，读了起来，我在一旁等着。他读完之后，抬头看了我一眼。"非常好，吉格。比我在你这个年龄的时候写得好多了。我看要改的就是这个地方。"他指着稿子说："应把'突然之间'改成'突然'，用字越少越好，这可以保持动作的持续性。"爸爸笑了起来，说："你可以得奖了，孩子，你很有想象力。"他相信我们家里又出了一个优胜者,可以在学校短篇小说比赛中得头奖。

得奖的该是屠格涅夫。这篇小说是他写的。我只是变了变背景,换了换名字。我对这小说唯一的贡献是把"突然"改成"突然之间"。我抄录时估计爸爸没读过那本书,因为它有几页还没裁开。

6. 下面是作者苇文发表在《现代交际》2005年第五期上的一篇短文《六点十分的爱》的摘要。深厚的父爱和母爱,使一度在感情上受挫的女孩重新鼓足了生活的勇气,开始了新的人生。你读后有何感想?

六点十分的爱

几年前,一位刚毕业的女孩打电话给父亲,说她要去深圳一家外企应聘,并无意中提起中途会经过父母所在城市的一个小站。

列车停靠在那个小站时是早晨6点10分,停靠时间约10分钟。车刚停稳,女孩倚着窗口,隐约听见有人呼唤她的名字,她探身窗外,在蒙蒙的曙色中是父母的身影。

母亲急急忙忙把毛巾包着的一个瓷缸递给她,揭开盖子,是热气腾腾的肉汤。短暂的10分钟里,她父母几乎不容她说什么,只是那样满足地催促她一口一口喝汤。天凉,汤冷得快。

列车开动时,女孩的父母握着一个空瓷缸站在月台上向女孩挥手。女孩不知道父母是几点起身的,或许他们根本一夜没睡。

而女孩,她本来不是去深圳应聘的。

她的男友不辞而别去了深圳,她被一段感情痛苦地纠缠着,想去找他,为爱情讨个结果。

列车抵达深圳时,女孩已改变了主意。她留下来,努力地求职与工作,后来在一家外企有了个不错的职位以及爱情。

在写给父母的信中,她总是提到那天6点10分的汤,她说是那缸汤,给她那次应聘带来了好运和力量。

7. 董建华先生的家庭成员来自四面八方,其家庭犹如一个"联合国",但他们却能够和睦相处。不仅如此,董先生一家十分爱国,而且热爱祖国的传统文化。请你回答,中国的传统文化与和睦家庭之间有何关系?你如何参与营造家庭的和睦气氛?

2002年10月6日,香港行政长官董建华在出席青年高峰会时发表文化身份论。他说自己的家就像"联合国",自己是上海人,太太是广东人,大女儿在美国读书,嫁了个金发的美国人,大媳妇从台湾地区来,二媳妇是德客(客家)混血儿。每周一次的聚会,就像联合国举行会议。董建华表示,他在英美两地居住过16年,深深了解西方的文化,但他亦幼承中国传统家训,了解中国文化。他表示,文化身份认同对他个人和香港很重要。香港的年轻一代要确认中国人的身份,加深对国家的了解,并要认识自己文化的根。

8. 请认真阅读《老舍教子》一文,努力领会老舍教子的深层含义。可联系自家或邻家的教子之道写一篇500字的感言。

老舍教子

1942年8月,老舍先生写过一篇题为《艺术与木匠》的文章,其中有这么一段:"我有三个小孩,除非他们自己愿意,而且极肯努力,做文艺写家,我绝不鼓励他们,因为我看他们做木匠、瓦匠或做写家,是同样有意义的,没有高低贵贱之别。"

老舍先生在给妻子的一封信里谈到对孩子们的希望时写道:"我想,他们不必非入大学不可。我愿自己的儿女能以血汗挣饭吃。一个诚实的车夫或工人一定强于一个贪官污吏,你说是不是?"

老舍先生特别珍视儿童的天真,认为这是天下最可贵的,万万不可扼杀。他主张儿童"宜多玩耍",最害怕看见"小大人""小老头"和"少年老成"。

老舍先生说:"摩登夫妇,教三四岁小孩识字,客来则表演一番,是以儿童为玩物,而忘了儿童的身心教育甚慢,不可助长也。"

老舍先生提倡对待儿童必须有平等的态度,主张尊重儿童,像对待好朋友一样。在这方面,他是身体力行的。他爱给儿童写信,在信中常用幽默的话开玩笑,甚至悄悄地向儿童宣布自己的写作计划。《四世同堂》第三部的写作大纲便是在给冰心的大女儿——一位中学生的信中首次披露的。

9. 下文是中央人民广播电台的一则公益广告"邻里之间",你觉得应如何处理好邻里关系?

音效:电视机里播放紧急求救的场面。戛然而止。

女:真讨厌!刚到热闹处,就停电。

男:嘿!搬来第一天就停电,真够倒霉的。

音效:按门铃声。

男:来了,来了!

女:谁呀?停电了还串门?!(走动的声音)(开门声)

孩子:阿姨,你们家有蜡烛吗?

女:没有!(没好气)。

音效:哐的一声,门关上。(音效夸张一点)

女:刚搬来就让小孩来借东西,这往后还怎么相处啊?!

男:贪小便宜也没见过这样的。

女:好啦,好啦,赶紧找蜡烛吧,看看有没有,黑灯瞎火的!

音效:门铃声,开门声。

女:怎么又是你?!

孩子:阿姨,这是妈妈让我给你送的蜡烛。

(音乐渐强)旁白:屋里黑啦,心里也亮啦!

第四章 尊师爱生的玉律
——学校礼仪训练

学校是培养和造就高素质人才的摇篮。教师肩负着教育人和培养人的神圣使命。学生在学校里不仅要学知识、学文化,而且要学会合作,学会做人,获得德智体美全面发展。

第一节 教师礼仪

教师是人类灵魂的工程师,应当具有系统而坚实的基础理论和丰富的教学、科研经验,才能"传道、授业、解惑";教师还应具有良好的思想品德和精神风貌,方能为人师表,成为学生学习的楷模。

一、为人师表

教师要在治学和做人方面为人师表,在仪表和举止方面也应当做出表率。

(一)仪表整洁

教师的仪表应整洁大方。男老师应修边幅,发型宜自然大方,头发清洁、整齐,没有污垢、头屑;衣着要庄重、整洁,穿中山装、西装、猎装、夹克衫均可,夏天切忌穿背心、拖鞋上讲台。

女教师可化淡妆,不要浓妆艳抹。着装宜高雅、自然,衣服色彩以素雅为佳。夏天不宜穿着超短裙进教室。

教师仪表的优劣,可能会使学生产生好感或反感。教师仪表不佳有时甚至影响教学效果,从而影响教师在学生中的威信。因此,每位教师都应当注意自己的仪表。

(二)授课文明

学校以教学为中心,教师要立足本职,认真做好教学工作。课前要仔细备课,上课时不能迟到,上课预备铃一响,就应走进教室,准备讲课。学生迟到,不要大声训斥,应让学生进教室听课,下课后再酌情处理。

教师讲课时要站着讲,不要坐着讲;态度要和蔼,应说普通话。讲课不要照本宣科、"满堂灌",应由单向灌输式教学变为双向交流式教学。老师要善于调动学生的积极性,注意启发学生的思维,循循善诱,活跃课堂气氛。

当学生回答问题时,教师应用鼓励的目光注视学生,倾听学生的发言。当学生答不上来时,应让其坐下进一步思考,切忌热嘲冷讽学生。教师对学生指出教学中的错误或提出关于改进教学的意见,要虚心接受,并表扬学生的求实精神,而不要把爱提意见的学生视为"眼中钉"。教师应当虚怀若谷,学习大家风范,"海纳百川,有容乃大"。

二、师生关系礼仪

教师见多识广,阅历比学生丰富。但教师和学生在人格上是平等的。学生要尊重老师,老师要爱护学生,平等公正地对待每一位学生。

学生向老师问候时,老师应相应作答或点头微笑。学生给老师让路或让座时,老师应道谢。学生向老师请教问题,老师应热情解答,诲人不倦。教师应平易近人,以身作则,而不要对学生摆架子,让学生"敬而远之"。

古人云:"一日之师,终身为父。"教师应像父母爱护子女一样爱护学生,要多鼓励学生,严格要求学生,及时指出学生的缺点、错误,帮助他们不断进步。

有这样一则案例:

> 那是高考前的一次模拟考试,我们班的英语成绩很不理想,教英语的庞老师很关心我们的成绩,在课堂上质问我们为什么考得这么差?有一个同学姓张,他自己考得并不理想,直接与庞老师发生了口头上的冲突,俩人吵了一下,庞老师直接离开了教室。当时是上课时间,这让我们十分尴尬。后来班长把班主任请来,让张同学离开教室,又让英语课代表把庞老师请回来,后来张同学向老师道歉了,才结束这场风波。
>
> 教师是学校工作的主体,不仅是文化知识的传播者,而且是学生思想道德的教育者。老师在传播知识的同时,以自己的言行举止、礼仪礼貌对学生有着潜移默化的影响。因此,老师要十分注意自己给学生留下的印象,要使自己在各方面成为一个优秀的、学生能够仿效的榜样。
>
> 庞老师在课堂上直接质疑学生,伤害了学生的自尊心,让学生感到无地自容。庞老师在课堂上与张同学发生口头冲突,自己离开教室,违反了一个人民教师的基本礼仪。作为一个优秀的老师,要宽以待人,善于包容。

三、同事关系礼仪

同事之间要彼此尊重,而不要"文人相轻"。每个人各有所长,彼此应互相学习,取长补短,而不要自以为是,更不要打击别人,抬高自己。

同事之间应保持中国古代哲学家庄子(约公元前 369 年—前 286 年)倡导的"君子之交",淡淡若水。同事之间应以诚相见,以"神交"为主,而不要拉拉扯扯,拉帮结派。

同事之间应互相支持,精诚合作,提倡和发挥团队精神,而不要有门户之见,断不可互相拆台。在单位工作时,若有学生和客人来找同事,而同事恰巧不在,要热情接待来访者,并帮忙寻找被访的老师。若是最后一个离开办公室,应把门、窗、灯都关好再走。

▶ 第二节 学生礼仪 ◀

丰富多彩的大学生活是人生中最宝贵、最美好的时光。每位大学生都要珍惜这美好时光,追求自身完善,做一个德才兼备的创新人才,为未来的职业生涯打下一个良好的基础。

一、服饰礼仪

大学生在校学习期间,不仅要刻苦学习专业知识和技能,还应注意基本素质的培养,而礼仪知识就是基本素质的一部分。

大学生要树立自己的良好形象,在铸造心灵美的同时,还应讲究仪表美,做到仪容整洁,服饰大方。

男生应做到衣冠整洁,衣着朴素大方,简洁明快,不穿奇装异服。

女生应选择合适的发型。女大学生正值青春妙龄,除参加歌舞晚会需要化浓妆外,平时可酌情略施淡妆。女生服饰以色彩鲜明、自然生动为佳,不要佩戴过多的首饰,以免给人留下浮华、俗气的印象。

二、上课礼仪

尊敬师长是中华民族的优良传统。古时候,学生初见老师要行跪拜礼,平时见面则行揖礼。尊敬老师,是天经地义的事,也是做人最起码的礼貌。不仅要尊敬现任老师,对过去的老师更应以礼相待。

学生进教师办公室应先敲门,经老师允许后方可进入。离开时,要向老师鞠躬道别。

学生要讲究上课礼仪,应在上课预备铃响起时或之前进入教室,做好听课准备。万一迟到了,在教室门口停下脚步,首先喊"报告"。如果教室门关着,应先轻轻敲门,经老师允许,方可进入教室。

老师讲课时,学生应聚精会神地听讲,不要心不在焉、打哈欠,更不要与同学说悄悄话。当老师提问时,准备回答问题的学生应先举手,老师点名或示意自己回答时,方可站起来答题。回答问题时,目光正视老师,表情自然大方,说话声音要清晰。

学生对老师在教学中出现的差错,应当善意指出,但要注意方式。例如,一位老师在礼堂里作报告,其中有句话说:"竹竿都是圆的。"有位同学悄悄地写了张条子折好传上去,老师看后立即纠正自己的错处,补充说:"多数竹竿是圆的,但也有方竹和扁竹。"老师还当场表扬写条子的同学。

关于师生情谊下面举一实例。

真挚的师生情谊

一位即将毕业离校、走向工作岗位的学生,在学校临别座谈会上发表了即兴演讲,以表达对母校和老师的深切留念之情:"刚才,老师为我们念了送别诗,情真意切,催我泪下。老师的情谊,将是我人生道路上永远吹拂的春风。此刻,我也想起了一首诗:'俏也不争春,只把春来报。待到山花烂漫时,她在丛中笑。'这首诗虽然是咏梅的,但我想用来比喻我们的老师,也是恰当的。无论德、才、学、识、智,我们在座的各位老师可谓'俏'矣!然而你们与名无争,与利无争,与权无争,年年岁岁,默默耕耘。看着一批批吸取了你们的智慧又将离开你们而去的学生,想着:'国家又多了一片绿洲。'你们就满足,就幸福,脸上就绽开了灿烂的微笑！你们不就是那报春的红梅吗？我们一定会做烂漫的'山花'，带着老师的殷切希望开遍海内外，点缀神州的大好春色……"

三、同学礼仪

大学同学来自全国各地、五湖四海，大家同窗学习，朝夕相处，应讲究同学礼仪。

同学相遇时要互相问候，可以直呼同学姓名，不要以"喂"代替称呼。应尊敬同学，不要给别人起绰号。与同学交谈时，态度应诚恳、谦虚，不可装腔作势，盛气凌人。

对待异性同学更要讲究礼貌，男生应彬彬有礼，女生应文雅大方，彼此相互尊重、互相帮助。

住在同一间寝室的室友，应当互相关照。起床、就寝、自修、吃饭、熄灯等，都应自觉遵守学校规定及大家商定的时间。平时在寝室里不要高声谈笑，以免影响其他同学。夜间就寝后，上下床动作要轻，以免影响别人的休息。听收音机或录音机时尽可能使用耳机，或把音量调小。

住在同室的同学，朝夕相处，更应彼此尊重。不要随便移动别人的东西。借用室友的东西，要及时归还。平时注意整理好自己的床铺和物品，定期轮流或一起打扫寝室，共同保持寝室整洁。

第三节 学校仪式

学校举行的重要仪式有开学典礼、毕业典礼和校庆典礼等。

一、开学典礼

每个新学年开学之际，学校一般要举行开学典礼。开学典礼是宣布新学年开始的仪式。在开学典礼上，通常要介绍学校基本情况，布置学校新学年的工作，动员全校师生员工为完成新学年的任务而奋斗。

为确保开学典礼顺利进行，有关部门要事先做好以下准备工作。

（一）及时发请柬

学校要在举行开学典礼前一周左右，将请柬送到或寄给当地领导机关和上级有关部门，邀请学校所在地的领导人和上级有关部门的负责人或代表参加。

（二）精心布置会场

学校要安排专人负责布置会场，把学校大礼堂或露天会场打扫干净。要制好会标，会标可写"××大学20××年新学年开学典礼"或只写"开学典礼"四个大字。会标挂在会场主席台前幕（也称"大幕"）上边，两侧可配对联。主席台后幕正中挂国旗，国旗两边各插5面红旗，会场上还可插彩旗。此外，会场内外可张贴一些标语，烘托典礼气氛。

在主席台上安排若干座位，座位前面放置会议桌，会议桌用桌布围好。主席台前可摆设鲜花，放置盆景。

（三）做好典礼的其他准备工作

1. 做好大会发言准备工作

开学典礼一般安排校长、教师代表、学生代表发言，并请上级领导同志和有关方面的代表讲话，也可安排学生家长代表发言。领导讲话和代表发言，都要事先准备好发言稿或打好腹稿。典礼筹备组要安排好典礼程序和大会发言顺序，准备好音响设备、音乐唱片或录音带以及饮料等。

2. 做好大会后勤服务工作

典礼筹备组要物色接待人员，安排好迎送来宾的车辆。接待人员中的礼仪小姐可身披礼仪绶带在会场门口接待来宾，为来宾引路、倒茶等。

一切与开学典礼有关的准备工作应按时就绪。届时，师生排队入场，分别在指定的位置落座。开学典礼通常由管教学的副校长或负责学生工作的校党委副书记主持，唱完来宾名单后，宣布开学典礼开始。首先，全体起立，唱国歌。然后，校长讲话，接着，请上级领导同志和有关方面的代表（包括教师代表、老生代表、新生代表等）讲话。最后，全体起立唱《国际歌》。主持人宣布开学典礼结束。

二、毕业典礼

大学生、研究生，以及学习班、培训班的学员，完成学习任务，经考试成绩合格后，学校及其院、系或其他办学单位，要为成绩合格的学生发毕业证书或结业证书，并举行毕业（或结业）典礼。

毕业典礼的筹备工作，按照各单位人力、物力、财力的条件确定其规格。要事先统一印好、填好毕业（结业）证书，盖上钢印。邀请参加毕业典礼的领导和来宾等事宜以及典礼会场的布置等，可参照开学典礼的做法。

举行毕业典礼时，除了请上级领导、校方负责人讲话外，安排师生代表发言后，还可邀请用人单位的代表发言。

通过举行毕业典礼，教学单位认真总结工作成绩和经验，为毕业生发证书、奖品等，对毕业生表示祝贺并提出希望。成功的毕业典礼活动，有助于增进师生之间、同学之间的友谊。

三、校庆典礼

校庆是学校成立日的纪念庆典，学校一般逢10年举行大型庆典活动。校庆活动内容丰富多彩，包括请领导人和著名校友题词，筹办图片、文字、实物展览，筹办教学、科研成果展览，举办学术研讨会，编写校史、校友名册等，出校庆专刊，印制校庆纪念品，组织校庆文艺晚会等。

举办校庆典礼，有助于增强师生的凝聚力，扩大学校的影响，因此，要认真做好校庆典礼的各项工作。诸如提前发校庆消息或广告，事先邀请有关领导和兄弟院校代表参加。校庆典礼的会场布置与活动，可参照开学典礼的做法。但在校庆典礼发言人名单中，应增加兄弟院校代表和校友代表。校庆典礼的气氛要隆重、热烈。

思考与训练

1. 学生给老师提意见应注意什么？
2. 如何与同学相处？
3. 酌情安排学生参与布置会场。
4. 组织学生评选本班最善于提问题和回答问题的同学。
5. 下面这个故事讲的是冯玉祥将军尊师的故事。通过阅读这个故事，不仅可以使大家了解中华民族尊师的传统，而且希望大家学习冯将军，把中国的这一优良传统发扬光大。

  冯玉祥将军在担任国民政府军事委员会副委员长期间，因为没有实权，比较清闲，于是开始学习作白话诗，他称自己作的诗是"丘八诗"。冯玉祥每次写完诗，都要请秘书代为修改，秘书感到难以担当此任务，于是建议冯玉祥请知名作家帮助他修改诗作。冯玉祥觉得这是个好建议，便请来老舍、吴组湘、田淘等人。冯玉祥对他们非常尊敬，尊称他们"先生"。一有新作都拿去请教，他常说："请几位先生多多指导我这个愚钝的学生才好。"

  一次，冯玉祥命令勤务兵："去请老舍先生来一下。"

  勤务兵答："是，我去叫他来。"

  冯玉祥一听，生气地说："什么，你叫他来？你能'叫'他来？你应该恭恭敬敬地对老舍先生说，是我请他来，问他有没有时间能过来一叙。"

  后来，冯玉祥还特地为此写了一首诗送给老舍先生。

  冯玉祥虽然文化水平不高，但他虚心好学。他尊师的故事也被传为佳话。

6. 一支代表中国参加国际奥林匹克竞赛的代表队曾经遇到过这样一道命题：如何才能在最短的时间内把10个连着线绳的小球从细瓶口中取出？最后，中国队的答案是：每个同学负责一个小球，分好次序，并按照次序依次将小球拉出细口瓶。这个答案是正确的，而这个命题恰恰说明了如何达到分散个体的最大效率的问题。这个案例给我们的启示主要有两点。第一，秩序往往能确保有限条件下的效率最大化。其次，一个团结的集体和明确的分工与合作，是成功的关键。你同意这个看法吗？你所在的班是一个团结的集体吗？

7. 下面是发表在2005年第6期《师道》上的一篇报道。露依丝20年如一日，细心记录了女儿的每一天新生活，其伟大的母爱十分感人。读了这篇报道，你有何感悟？

  在美国芝加哥市的西北角，有一个名叫罗爱德的小镇。前不久，该镇的教育机构为镇里一位女教师举办了一次摄影展览，展出的都是该教师以女儿为主人公的生活照片。出人意料的是，从美国各地来了2800多名记者，打破了美国个人摄影展览采访记者人数的历史纪录。

  这位女教师叫露依丝，今年45岁，自1991年起一直在当地小学任教。她生活很一般,与众不同的是,坚持每天给女儿珍妮照一张相,从女儿出生到20周岁,足足照了20年,照了7300多张。她把这项活动称为女儿每天都是新的。

展览馆共有八层展厅,平心而论,这些照片本身都没有什么高超之处,从拍摄技术到画面内容,都是很平凡,甚至有千篇一律之嫌。

然而,就是这些平凡的照片轰动了整个美国,扬名于世界,因为它体现了露依丝对女儿珍妮永恒的爱。去年,露依丝因此被评为优秀教师。

永恒就是美丽,执著就是艺术,平凡铸就伟大。这是人们对露依丝这一活动的评价。

第五章 伸缩有度的准绳
——公共场所礼仪训练

公园、商店、图书馆、博物馆、体育场等场所,是供各种社会成员进行多种活动的公共场所。人们在公园里漫步,在商店里购物,在图书馆查阅资料,在博物馆欣赏文物,在体育场锻炼身体或观看比赛等。人们在公共场合的仪表体态、言谈举止,常常反映出一个人内在的素质和修养。因此,在公共场所活动时,应自觉遵守社会公德,讲究公共场所礼仪,共同维护公共生活秩序。

公共汽车、出租车、火车、地铁、轮船、飞机等,是为大众服务的公共交通工具。而公共汽车、火车的车厢与轮船的船舱、飞机的机舱等,也是为公众服务的公共场所。每一位乘客都应当讲究公共场所礼仪,大家一起营造舒适、祥和的氛围。

▶ 第一节 日常礼仪 ◀

一、购物礼仪

在现实生活中,到商店购物已成为人们生活中必需的内容之一,我们绝大多数人都有过进商店购物的经历。今后我们还会继续购物,以满足日常生活的需要。购物似乎不难,就是掏钱买东西。但是,即使是掏钱买东西,也会产生两种不同的效果:一位讲文明、懂礼貌的顾客到商店购物后,会获得购物的满足和愉快;而一位缺乏购物礼仪的顾客购物后,常会感到心情不舒畅。因此,在简单的购物过程中,我们也应当讲究购物礼仪。作为一名文明顾客,购物时要注意以下礼节。

讲究清洁卫生,是一个人文明习惯和文化素质的表现。进入商店后应讲究文明礼貌,不要在商场里大声喧哗,或旁若无人地高声谈笑,不可随地吐痰、吸烟、乱扔果皮和纸屑等,应自觉维护公共卫生,爱护公共设施。

购物前,应想好需要购买的物品,将不同品牌的同类商品仔细观察比较后,再购买。

在顾客较多的柜台购物时,应自觉地依序排队。

顾客在商店购物,称呼营业员应讲究礼貌。对年长的男营业员可称"先生",对年轻的男营业中可称"帅哥",对年轻的女营业员称"美女",对年龄稍大的女营业员可称"阿姨"或"师傅",对男、女营业员均可统称"营业员"。不要以"喂"代替礼貌称呼,也不要隔着柜台伸手拉扯正忙着为其他顾客服务的营业员,或用手敲击柜台,这些动作都是失礼的表现。

顾客在选购商品时要细心,但不要过分挑剔。营业员不太忙时,可请他(她)们拿几种商品比较,并请营业员帮忙参谋。但最好不要再三麻烦营业员,影响其他顾客购物。

在自选商店购物时,要爱护商品,对挑选的商品如果不中意,应物归原处,不要随便乱放。对易碎商品则应轻拿轻放。万一不慎将商品损坏,应主动赔偿,或把被自己损坏的商品买下来。对尚未付款的商品不能随便拆开包装。

顾客购物时,应做到钱货两清,到收银台付款后,取商品时可再核对一遍。顾客采购完毕离开柜台时,应对营业员的优质服务表示谢意。

二、进餐礼仪

随着人们生活水平的提高和思想观念的转变,或者由于工作环境的原因,进餐馆就餐的人逐渐多起来。不少工薪阶层人士下班后去经济实惠的饭馆吃顿价廉物美的中饭,既快捷又方便;一些高消费者则去豪华气派的酒店进餐,在品尝美味的同时开展社交、商务活动;有些人选择在饭店或酒店聚会、祝寿或宴请宾客等,以利于交谈和增进友谊。一些大中城市的不少家庭一改往年在家中吃大年三十团圆饭的习惯,纷纷提前到饭店、酒店订座、包席,全家人高高兴兴、热热闹闹地聚一餐。作为一名文明食客,不仅要有良好的卫生习惯,更要注意行为举止的文雅有礼。在餐馆进餐时,应了解和讲究进餐礼仪。现择要简介如下。

(一)独自进餐礼仪

客人进入餐馆后,如果赶上用餐高峰,餐厅已没有空桌。当坐有人的餐桌尚有空位时,可有礼貌地上前询问在座者,能否占用空着的座位,得到首肯后,向在座者点头致意后即可落座。在等待就餐时,不要东张西望或坐在餐桌前用筷子敲打餐具或大声敦促服务员。

男士独自到餐馆进餐,应避免挨着独坐一桌的陌生女士坐。若一位女士要求与男士同桌就餐,出于礼貌,男士不应拒绝,但就餐时不要主动与女士攀谈。

在餐馆进餐点菜时,应量力而行,不要点过多的饭菜,以免造成浪费。进餐时,动作应文雅,要细嚼慢咽,避免发出太大的响声。不要随地吐痰、擤鼻涕,以免影响其他进餐者的食欲。

选择吃自助餐,取食物时应使用公筷或公用叉、勺等。一次不宜取太多食物,应按需所取,亦可先取少量食物品尝后再取,避免浪费食物。

(二)集体进餐礼仪

应邀做客时,应按时到达约定的地点。先到达的客人要主动把较好的位置留给随后到达的朋友。若是主宾,则不必过分谦让,可听从主人的安排,客随主便。

服务员送上菜单后,主人请主宾点菜,主宾可让女宾点菜,或自己点一二样菜,然后请主人或在座的其他客人点,亦可征求服务员的意见。做客点菜,要考虑主人的经济实力,通常以适中为宜。不要光点高档菜,让主人为难;也不要只点低档菜,使主人难堪。

用餐时,动作要优雅,切勿狼吞虎咽。夹菜时动作要轻,要注意避开别人的筷子,以免筷子碰筷子。上桌的饭菜若不在忌口之列,都应尝一尝。

在用餐时万一吃到砂子或异物,不要将食物吐到桌子上,最好悄然起身去卫生间处理,回来也不必声张。当然,也可以把服务员请来,平心静气地指出饭菜中的质量问题,而不要出言不逊,大吵大闹。

饭后应让主宾和女宾率先告辞,其他客人随后和主人话别。

三、住宿礼仪

古人云:"在家千般好,出门时时难。"旅客希望旅馆清洁、舒适、安全,而旅馆希望旅客讲文明、守规矩。其实,只要双方一起努力,就能达到共同心愿——旅客"出门时时安"。为此,作为一名文明旅客,应自觉遵守下列住宿礼仪。

当需要办理住宿手续,走近旅馆或酒店、招待所的服务台时,应先有礼貌地向服务台工作人员打个招呼,然后再询问贵店是否还有客房或床位。若该旅馆已客满,应大方地向服务人员道别,再找其他旅馆。

旅客在办理住宿登记手续时,应耐心地回答服务台工作人员的询问,按旅馆的规章制度办理登记手续,住房要服从服务台的安排,有事多协商。

住进客房后应讲究卫生,不要到处乱扔果皮、纸屑,应将废弃物扔进纸篓。应爱护房内设备,不要随便移动电视机的位置等,也不要在墙壁上乱涂乱画。

当旅馆服务员进房间送开水时,旅客应待之以礼。当服务员进来做清洁时,旅客不妨先到室外转一转,等服务员忙完再回房间。

旅馆是公众休息的场所,旅客在酒店、宾馆、旅馆中住宿应保持安静,不要大声喧哗,不要将电视机的音量调得太大,或长时间打电话,以免影响他人休息。

作为旅客应自觉遵守酒店、宾馆、旅馆的规章制度,不要出入无常或玩到深更半夜才返回旅馆。若和其他旅客同住一室,应以礼相待,互相关照。晚上就寝不要太晚,以免影响室友休息。

旅客离开酒店、宾馆、旅馆前,应及时到服务台结账,并同工作人员话别。

第二节 公共场所礼仪

影剧院、图书馆、博物馆、体育场、公园等公共场所,是供各种社会成员进行活动的公共活动空间。在图书馆、博物馆、医院等公共场所应保持安静。在公共场所不仅要积极维护和发扬尊老爱幼的传统美德,还应当自觉遵守公共场所礼仪规范。

一、在影剧院

电影院、剧院是较高雅的文化场所,人们把进剧院看戏、听音乐视为一种艺术享受。因此,要求观众的仪态举止应当与其氛围相协调。

电视机早已走进千家万户,到电影院看电影的观众少了,但仍有不少人喜欢到电影院看电影,特别是年轻人在闲暇时和朋友看一场电影常常是最佳选择。作为观众到电影院看电影,应衣着整洁。上剧院观看演出,着装应庄重得体,夏天不能穿背心、拖鞋入场。不要在场内吸烟。

观众去影剧院看电影或观看演出时,应尽量提前或准时入场。在入口处,主动出示票证,请工作人员检验,进场后对号入座。若到达较迟,其他观众已坐好,自己的座位在里面,应有礼貌地请别人给自己让道。从别人面前经过时,应面向让道者一边道谢,一边侧着身体朝前走,而不要背对着人家走过去。

从礼仪的角度出发,去剧场观看演出,迟到者应自觉站在剧场后面,只能在幕间入场,或等到台上表演告一段落时赶紧悄然入座。

观众到剧场观看演出,入座后,戴帽者应摘下帽子。坐时不要将椅子两边的扶手都占据了,要照顾到"左邻右舍"。观看演出时,不要摇头晃脑、手舞足蹈或交头接耳,以免妨碍后面观众的视线。也不要高谈阔论,以免影响周围观众。观看演出时,切忌起哄、吹口哨、怪声尖叫。爱吃零食的观众要自我约束,不吃带壳的食物,不吃带响声的食物。

在剧院观看演出时,场内应保持安静,要有礼貌地适时鼓掌,以表达对演员、指挥的尊敬、钦佩和谢意。观众鼓掌要掌握好时机,例如,当受欢迎的演员首次出台亮相时应鼓掌;观看芭蕾舞、乐队指挥进场时鼓掌;演奏会上指挥登上指挥席时应鼓掌;一个个高难的杂技动作完成时应鼓掌;一首动听的歌曲演唱完毕时应鼓掌;演出告一段落时应鼓掌;演出全部结束时应起立热烈鼓掌。

观众在观看演出时,鼓掌若不得当,就会产生副作用。比如演员的台词还没说完,交响乐的一个乐章尚未结束时就贸然鼓掌,不仅影响演出,而且大煞风景。

在剧院看演出时,不宜中途退场。如果临时有急事或确实不喜欢看,应在幕间休息或一个节目结束时离场。

观看演出应善始善终。演出结束时,有教养的观众不要匆忙离场,应等演员谢幕或主宾在主人陪同下登台向演员致谢后,再秩序井然地离场。

二、在图书馆

图书馆是人类智慧的宝库,也是学习和交流知识、获取信息的场所。因此,要求读者在获取知识的同时,也应遵守图书馆的规章制度。读者去图书馆学习应衣着整洁,进馆前应自觉关手机,或将手机调成静音状态,不能穿背心、拖鞋进图书馆,自觉遵守图书馆的规章制度,爱护图书馆的设施,保持环境安静和清洁卫生,严禁吸烟。

读者在图书馆学习要讲文明,讲礼貌,不要抢占座位,为自己或为他人划地盘。图书馆是公共学习场所,有空位人皆可坐,但欲坐在别人旁边的空位时,应有礼貌地询问其旁边是否有人。

在图书馆借还图书、进行微机检索、课题查询、复印,或在语音室听录音,在影像室看录像等,要按顺序排队。在图书馆,特别是在阅览室,走路要轻,最好不穿钉铁跟的皮鞋。入座和起座要轻,翻书也要轻。与学友交谈时,应轻声细语;若需长时间讨论,应到室外交谈。

在图书馆学习和阅览图书、报刊时,应自觉爱护图书馆的公共设施和图书、报刊。阅览时不在图书、报刊上涂画或在图书、报刊上开"天窗"。查阅资料时,若遇到自己解决不了的问题,可以有礼貌地向图书馆咨询人员请教。

三、在博物馆

博物馆是收藏、展览珍贵物品的场所。博物馆展厅优雅,展品丰富。参观博物馆,可以增长知识,提高欣赏水平。

博物馆多种多样,如军事博物馆侧重陈列军械和军事纪念品,各省市博物馆重点陈列本地文物等,而美术博物馆的展品则以绘画、图片等美术精品为主。

参观博物馆应讲究参观礼仪。

(一)爱护展品

博物馆陈列的展品,大多数具有较高的历史价值或艺术价值,其中一些是国宝和珍贵物品。因此,参观博物馆时一定要爱护展品,做到不抽烟,不随便触摸展品,不任意使用闪光灯拍照。此外,还应当爱护博物馆内的展台、照明等设施。

(二)文明参观

参观博物馆时应保持安静,不要大声喧哗。听讲解员讲解时要专心,不要出言不逊,妄加评论。参观者应自觉遵守博物馆有关规章制度,不要一边参观一边吃零食。人多时,不要拥挤,而应当按顺序边看边走。不宜在一件展品前长时间驻足,以免影响他人欣赏。

超越他人时要讲礼貌,注意不要从他人面前经过,以免妨碍他人观赏,而应当从其身后走过。如果必须从他人面前经过,则应说:"对不起,请让我过一下。"

四、在体育场

体育场是进行体育锻炼和体育比赛的场所。在体育场观看体育比赛,应讲究有关礼仪。

观众去体育场观看比赛,衣着不要太讲究,但要整洁、大方。人多时,应自觉排队购票,按时入场。倘若姗姗来迟,入座时会影响别人观看比赛。入场后应尽快找到看台座位坐下来。

观众观看体育比赛时,希望自己喜欢的运动队获胜是人之常情,也是可以理解的。但是,作为一名文明观众,应尽量克制在感情上一边倒的倾向,要为双方队员鼓掌加油,为每位运动员的出色表现喝彩。不要只当一方的拉拉队员,而对另一方喝倒彩或故意起哄。

"人有失手,马有失蹄。"作为一名观众,对运动员在比赛中竞技发挥的失常、失误要给予谅解,而不可发出嘘声、怪声或讥笑声。要尊重运动员、裁判员、服务人员的劳动,不嘲讽、辱骂裁判员和运动员。

作为一名文明观众,要自觉维护体育场内的卫生,不随地吐痰,不乱扔果皮、瓜子壳等废弃物,不要乱踩座位,不可翻越栏杆,不能在室内体育馆吸烟。

比赛结束后,散场时应按秩序退场,不要拥挤,遇到老弱病残者应主动礼让。

五、在公园里

公园是人们休息、娱乐的公共场所。无论春夏秋冬,许多离退休老人清晨来到公园活动和早锻炼;白天,游园者来到公园观光赏景;傍晚一些市民在公园的草径上漫步,借此消除精神疲劳;夜幕降临,正处于热恋中的情侣相会在公园。每逢周末或节假日,一些家庭全家出动,去公园尽情享受和体会大自然的美。不少学生周末或节假日也来到公园僻静处看书学习。公园也是少年儿童的乐园。

人们喜欢在空气清新、景色迷人的公园里休息、娱乐或举办活动等。因此,有责任和义务爱护公园,并讲究游园礼仪。

游客应当自觉保持公园的卫生和宁静。不要随手乱扔果皮、纸屑、饮料瓶罐,也不要高声喧哗、嬉笑打闹。利用双休日在公园游玩、野餐的年轻人和家庭,不要忘了将废弃物收拾干净。

游客还应自觉遵守公园的规章制度,爱护公园的花草树木和娱乐设施,不能攀树折枝、掐花摘果、践踏草坪,也不要在文物古迹上刻画、书写自己的名字。要知道,人靠建功立业名垂青史,而到处涂抹自己的名字,只会在其他游园者心目中留下不好的印象。

游客在公园里游玩和活动,要讲风格,讲礼让,讲互助。白天,游客不要躺在公园的长椅上睡觉;夜晚,不要打扰人家谈情说爱。在景点拍照时,若需要请别人帮忙,应礼貌地说出来,请别人帮忙拍照后,别忘了道声谢。

不少公园里配备有免费儿童游乐设施,如小滑梯、小秋千等,是专供孩子们玩的。成年人不要抢占为儿童专设的游乐设施。例如,公园专门为孩子们准备的专用小秋千,有些成年人却坐在上面长时间不下来,让儿童们排着长队,眼巴巴地等着。殊不知,这样做不仅伤了孩子们的心,也极容易损坏儿童专用设施。

六、在医院里

医院是救死扶伤的地方,也是一个特殊的公共场所。去医院看病,要讲究看病礼仪;住院治疗,要遵循住院礼仪;探望病人时,应注意探望病人礼仪。

(一)看病礼仪

人吃五谷杂粮,免不了生病。去医院看病,要遵守医院规矩,自觉排队挂号。就诊时,应尊重医生,如实回答医生的提问。取药时,也应按先后顺序领取。

(二)住院礼仪

住院治疗的病人要听从医生的安排,积极配合医生治疗疾病。住院期间,应尊重医护人员,遵守病房的作息制度,自觉保持病房的卫生,与其他病友友好相处,互相关照。

(三)探望病人礼仪

去医院探望病人时,要讲究下列礼仪。

1. 选择恰当的时间

探望病人要选好时间,应在医院允许的探视时间进行。注意不要在病人刚住进医院或刚做完手术便去探望,以免影响病人的治疗和休息。通常在下午4点左右去医院探望病人比较适宜。

2. 携带合适的礼品

探望病人时,可根据病人所患疾病及其病情,携带合适的礼品,如适合病人食用的水果、营养品或一束香味淡雅的鲜花、一本优美的小说。

3. 讲些安慰的话语

探病者去医院探望病人时,表情宜轻松、自然、乐观,神态不要过于沉重,更不要在病人面前落泪,以免给病人造成精神压力。与病人交谈时应轻声细语,说些宽慰与鼓励的话,使病人增加战胜疾病的勇气。探病者在病房逗留时间不可太长,一般以10分钟左右为宜。

七、在健身房

健身房是供人们锻炼身体的场所。在公共健身房活动,要讲究以下礼仪。

1. 互相关照

公共健身房内配备多项器材,分别用于锻炼身体不同部位的肌肉。有鉴于此,一个人不要长时间霸占某一项器材,以免妨碍他人进行全身运动。此外,运动完毕,应将器材归回初始状态,计时计数归零。

2. 保持器材干净

在锻炼时汗水弄湿了器材,应用毛巾等擦干器材。

3. 保持安静

健身房是运动场所,应避免高声谈笑或大声喧哗。

4. 致意

离开健身房前,应向指导教练致意,感谢他(她)的指导与陪伴。

八、在游泳池

游泳池是人们健身和消暑的好地方。在游泳池游泳,要讲究以下礼仪。

1. 保持池水清洁

入池前,先冲个澡,把身上的汗水、灰尘等洗干净,以免污染了清洁的池水。

2. 为他人着想

在公共游泳池游泳时,最好按照一定的路线前进,不要突然急转弯,以免碰到他人。

(三)注意安全

在游泳池嬉戏,要注意安全,尽可能避免出现呛水或身体碰撞等情况。

九、在洗手间

洗手间是每个人都要使用的场所之一,是否了解和讲究洗手间礼仪,可以从一个侧面反映一个人的文明素质。

(一)洗手间的标志

国际上最通用的洗手间标志是"WC"。另外,常用的标志还有 Toilet(盥洗室)、

Lavatory(厕所)、Wash Room(洗手间)、Rest Room(休息室)、Bath Room(浴室)和 Comfort Station(休息室)。男洗手间的标志有 Men's Room、Gentlemen、Gent's、Men。女洗手间的标志有 Ladies' Room、Women、Powder Room(化妆室)等。

洗手间除文字外,还有图画标志。男女洗手间通常以男人和女人的头像分别作标志。此外,女洗手间的标志还有裙子、皮包、丝巾、高跟鞋、女士头像等;男洗手间的标志还有帽子、烟斗、长裤、领带、男士头像等。如以颜色区别的话,红色的为女士洗手间,蓝色的为男士洗手间。

(二)洗手间的使用

在火车、飞机和轮船上,洗手间是男女共用的。使用前应先看清门上显示的是有人还是没人,不要贸然进去。

出入洗手间时不要用力过猛,将门拉得大开或者撞得直响。在洗手间里的时间不应太长,使用洗手间时应自觉保持洗手间的清洁卫生,不应在洗手间里信笔涂鸦。使用洗手间后一定要放水及时冲洗;纸屑应扔进纸篓;不要在洗手间内乱扔其他东西;注意保持洗脸池的清洁,不留脏水和污物。不要随手拿走洗手间里备用的手纸或乱拉乱用。

走出洗手间之前,应把衣饰整理好。不要一边系着裤扣或者整理着衣裙一边往外走,显得很不雅观。

第三节 交通礼仪

一、乘公共汽车礼仪

公共汽车是中国城市居民最常用的交通工具。平时上下班,双休日上街购物,通常都乘坐票价便宜的公共汽车。乘坐公共汽车,应讲究以下礼仪。

(一)依次上车

在公共汽车起点站,乘客应自觉排队等候,依顺序上车。在中间站,车靠站停稳后要先下后上或从前门上后门下,应主动让老弱病残、妇女儿童先上。上了车的乘客应酌情向车厢内移动,不要堵在车门口,以免妨碍后面的乘客上车。

(二)主动购票

乘客上车后应主动购票或刷卡。乘坐无人售票车时,应自觉刷卡或将事先准备好的钱币投入箱内。

(三)互谅互让

在车上遇到孕妇、病人、老人和抱孩子的妇女,有座位的年轻乘客应主动让座。当他人给自己让座时,要立即表示感谢。

但我们在公交车上有时也会碰到不讲礼貌的人,例如下面的情况。

一天,正是上班时的交通高峰时间,一辆搭载了不少乘客的电车,缓缓地停靠在站台上。一位太太登上了电车,她穿着合体的套装,拎着一只小小的漆皮包,在车厢里走了一步,便犹豫地站住了,因为乘客挺多,已经没有空座位了。一位先生见状,便客气地站起身对她说:"请坐这儿吧。"这位太太走上前,看也没看他一眼,便一声不吭地坐下了。让座的先生颇诧异,周围的乘客也都对她这种不礼貌的行为感到不满。

　　这位先生站在她的身边,想了一下,俯下身问她:"太太,您刚才说什么来着?我没有听清楚。"那位太太抬头看看他,奇怪地说:"我什么也没有说呀。""喔,对不起,太太,"那位先生淡淡地说,"我还以为您在说'谢谢'呢。"

　　车里的其他乘客都笑了起来,那位不讲礼貌的太太在众人的笑声中羞得满脸通红。

　　车上人多时,乘客之间难免拥挤和碰撞,乘客都应表现出高姿态,互相谅解。乘客还应尊重司机、售票员的劳动。此外,乘客应注意乘车安全。例如,不在车上打毛衣,不将雨伞尖对着他人,以免误伤其他乘客。

（四）注意卫生

　　乘客在车上不要吸烟,不要随地吐痰、乱扔果皮和纸屑。随身携带机器零件或鱼肉等的乘客,应将所带物品包好,以免弄脏其他乘客的衣服。

二、乘轿车礼仪

　　随着城市出租车的普及和私家车的增多,轿车已成为人们常用的交通工具。因此,乘客应当了解乘轿车的有关知识,讲究乘车礼仪。

　　轿车上的座位有尊位。一般来说,车上最尊贵的座位是后排右座,其余座位的尊卑次序依次是后排左座、后排中座、前排右座。如果是专业司机开车,贵宾坐在后排右座。但是,如果是轿车主人开车,贵宾也可以坐在前排右座(即副驾驶座),以便交谈。

　　亲友一同乘车时,男士和晚辈应当照顾女士和长辈,请他们先上后下,并且为他们开、关车门。

　　女士上车时,可先轻轻坐到座位上,然后把双腿一起收进车内。下车时,最好双脚同时着地,不要一前一后。

　　乘出租车,若无特殊情况,乘客宜坐在后排。乘客应当尊重出租车司机,一般情况下,不要催促司机加快车速,也不要对司机的驾驶技术说三道四。乘客下车时,应向提供优质服务的司机道谢。

三、乘火车礼仪

　　乘坐火车,应讲究以下礼仪。

（一）对号入座（卧）

　　乘坐火车的旅客,应提前到火车站候车,到时排队检票上车。进车厢后应对号入座（卧）,不可占用别人订好的座位（铺位）。

(二)互相关照

旅客上车后,应迅速把携带的物品安放在行李架上,不要把行李箱、旅行包等乱放在车厢通道上,以免影响通行。吸烟者不要在车厢内吸烟,有些火车可在两节车厢连接处吸烟,高铁和动车严禁吸烟。

旅客之间的寒暄、交谈应掌握好尺度,不要随便打听别人的收入等私事。与人聊天时,不要信口开河或大声讲话;打扑克牌时,也不要高声喧哗,以免影响他人休息。

四、乘地铁礼仪

随着国民经济的发展与科学技术的进步,我国北京、上海、深圳、南京、武汉等许多城市均修建、开通了地铁。现代交通工具地铁准时、便捷、安全,受到大众的喜爱。乘坐地铁应讲究以下礼仪。

(1) 先下后上。候车时禁止越过黄色安全线或倚靠屏蔽门;按线排队候车,先下后上;车门或屏蔽门开、关过程中,禁止强行上下列车;车门或屏蔽门关闭后,禁止扒门。

(2) 注意仪态。禁止在地铁站、车内追逐打闹;禁止在站台、大厅、出入口、通道久留,禁止在出入口平台上坐卧。

(3) 讲究卫生。不得随地吐痰、乱扔果皮纸屑、在车厢内吃喝。

(4) 保持安静。乘坐地铁时,交谈应尽量轻声细语,不要高声喧哗。使用手机通话时,不要大喊大叫,以免影响其他乘客。

五、乘客轮礼仪

乘坐客轮,应讲究以下礼仪。

(一)遵守规则

乘客上船后,应听从客轮工作人员的安排,到自己的铺位休息,而不要任意占用别人的铺位。

乘客可在甲板上散步、观景,也可去阅览室读书看报等。但注意不要随便闯入别人的客房,更不要到"旅客止步"之处游逛。"旅客止步"处,多为船员或工作人员工作或休息的场所。

乘客乘船时还应遵守航行规则。例如,白天不要站在船头或甲板上挥舞衣服或手帕,以免被其他船只误认为打旗语;晚上则不可拿着手电筒乱照,以免被当成灯光信号。

(二)彬彬有礼

乘客应依顺序排队上船,不要争先恐后地挤成一团。上船时,男士或年轻者应留意照顾同行的女士和年老者,让他们走在前面。下船时,男士或年轻者可以走在前面,以便帮助同行的女士和年老者下船。

乘客要尊重船员,乘客之间也应以礼相待,友好相处。

六、乘飞机礼仪

乘国内航班应至少提前一个半小时到达机场,乘国际航班则需要至少提前两小时到达机场,以便有足够的时间取登机卡,办理托运行李手续等。

上下飞机时,均有空中小姐和其他机组人员站在机舱门口迎送乘客。乘客进出舱门时,应向热情迎送的机组人员表示感谢或点头致意。

飞机起飞或降落时,颠簸较厉害。为安全起见,乘客看见头顶上方"系好安全带"的信号灯亮时,应迅速系好安全带。

在飞机上使用盥洗室时,动作要迅速,并注意保持其清洁,把用过的纸巾扔进收集脏纸巾的容器内。

乘国际航班,航程较长。在座位上坐久了感觉疲劳时,可以放下座椅靠背仰身休息。放座椅靠背之前,应先看后面的乘客是否正在饮食,最好等他(她)用毕收好座椅后面的托板,再缓缓放下自己的座椅靠背。

丢人丢到天上去了

瑞航苏黎世赴北京航班上两名中国乘客酒后斗殴,导致飞机随后返航,白飞了6个多小时。

瑞士航空公司透露,2012年9月2日,两名前后座的中国男性乘客在从苏黎世飞往北京的LX196航班上,因座椅向后调整问题大打出手,还打了劝架的乘务长,致使飞机被迫返航。据悉,这架空客A340飞机上载有200名乘客,返航时已飞行超6小时。两名斗殴的中国男子的年龄分别为27岁和57岁,已被警察带走。瑞士方面已将返航乘客安置在当地旅馆中。瑞士警方称,两名肇事乘客可能是醉酒闹事。

这架航班上的乘客称,这两名乘客的座位一前一后,在飞机上就餐期间,前面的年轻男乘客将座椅靠背后倾,而坐在后排的年老乘客觉得自己的就餐空间狭小,烦闷不安,并大喊起来,一怒之下突然跳起击打前座男子的头部。被激怒的年轻人随后与这名年老的乘客厮打了起来。当乘务长过来试图阻止两人打架时,两人在混乱中将乘务长打伤。最后在机上其他乘务人员和乘客的协助下,两名醉汉均被制服,年老的乘客还被暂时绑在了机舱尾部。

瑞士《观察报》援引在场乘客的话描述,周围还有其他乘客也加入了打斗,场面一度不可控制。当时班机已离开苏黎世机场3个多小时,正位于俄罗斯莫斯科附近上空,机长担心机上打斗场面继续恶化危及飞行安全,又因迫降莫斯科会造成机上乘客入境签证复杂等局面,决定返航苏黎世。客机在离开苏黎世6个多小时后在当地时间2日晚上近8:00安全返回苏黎世机场。苏黎世机场警方随即上机逮捕了两位打斗的乘客,他们定于当地时间3日接受警方的询问。

瑞士国际航空公司的一名发言人米利亚姆·齐萨克表示,空乘人员成功将两人分开,但机长担心两人再次爆发冲突,甚至导致场面升级,于是决定返航。

中国乘客机上斗殴事件经媒体曝光后,在网上引发热议,网友"素子花开"表示,这两名斗殴的乘客"丢人都丢上天了";网友"知其不可而为"则建议航空公司建立"黑名单",让两人今后再也坐不成飞机等。

第四节　志愿者礼仪

(1) 着装规范。在岗时着统一服装,佩戴标识,保持仪容整洁。
(2) 态度友善。热情待客,微笑服务,善待他人。
(3) 爱岗敬业。熟悉岗位职责,尽职尽责,一丝不苟。
(4) 语言文明。用词准确,语调亲切,声音高低适度。
(5) 动作规范。站姿优雅,手势标准,举止有度。
(6) 乐于奉献。助人为乐,服务社会,为服务对象提供高效优质服务。

思考与训练

1. 观看音乐舞蹈演出时,在什么情形下鼓掌为宜?
2. 乘公共汽车有哪些礼仪要求?乘火车有哪些礼仪要求?
3. 安排学生扮演老人、残疾人等不同角色,表演乘公共汽车情景剧。
4. 在游泳池活动应注意哪些礼仪规范?
5. 乘公共汽车,有时难免拥挤甚至碰撞,如果你遇到这种情况,你会怎样做?下面这个故事,或许有一定的参考价值。

　　一位姑娘乘公共汽车时,不小心踩着了一位小伙子的脚,于是非常紧张地向小伙子道歉:"对不起,我不小心踩了你的脚!"小伙子风趣地回答:"不,是我的脚放错了地方。"看到小伙子如此宽容、豁达,姑娘如释重负地笑了。

6. 乘车让座,虽为小事,但一直被社会所关注。为鼓励让座,各地点子不断,如有奖刺激、设立让座日,甚至欲立法来规范、通过曝光来震慑,等等,但是,"让"是强迫不来的,甚至有不愿让座者,掏出身份证来比对年龄,看应该由谁让座。尊老爱幼,本是中华民族的传统美德。阅读下面两条新闻,作为大学生,你对两位老人让座的举止有何感想?

　　网易网站2012年6月15日发布了一条社会新闻《73岁老人为84岁老人让座,司机播放歌曲表感谢》。核心提示说:日前,84岁高龄的长春市民王先生乘坐88路公交车时,一名73岁的老人为其让座,并笑称"你比我大10多岁,我给你让座是正常的"。随后,司机在车厢里播放歌曲《黄玫瑰》,对让座老人表示感谢,同时"希望所有乘客都快乐"。消息贴出,截至当日下午17:30,有6642人参与讨论。

第六章 自我推销的艺术
——求职礼仪训练

随着社会主义市场经济体制的逐步建立,人事制度、毕业生就业制度和劳动用工制度正在发生相应的变革。求职者与用人单位实行双向选择的模式日趋普及,求职现象日渐普遍。许多即将毕业的大专生、大学生、研究生等,都会面临就业的问题。而一些对现有工作不大满意的职工,也打算换个单位试一试。可是,怎样才能找到称心如意的工作单位呢?求职者的知识和能力固然重要,但还不够,不少才子、才女在人才市场上屡屡碰壁的教训令人遗憾也让人深思。他们并不是庸才,可是由于缺乏求职技巧和求职礼仪,理想的工作和他们擦肩而过。因此,求职者应当学习求职知识、求职技巧和求职礼仪,以便顺利择业。

▶ 第一节 广泛收集人才需求信息 ◀

一、收集信息

找工作,首先要利用各种途径广泛收集人才需求信息,以便对号入座。既可以通过官方、校方、厂方和人才供需见面会、人才交流会等渠道了解哪些单位要人,也可以从广播、电视、报刊、网络、人才市场、劳动力市场、职业介绍所等各种媒介中捕捉就业信息,还可以拜托亲朋好友、老师、同学、老乡等帮忙打听、联系工作。然后,将收集到的信息进行整理,从中筛选出自己认为比较理想的工作单位,作为下一步进军的目标。

二、选择单位

所谓比较理想的工作单位,是指那些具有既符合本人兴趣又能发挥自己专长的职业的单位。例如,喜欢舞文弄墨者,可以将需要笔杆子或文秘人员的单位作为选择单位;而乐于经商者,则不妨去缺人的贸易部门竞争职位……

选择单位也有诀窍:一看用人单位是在走上坡路,还是在走下坡路,应以发展红火、正在扩张、处于上升趋势的单位作为首选,而不要投身于正在萎缩、没落的单位;二要考虑用人单位的岗位,究竟是选择蒸蒸日上的大公司还是选择蓬勃发展的小企业呢?对个人而言,单位牌子大小、实力强弱并不是最重要的,关键是看哪个单位能给自己一个发挥才能的机会和拓展事业的空间。只要有发展前途,中央机关、省直机关、国有企业、"三资"企业、集体企业、乡镇企业和民营企业等,都可以纳入自己的视野。

第二节 放试探性求职气球

一、个人简历

一旦选择好了较理想的工作单位,不妨立刻开始主动进行联系。可先打个电话,与用人单位约好时间,直接到用人单位面谈。进行电话联络时,要讲究交谈方式,做到语气亲切,语言简明,声音高低适度。与用人单位联系,也可以先放一只试探性气球,寄上个人简历和自荐信或介绍信或推荐信,看对方是否有意。个人简历包括姓名、性别、年龄、地址,所学的专业、课程及其成绩,其中外语水平是否具有听、说、读、写、译五种能力,会不会使用计算机等。此外,不要漏掉工作经历或社会实践及其成就。如果曾担任学生干部,主持或参与的重要活动自然会引起用人单位的注目;倘若是一位勤奋的笔耕者,发表的文章、取得的科研成果,对求职成功亦大有裨益。例如,武汉大学管理学院国际金融专业93级的一名学生干部,由于其专业理论基础扎实,外语水平过关,遂成为多家用人单位力邀加盟的对象。而综合素质高、科研成果多的复合型人才,也备受用人单位的青睐。

写个人简历应实事求是,既不要夸大其辞,也不要贬低自己。力求做到行文规范,表达准确。写好后可打印出来,篇幅不要超过两页纸,文中不宜出现文字错误及涂改痕迹。

下面附简历表(见表6-1),供参考。

表 6-1

姓 名:		性 别:	
住 址:		电 话:	
学 历:	1995—1999	××大学××系××专业	
		主修课程:	
		选修课程:	
社会活动:	1995—1998	担任系学生会主席,其间,组织了××艺术节、演讲比赛等活动。	
经 历:	1996.10—1997.9	在××公司××部兼职。	
	1997.10—1998.6	在××报社任实习记者。	
成 果:			
个人资料:	年龄:24岁	身高:1.75米	体重:69公斤
	健康状况:优良	业余爱好:集邮、游泳	

自荐信要真实地概括个人的基本情况与求职动机。可以针对招聘方的具体要求,显示出自己的优势。写自荐信要扬长避短,做到条理清晰,文字优美,词恳意切。书写自荐信,字迹要工整、清楚。自荐信最好打印出来,显得整洁悦目。现举例如下。

我叫××,女,中共党员,××大学会计学专业99届毕业生。在校期间学习成绩优良,专业课平均成绩91分,选修课平均成绩87分。大学英语已过国家四级,计算机通过国家二级,会操作Office、Windows等软件,在省级报刊上发表论文4篇,曾两次荣获校级"三好学生"荣誉称号,连续三年获一等奖学金。

本人性格开朗,爱好广泛,喜书法,好绘画,有一定的写作能力,组织能力较强。在校期间历任班、系、院学生干部,参与组织了樱花诗会等活动。

我希望到贵单位效力,从事与所学专业相关的财务、会计、文秘等工作,以便施展自己的才华。

联系电话:×××××××××

推荐信可以请熟悉自己的老师写,他(她)会如实介绍学生的优点和强项;也可以请校方组织部门出具推荐信,一定要盖公章,以增加权威性。这些都有助于用人单位更好地了解求职者。

二、联系单位

求职者与用人单位联系时,要讲究策略。求职材料寄出后,应等些日子再询问结果。若寄出不久,就急不可耐地频繁催促用人单位,会让对方产生反感。若材料寄出很久没有回音,则应去信客气地询问对方是否收到。有时还可以主动出击。例如,美国著名教育家卡耐基先生的一位朋友就是靠胆大心细,才得以进入一家知名的广播公司服务。

当时,有多家公司请他"静候佳音"。他觉得"守株待兔"不是办法,于是开始主动进攻。他用十分冷静的语气打电话询问一家大公司:"本人想询问一下贵公司是否还在征求助理制作?"他前后共打了10次电话,每一次的答案都是一样:"对不起,我们部门没有征求任何人员。"他还是不甘心,继续打,终于有人告诉他:"你可以跟特拉多先生或是杜尔先生联络,我们已经开始进行面谈了。"另有人回答说:"是的,我们正在征求助理制作,您可以和崔斯基先生谈谈。"在面试的时候,主考官问他,如何得知这个机会?公司并没有向外界透露消息,原打算由内部人员递补。他回答说,他打了多次电话查询,终于侥幸地得到消息。主考官点头笑着说:"这种锲而不舍的精神真是令人可敬可佩。"

求职并非易事,求职道路上并不总是求职者希望见到的一路绿灯。求职若被对方回绝,也不必沮丧,失败乃成功之母,再联系其他单位,西方不亮东方亮。

联系工作单位,能够学以致用最佳。但短期内若无合适单位时,则不妨变通一下,不要把自己牢牢地限制在一个狭小的专业圈子里。"退一步海阔天空"。例如,学历史专业的青年人,既可以同教育部门挂钩,当一名历史教员;也不妨与报社、杂志社、出版社联系,从事编辑工作,若有机会到机关、企业等单位做行政工作也未尝不可。联系的面宽一点,机遇就会多一些。当用人单位觉得求职者比较合适时,就会通知他(她)到单位面谈或面试。

第三节　闯过求职面试关

一、形象设计与思想准备

面谈或面试是用人单位当面观察求职者、考查其修养和能力,继而作出录用决定的关键。因此,求职者必须认真对待,做好形象设计与思想准备,力争顺利闯过这一关。

(一) 形象设计

求职者的形象给面试官的印象好坏,关系到求职的成败。因此,求职者在面试前应进行自我形象设计,以便在面试时更好地显示出自己的风度和神采。

1. 男性求职者的形象设计

男士首先要精心梳理好头发。注意不宜留长发,也不要弄得满头卷发,乱作一团。

其次,要认真修好边幅,如修剪鼻毛和胡须,使人显得面部光洁、神采奕奕。

另外,一定要做到衣着整洁。若穿西装,最好系领带。注意把衬衫下摆扎进裤中;不要穿袖口或裤脚折边已磨损或开线的衣服;皮鞋要擦亮,鞋带要系紧。

2. 女性求职者的形象设计

一般来说,端庄、干练的女性求职者受到用人单位的普遍欢迎。因此,女士面试前宜化淡妆,修剪指甲和鼻毛,把头发盘起或梳扎好。不要浓妆艳抹,以免弄巧成拙。

女士着装要得体大方,千万别穿超短裙,也不要穿极薄的透明或紧绷在身的衣服,可穿西装套裙。西装应稍短,以充分体现女性腰部、臀部的曲线美。如果配裤子,上装以稍长为宜。求职面试时,女士应避免佩戴过多的珠宝饰物。

求职者仪容仪表主要考虑自己的喜好还是职业要求?如何树立"良好的第一印象"?请看下面案例:

张小姐长着一头乌黑漂亮的秀发,她总是舍不得将它盘起,而是让头发垂于腰际,不时用手撩拨头发,以免挡着眼睛和脸。许多人也许会认为不时地用手抚弄自己的头发会有一种说不出的风度和气质。

按礼仪要求,跟人交谈时不时地整理自己的头发,这样是非常忌讳的,非常没有礼貌的一种行为。按照国际礼仪,外国友人会认为是自己不受尊重,没有整理好仪容就随随便便地来接待他们。

职场上女士的发型最好以盘发、短发或是公主头(上面扎起下面散开)为主。因为在职场这种特定的环境中,女士要显示出的并不是妩媚动人,而是知性成熟、大方干练。

(二) 思想准备

面谈和面试时,面试官将会向求职者提一大堆问题或一连串问题。求职者对面试官可能提出的问题应事先有所准备,以便到时胸有成竹,对答如流。

下面列出用人单位通常都会提出的10个问题,供同学们参考。

(1) 你的家庭情况、婚姻状况怎样？
(2) 你的理想是什么？
(3) 你为何选择本单位？
(4) 你计划怎样为本单位做贡献？
(5) 你对工作待遇有何要求？
(6) 你计划今后再调换工作吗？
(7) 你打算出国吗？
(8) 你喜欢什么样的领导？
(9) 你有哪些特长？
(10) 你的缺点是什么？

此外，美国恩迪科特博士经过大量调查后总结的美国招聘者招聘大学毕业生时常问的 49 个问题。其中不少问题值得中国求职者思考。

(1) 你的长期和短期目标是什么？你在什么时间、为什么树立起这些目标？你准备怎样实现它们？
(2) 除了与职业相关的目标外，你有什么其他方面的目标？你是否需要有在下一个 10 年或更长的时间内为之奋斗的目标？
(3) 你预料从现在开始的 5 年内将做些什么事情？
(4) 在你的一生当中，你想做的最重要的事情是什么？
(5) 你的长期的职业方面的目标是什么？
(6) 你计划怎样实现你的职业目标？
(7) 在职业方面，你希望得到的最重要的奖励是什么？
(8) 你希望 5 年后的收入达到多少？
(9) 你为什么要选择你准备从事的职业？
(10) 工作类型和收入中的哪一个对你来说比较重要？
(11) 你认为你的强项和弱点是什么？
(12) 你能形容一下你自己吗？
(13) 你认为最了解你的朋友和教师会如何描述你？
(14) 什么事情或东西将激发出你最大的热情？
(15) 为了你以后的职业生涯，在大学期间你都做了哪些准备工作？
(16) 我们为什么要雇佣你呢？
(17) 你认为你哪方面的资历将有助于你以后取得职业方面的成功？
(18) 你是怎样判断或评估成功的？
(19) 你认为怎样才能在像我们这样一家公司取得职业上的成功？
(20) 你认为你将以何种方式为我们公司做贡献？
(21) 一个成功的管理者应具备什么样的资历？
(22) 请形容一下监督者和向其汇报工作的人员之间的关系。
(23) 最令你感到满足的成就（你已经实现的）是什么？请举出两三个例子并说明为

什么。

(24) 请讲一讲最有益的大学经历。

(25) 如果你想雇佣一个向你申请想得到的职业的毕业生，你认为该毕业生应具备什么样的资历？

(26) 你为什么选择了你所毕业的大学？

(27) 什么原因使你选择了你正从事的专业领域？

(28) 在大学里你最喜欢的科目是什么，为什么喜欢它？

(29) 你不喜欢的科目是什么？为什么不喜欢？

(30) 如果可能的话，你将如何改变自己的学业？为什么？

(31) 你希望学校有什么样的变化？为什么？

(32) 你是否计划继续你的学业或者说得到一个更高级的学位？

(33) 你认为好的分数意味着较好的学术水平吗？为什么？

(34) 从课外活动中你都学到了什么？

(35) 你最适应什么样的工作环境？

(36) 在压力下你是如何工作的？

(37) 你最感兴趣的临时工作或假期工作是什么？为什么？

(38) 为什么你决定申请我们公司的这个职位？

(39) 关于我们公司，你都知道些什么情况？

(40) 对你来说，工作中最重要的两三件事情是什么？

(41) 你对公司的规模有什么要求吗？为什么？

(42) 你用什么标准来评价你为之效力的公司？

(43) 你对工作地区有什么偏爱吗？为什么？

(44) 你愿意迁居吗？迁居对你有什么样的影响？

(45) 你愿意出差吗？

(46) 你愿意再花至少6个月的时间接受培训吗？

(47) 对我们公司所在的社区你有何评价？

(48) 你曾遇到的主要问题是什么？你是如何解决的？

(49) 你从自己的错误中学到了什么？

二、面试礼仪与讨价技巧

(一) 面试礼仪

求职者在面试过程中表现出的礼仪水平，不仅反映出求职者的人品和修养，而且直接影响面试官的最终决定。因此，求职者参加面试时，务必注意以下6点。

1. 准时赴约

遵约守时是最基本的礼仪。应邀赴约时，一定要按通知的时间到达面谈地点，或不妨提前一刻钟到达面谈场所附近，熟悉情况，进一步做好面试前的思想、心理准备。然后不慌不忙地进入面谈场所。切莫让他人陪你入场。入场时不要吸烟,更不要嚼口香糖。

2. 尊重接待人员

到达用人单位后,应主动向接待人员问好。若需要填写表格,字迹力求工整、清楚。等候时注意坐姿。轮到面谈时,先敲门(或按门铃,门虚掩着,也应先敲门,切勿直推而入),得到允许后方可进去。进门后要有礼貌地问候主谈(考)人,随手轻轻关好门。待主谈人请你就座时,先道谢,然后再按指定位置落座。尽可能保持坐姿的优美,表情宜亲切、自然。

3. 彬彬有礼

进门后,如果主谈人向你伸出手来,你要同他(她)热情握手。若对方向你敬茶,应用双手接过,并致谢,不要推辞不喝。若对方只是客气地问:"要茶吗?"你可客气地回答:"不用,谢谢。"

4. 讲究谈话礼仪

寒暄完毕,通常让招聘者先开口,回答应吐字清楚,把握重点,准确客观,态度要热情、坦诚。答话时,眼睛看着主谈人及其助手,应自信、冷静、沉着,不要浮躁、紧张、胆怯。在面谈过程中,应仔细倾听对方的提问,对答如流,但不要夸夸其谈。更不要喧宾夺主,切忌打断主谈人的谈话,在主谈人谈话时插话是不礼貌的行为。如果面谈时有两个人同时提问,则可以微笑对其中一个说:"请让我先回答那个问题好吗?"这样处理问题从一个侧面表现你的修养和处事能力。当然,也可以酌情穿插一些提问,如询问未来的工作情况等,以活跃交谈气氛。

5. 适时告辞

当主谈人说:"感谢你来面谈"等诸如此类的话时,意味着面试完毕。应从容不迫地站起来,面带微笑地表示谢意,与主谈人等握手道别,然后走出房间并轻轻带上门。出场时,别忘了向接待过你的接待人员道谢、告辞。

6. 致信道谢

面试之后,求职者可以给主谈人写封短信,感谢他(她)花时间同你亲切交谈。可在信中顺便再次表达乐意进入该单位工作的愿望。

下面举一个巧妙应对,顺利通过面试的实例。

一家公司准备聘用1名公关部长。经过笔试后,只剩8名考生等待面试。面试限定每人在两分钟内,对主考官的提问作答。当每位考生进入考场时,主考官问的是同一句话:"请把大衣放好,在我面前坐下。"然而,在考试的房间中,除了主考官使用的一张桌子和一把椅子外别无他物。

有两名考生听到考官的话,不知所措;另有两名急得流泪;还有1名听到提问后脱下自己的大衣,搁在主考官的桌子上,然后说了句话:"还有什么问题?"结果这5名考生全部被淘汰了。

在剩下的3名考生中,1名听到主考官发问后,先是一愣,随即脱下大衣,往右手上一搭,鞠躬致礼,并轻声询问:"这里没有椅子,我可以站着回答您的问题吗?"公司对这位考生的评语是:"有一定的应变能力,但创新、开拓不足。彬彬有礼,能适应严格的管理制度,可用于财务和秘书部门。"另1名考生听到问题后马上回答说:"既然没有椅子,就不用坐了,谢谢您的关心,我愿听候下一个问题。"公司对此人的评语是:"守中略有攻,可先培养用于对内,然后再对外。"最后1位考生的反应是,当他听到主考官的发问后,眼睛一眨,随即出门去,把候考时坐过的椅子搬进来,放在离主考官侧面1米处,然后脱下自己的大衣。对主考官施礼,说了声"谢谢",便退出考场房间,把门轻轻关上。公司对此人的评语是:"不说一词而巧妙地回答了考题;富于开拓精神,加上笔试成绩俱佳,可以录用为公关部长。"

(二) 讨价技巧

找工作,既是为了寻找一个用武之地,也是为了获得一份薪水,以满足生活的需要。求职者应该为自己争取好的待遇,但须掌握好以下三个环节。

1. 摸清情况

求职者和招聘者面谈前,可事先了解行业的一般待遇及前任工资收入。例如,欲在旅游局下属的一个饭店谋取大堂经理职,应想方设法打听到该饭店前任大堂经理和其他同级别饭店大堂经理的月薪数目。心中有了底,谈判时开价会比较恰当。当然,谈薪水也要考虑自身的条件。

2. 选择时机

求职者不宜在刚与雇主见面就谈待遇问题,而应掌握"火候"。最好等到雇主表示出合作意向时,再谈论薪水问题。

3. 留有余地

当雇主有意聘你时,他(她)可能会突然提问:"你希望的月薪是多少?"此时,你不要惊慌,而可以根据你掌握的有关情况,说出自己能接受的最低待遇和希望获得的最高月薪。倘若前任月薪是4800元,你指望月薪5000元,可说"4800元至5200元左右如何?"如果雇主说:"最高4900元。"你可以说:"你希望我到贵单位服务,我十分乐意。可这个数目似乎稍微少了一点,5000元就合理一些了。"此时,还可以讲你以前月薪多少,为先前服务的单位做出了若干贡献等。但不要把话说死,既不要说"韩信点兵,多多益善",也不要说"少了5000元我不干"。而要给对方和自己留下回旋的余地。商谈薪水要坚定而灵活,如果达到或接近期望的目标就可以了。上岗后干得出色,单位会加薪。

求职成功令人愉快,万一受挫也不要气馁,还可以寻找其他机会。何况对职业的第一次选择,也不一定是最佳选择。以后还可以根据自身条件的变化和社会环境的变迁,再次选择职业。

下面附招工实例一则。

最好的介绍信

一位先生登报招聘1名办公室勤杂工,约有50多人前来应聘。这位先生从中挑选了一位青年。他的一位朋友问:"你为何喜欢那个青年,他既没有带一封介绍信,也没有任何人推荐。"

"你错了,"这位先生说,"他带来了许多介绍信。他在门口蹭掉了鞋底上的土,进门后随手关上了门,说明他做事小心仔细。他看到那位残疾老人时,就立即起身让座,表明他心地善良、体贴别人。进了办公室,他先脱去帽子,回答我提问时干脆果断,证明他既懂礼貌又有教养。其他所有人都从我故意放在地板上的那本书上迈过去,而他却俯身捡起它,并把它放到桌子上。他衣着整洁,头发梳得整整齐齐,指甲修得干干净净。难道你不认为这些就是最好的介绍信吗?"

思考与训练

1. 为什么在求职中要特别讲究礼仪?
2. 面试时要注意哪些礼节?如何与雇主协商薪水?
3. 进行模拟求职面试,以教室或办公室或教员休息室作为面试地点。在面试过程中,给举止大方、做事细心、对答如流者加分;对行为粗野者或表现胆怯者以及口吐狂言者亮"红灯"。
4. 请同学们交流求职经验教训。
5. 老师指导学生写求职信。
6. 求职脑筋"急转弯"。

美国著名心理学家纳特·史坦芬格认为,求职者大体上可以归于以下四类人之中:第一类人,相当完美,几乎没有缺点;第二类人,比较完美,略有欠缺;第三类人,有长处,有明显的缺点;第四类人,一无是处。

表面上看,似乎第一类人成功的概率应该更大,但现实的天平却倾向于第二类人,因为人毕竟还是现实的,都会有或大或小的毛病,不可能做到面面俱到。同时,一个人如果锋芒毕露,会让老板觉得你华而不实或者故意做作,甚至还担心浅水养不住你这条大鱼。所以,如果你是十分出色的人才,在求职时,大可不必去掩饰个人的一些小毛病,有意无意地卖点"傻",学点笨,使人觉得亲近,更容易让人接受。

你认为上述看法有道理吗?

7. 用人单位为了招聘到合适的人才,在招聘过程中使用各种招数。下面这个故事就是用人单位考验人们的意志和毅力的招数,能够吃苦者经受住了考验,成为笑到最后的人。

某家企业招聘推销员,来了许多应聘者。然而,企业人事经理刚和大家见面,便说:"对不起,电梯坏了。"于是,一部分人不慌不忙地待在一楼等修理电梯,另外一部分人拾级而上。可是,该企业位于第32楼,的确太难爬了,一些人半途而废,只有少数应聘者从一楼走到32楼。结果,这些不怕累的应聘者被企业聘用。

8. 下面是一则求职实例,用人单位通过举办酒会面试应聘者,结果,英语水平高、专业能力强、举止得当者获得青睐。这则故事告诉同学们,学好外语、专业技能和礼仪知识,是确保将来求职成功的三大法宝。

  一家世界著名的会计事务所在一次招聘应届高校毕业生时,特别为最后一轮入围者安排了一个大型酒会。在酒会中,应聘者可以与公司的高层领导自由交谈。但应聘者所说的每一句话,以及举止穿戴都将构成"印象分",将影响到最终的去留。一些大学生落落大方的举止、流利的英语表达能力和关于专业方面的独到见解,给公司留下了深刻的印象。

  后来,一名应聘的先生认为,他能够克服心中的胆怯,主动与多位部门主管交谈碰杯,是面试成功的关键。

9. 经研究发现,下述7种情况往往容易导致求职失利:① 自我介绍重点不突出,没有给考官留下深刻印象;② 与考官没有目光交流;③ 在面试过程中使用手机;④ 回答问题东扯西拉,不着边际;⑤ 急于表现自己;⑥ 薪酬要求过高;⑦ 临走时不道谢。同学们在求职训练时可以有针对性地进行练习,避免犯上述7种错误,为将来顺利上岗做准备。你认为还有哪些导致求职失利的情况?

10. 新加坡总理公署公务员学院特邀高级顾问殷生博士任职,殷生1955年出生于新加坡,从12岁起就开始打工挣钱。他高中毕业后服兵役,转业后到一家英资公司工作,一直做到副总裁。他认为,为人打工不如自己创业,所以放弃优厚的待遇,与人合作创办了自己的公司。如今,他担任新加坡新财富资源集团主席,成为国际著名投资家。他在中国高校举办讲座时指出:"中国缺乏的是创业者而不是打工仔。"你同意他的看法吗?我们从他的经历中受到什么启迪?

11. 求职是展现一个人能力和才华的好机会。请认真阅读下文,然后说一说评委们选中这位年轻人的理由是什么?

  廖仲毛在2004年8月21日《就业时报》上撰文说,某知名企业在中央电视台举办电视招聘,3位求职者为海外经理一职展开激烈的角逐。由于职位只有1个,大家都显得很紧张。但是我注意到,有1位年轻人表现很出色,当别的竞争对手说到精彩处时,这位年轻人竟然很自然地为之鼓掌,引得台下的观众和评委也跟着鼓起掌来。那一刻,我就断定这位年轻人一定会中选。节目进行到最后时,评委和企业代表果然一致决定把聘书发给了这位年轻人。

  在现实生活中,很多人似乎不太懂得为别人鼓掌。某学术机构曾做过1项不记名的抽样调查,结果显示,在华人社会中,不懂得或根本就不习惯欣赏别人的人占了6成以上。有些人在谈到别的成功人士时,甚至用出了"我恨不得宰了他"这样的字眼。这种心态,使华人在全世界留下了"单干是条龙,合作是群虫"的形象。

  心态健康的人都知道,为别人鼓掌,也是在给自己的生命加油。在我们的成长时期,成功人士的经历往往是我们前进的动力,他们的成功会正确指引我们,在无形之中帮助我们。为别人鼓掌,才会获得别人的喝彩。

12. 真诚是做人的基石。求职贵在真诚。编造假学历和履历或许能蒙骗一时,但终究会"露馅"。刘志刚的做法不可取,青年学子应引以为戒。你对假学历之类的事有何看法?

一名自考本科生在求职简历中,摇身一变成了北大博士生在读,并给自己戴上了"中国证监会研究员""信息产业部电信规划咨询师"等头衔,在郑州航空工业管理学院任教两个月后,被该院发现并报案。

2004年5月19日上午,郑州二七区人民法院开庭审理此案。虽然用人单位发现虚假学历时有发生,但学历欺诈案却是全国首例。法院判定刘志刚犯诈骗罪,判处有期徒刑3年6个月。

13. 如何参加招聘会?如何递交求职信?如何在面试官面前表现自己?如何找到心仪的工作?下面短文中的小赵和阮柏荣同学就以自己真诚的行动赢得了招聘方的信赖,正体现了礼仪"为他人着想"的特点。

忙碌的酒店保安

七年前,小赵从一所普通大学毕业后一直没找到合适的工作,便在一家酒店当了保安。

一次,市里组织了一个大型招聘会,有八家公司把招聘的摊位摆在了小赵所在的酒店门前的广场上。那天刚好轮到小赵休息,小赵决定再到招聘会上碰碰运气。可是不巧的是,经理找到小赵说:"小赵,虽然招聘会不是我们酒店组织的,但我们也有义务维护好招聘会现场的秩序,所以只能请你费心把现场的秩序维持好。"为了做好那天的维持秩序的分外事,小赵事先分别给八家招聘公司写了一封信:"作为酒店保安,小赵非常愿意为贵公司在招聘会上提供一些帮助。如果在现场有什么事情,随时都可以找小赵……"

招聘会那天,穿着红马甲的小赵早早地就站在了酒店门口的广场上。一家招聘公司的工作人员大声喊小赵说:"小伙子,请你辛苦一下,给我们买一箱矿泉水好吗?""好,请你稍等。"小赵笑着接过钱,很快就把矿泉水送了过来。刚想喘一口气,又有一家招聘公司在叫小赵,让小赵去把一份资料拿到酒店的商务中心复印一下。接着,还有几家公司让小赵帮忙做一些搬凳子、发资料、买饮料、订盒饭的事情。针对每一件事,小赵都尽心尽力地去完成。傍晚,招聘会结束后,小赵的衣服全被汗水湿透了。

出乎小赵意料的是,一个星期后,小赵分别收到了四家招聘公司写来的信。起初,小赵还以为是感谢信,拆开一看竟是不约而同希望小赵加盟他们公司。他们在信里说,公司并不缺少高学历的人才,但缺少的是像小赵这样助人为乐而又勤快的人,如果愿意加盟他们公司,小赵可以直接去面谈……

经过权衡,小赵选择了其中一家自己仰慕已久的公司。

选硬座的大学生

大学生到公司面试,因为主动坐了回硬座,让招聘方大为赞赏,很快与之签约。

2009年4月27日,中南民族大学工商管理学院学生阮柏荣说:"招聘单位并不是要招最优秀的人才,而是要招最合适的人才。一个小细节就能决定成败。"

阮柏荣是湖南邵阳人,2006年年初,才大一的他就找到学校,主动承包了学校两处报刊亭。两处报刊亭除每个月给学校上缴1600元外,每月下来还可以赚到2000多元。

2010年,已经大四的阮柏荣面临就业。有丰富社会经验的他,很快就成了很多单位争抢的"香饽饽"。期间,一家位于广西的汽车制造公司引起了小伙子的注意。因为公司提供的就业空间大,薪酬高。只招一人的岗位有500多人投出简历,其中还有将近300人是研究生学历。在该公司经历了3次面试后,阮柏荣接到了第四次面试的通知。这次面试只有最后的两个人,其中一个是某重点大学的研究生。通知中,对方明确表示,面试者来往的车费由公司报销。

3月20日,阮柏荣在火车站买票,很自然地买了60多元钱的硬座票。而他的竞争者则买了较为舒服的软卧票。面试中,招聘方问他,既然火车票是公司报销的,为什么不坐软卧。阮柏荣说:"我觉得,这样既是为我自己节省成本,也是为公司节省成本。"

面试结束后,公司告诉他:"你这种主人翁的精神让我很满意,我们愿意和你签约。"

14. 在人才招聘会上,言谈儒雅、服饰得体、仪表端庄、神态大方、礼仪到位的大学生更能受到用人单位的青睐。讲究礼仪,遵从礼仪规范,可以有效地展现一个人的教养、风度与魅力,更好地体现一个人对他人和社会的认知水平和尊重程度,从而使个人的学识、修养和价值得到社会的认可和尊重。适度、恰当的礼仪不仅能给公众以可亲可敬、可合作、可交往的信任和欲望,而且会使与公众的合作过程充满和谐与成功。从求职形象礼仪角度分析,小张能等到录用通知吗?为什么?假如你是小张你打算怎样准备这次面试?

一次某公司招聘文秘人员,由于待遇优厚,应聘者很多。中文系毕业的小张同学前往面试,她的背景材料可能是最棒的:大学四年,在各类刊物上发表了3万字的作品,内容有小说、诗歌、散文、评论、政论等,还为六家公司策划过周年庆典,英语表达也极为流利,书法堪称佳作。小张五官端正,身材高挑、匀称。面试时,招聘者拿着她的材料等她进来。小张穿着迷你裙,露出藕段似的大腿,上身是露脐装,涂着鲜红的唇膏,轻盈地走到一位考官面前,不请自坐,随后跷起了二郎腿,笑眯眯地等着问话,孰料,三位招聘者互相交换了一下眼色,主考官说:"张小姐,请回去等通知吧。"她喜形于色:"好!"挎起小包飞跑出门。

第七章 和睦相处的法则
——公务礼仪训练

离开校园,走向社会,开始了人生的新阶段。工作单位是有志之士大显身手的用武之地,也是其建功立业的最佳场所。

俗话说:"一个篱笆三个桩,一个好汉三个帮。"立业主要靠自己奋斗,但也需要他人的帮助与合作。因此,在工作单位如何与上级搞好关系?怎样与同事和睦相处?怎样做一个合格的会议主持人?认真学习和努力实践公务活动的行为规范与准则——公务礼仪,便能够在工作单位站稳脚跟,在事业上一步步走向成功。

第一节 工作场所礼仪

一、上岗礼仪

打工族上班,既是为生活,也是为社会做贡献。大家都希望在一个舒适、宽松的环境里工作,而这种环境要靠大家共同努力创造和维护。因此,每个人都不应该忽视上岗礼仪。

(一)上班服饰

员工的服饰关系到单位的形象与个人的尊严。目前,我国许多厂矿企业、餐饮业等行业、部门都有本单位选定的工作服(职业服)。在统一着装的单位,员工上班时穿工作服,既整齐,又安全。倘若单位无统一着装的要求,男士着装要整洁、大方,给人以干净、利落的感觉;女士衣着宜美观、合身,不要过于暴露或打扮得花枝招展,以免给人以轻浮的感觉。

男士上班前应修好边幅,显得精神抖擞;女士上班前可酌情化淡妆,但不要浓妆艳抹,也不宜戴过多或叮当作响的首饰。过分打扮会显得俗气。

(二)工作场合行为规范

工作人员应严格遵守作息时间,按时上下班,不迟到早退。上岗后,要积极做好各项准备工作。立足本职,上班时间不做私事,也不要用单位电话机打私人电话。

二、上下级关系礼仪

上级与下级分工不同,是领导与被领导的关系。与此同时,上下级也是合作关系。如何做到精诚合作,工作卓有成效,妥善处理好上下级之间的关系至关重要。

(一) 上级对下级的关系

1. 任人唯贤

作为领导,不仅应长于科学决策,而且要努力做到知人善任。要了解部下的经历、素质、脾气、性格、作风,了解部下的长处与弱点,用其所长,避其所短,量才使用,调动其积极性,充分发挥其聪明才智。

作为领导,还要尽量避免感情用事,应任人唯贤,不要任人唯亲。对下属,不要亲者近,远者疏,应当从工作出发,一视同仁,唯人才是举,提拔、重用有才干的下属,放手让他们大胆工作。领导者应礼贤下士,不委屈勤恳工作的职员,不慢怠具有开拓精神的闯将,不排挤德才兼备的功臣。此外,领导者不仅要会用人,还要为下属着想,关心他们的疾苦,为他们排忧解难,帮助他们不断进步。

这里讲一个外国企业领导人提拔下属的故事——"美国的伯乐与千里马",供参考。

一天,美国芝加哥的商业巨子贝尔德正在路上行走,这时一名少年拦住了他。少年向贝尔德直言,想获得一个担任较重要工作的机会。贝尔德问这名少年:"你是否向你的上级提出过要求?"少年回答说:"我是批发部的打包工。我曾无数次地向我的监工休伯特提出过,但每次都被他拒绝了。我不得不……"贝尔德听了少年的叙述后说:"好吧,我会过问此事。"

贝尔德后来召见休伯特,问他为什么不提拔少年。休伯特说:"他是打包好手,我不想让他离开。"贝尔德却不这样认为。他立即指示给少年一个升迁的机会。

这名叫赛弗奇的少年进步很快,不到30岁就成了大商场的股东。后来还创立了举世闻名的伦敦百货商店。

2. 言而有信

作为领导者,讲话要谨慎,说话算数,言必行,行必果,不要信口开河,更不要随便封官许愿。切忌用官话训人,用大话吓人,用假话哄人。对下属承诺的事,应当认真地去兑现,若遇特殊情况一时解决不了,则应坦诚说明原因。一位不放"空炮、哑炮"的领导人,才会有威信,才有可能赢得部下的信赖;反之,就会失去在下属中的威信。

3. 宽宏大量

俗话说:"将军额头上能跑马,宰相肚里能撑船。"作为领导者,应当严于律己,宽以待人。"金无足赤,人无完人",对下属不要横挑鼻子竖挑眼,应当多看其优点,对做出成绩的下属要予以表扬和奖励,不能嫉妒或贬低。领导者也应尊重和爱护部下,不要专横傲慢,对下属颐指气使、呼来唤去。对心直口快、敢于提意见的下属,应持欢迎的态度。虚怀若谷者比盛气凌人者更容易与群众打成一片,从而一呼百应,带领下属创造新业绩。

(二) 下级对上级的关系

1. 尊敬上级

在工作中,下级服从上级,是基本的组织原则。下级尊敬上级,不仅表现在口头上,而且体现在行动中。上级布置工作时,要认真聆听,对上级的正确指示要坚决执行,布置的任务要努力完成。在执行过程中,适时向领导请示,完成任务后,及时向领导汇报。忌把上级的指示当作耳旁风,或视为儿戏。在工作中有令不行,或敷衍领导,办事拖拖拉拉,不仅对工作不利,也会降低自己在领导心目中的地位。

2. 讲究方式

领导者有时对一些问题考虑不周,工作布置有不当之处。作为下属,此时不要借机显示自己能干,"喧宾夺主"当众指出上级的错误。应当私下找领导交换意见,坦陈自己经过深思熟虑的看法,供领导参考。这样做,对改进工作更有利。

3. 注意小节

平时有事找领导,应先轻轻敲门,经允许后方可进门。如果不是紧急公务,正逢领导开会,应有礼貌地等候或另择时机。向领导汇报工作,应实事求是,简明扼要,切忌啰嗦。未经领导许可,不要随便翻阅领导桌上的文件。领导进门时,自己正坐着,应起身相迎,请领导先落座。此外,不要在背后对领导说三道四。

三、同事关系礼仪

同事关系是指同一组织中平级工作人员之间因工作而产生的关系。同事关系通常具有稳定性。因此,长期共处一室的同事应当彼此尊重,互相帮助,一视同仁,以便建立与保持和谐的同事关系。

(一)彼此尊重

俗话说:"同船过渡,八百年修行。"大家从四面八方走进一个单位,也算有缘分。长年累月在一个单位共事,彼此比较熟悉,从对方的喜怒哀乐到爱憎,几乎无所不知。在这种情况下,同事间应该彼此尊重,以诚相待,不可揭别人的隐私,更不要东家长、西家短,搬弄是非。对取得成绩的同事表示热烈祝贺;对遇到不幸的同事深表同情,切不可幸灾乐祸。

(二)互相帮助

大家在一起共事,既有分工又有合作。不论是分内事还是分外事,同事之间要互相支持,互相帮助,同心协力把工作搞好。你遇到困难时,我鼎力相助;我有需要时,你拉我一把。彼此互相支持,携手并肩,走向成功。

(三)一视同仁

俗话说:"十个手指不一样长。"虽然同事们的工作水平参差不齐,但每个人在人格上是平等的。因此,同事间切忌意气用事,不要与少数人过分亲密而形成一个小圈子,导致疏远其他同事,造成不必要的隔阂。同事间应一视同仁,提倡"淡如水"的"君子之交",以便长期保持和谐的同事关系。

▶ 第二节 集会礼仪 ◀

为了传递信息、沟通思想、协调行动或联络感情等,有关人员和相关人员集合在一起开会,统称集会。

怎样组织会议？会议程序有何讲究？会议主持人及与会者应该注意哪些礼仪？这是本节所要阐述的内容。

一、会议的组织

开会是为了解决问题。不论是开大型会议、中型会议还是小会，当会议的中心议题和目的确定后，会议举办单位应马上安排有关人员进行会议的筹备和组织工作，具体做法和注意事项如下。

（一）成立会务组

为了保证会议的顺利进行，可以挑选数位精明强干的工作人员成立一个会务组。会务组可以再细分为会务小组和接待小组。会务小组侧重负责会场布置、会议文件的准备和分发、维持会场秩序等工作，接待小组具体负责与会者的迎送、食宿、购票等事宜。

（二）拟发会议通知

按照惯例，会议通知应当写明会议主题、举行会议的时间和地点，以及举办单位等。必要时，还应写明会费和差旅费报销等事宜。会议通知印好后，应盖上举办单位章再发出。

会议通知应尽早发出，以利与会者有所准备。一般情况下，本单位、本系统内部举行会议，可以口头通知、电话通知、广播通知，以及用黑板报或小字报形式发通知。而通知外单位、外地与会者，以发书面通知（或会议邀请函）为主。对于与会人数较多的会议，可以发登报通知。例如，武汉大学于1993年举行百年校庆时，特地在《光明日报》等大报上发通知，广告在全国各地工作的武汉大学校友。

附会议通知（邀请函）一则。

原国家人事部人事与人才研究所
知识经济与人力资源开发学术研讨会
邀　请　函

　　同志：

您好！

为了适应知识经济时代人事管理的新情况，探讨新形势下人事管理的新特点、新问题、新方法，我所决定在新疆伊犁召开"知识经济与人力资源开发学术研讨会"，特邀请您出席。现将有关事宜告知如下：

一、研讨内容：1.国家行政机关机构改革给人才资源开发带来的机遇与挑战；2.知识经济时代人事管理新特点探讨；3.知识经济与人力资源开发；4.现代组织人事管理新方法。

二、会议形式：1.专家讲座；2.学术交流与研讨；3.学术考察。

三、参会对象：有关领导、企业管理人员、专家、学者。

四、会议时间：1998年9月19日—9月22日（9月19日全天报到）。

五、会议地点：新疆伊宁市（伊犁）桃园宾馆。

六、参会费：每人1980元（含会期会务费、讲课费、场地费、食宿费，以及其他综合性费用），到会交款。

七、您如决定参会，请收到此函后，速将报名表（附后）寄来或传真过来，会务组将根据报名表安排有关会务事宜。有交流论文的，自印100份，报到时交会务组统一分发。优秀论文经专家审定后颁发荣誉证书并在会上交流，会后编入论文专集。

八、乌鲁木齐市每天有飞机或汽车直达伊宁市，为方便代表，会务组决定9月16、17、18日安排专人在乌鲁木齐市机场接站，并协助解决在乌市逗留期间的食宿。报到当日，在伊宁机场有专人接站。

联系地址：北京市东城区和平里中街12号（原国家人事部办公楼6层）

邮　　编：100716

联系单位：原国家人事部人事与人才研究所

联 系 人：涂辽宁（办公室副主任）　　赵静（会务组）

电　　话：(010)69515927　69515923　69533151
　　　　　69533212（兼传真）

（报名表请统一寄至北京2257信箱会务组收

邮编：100021）

附："参会报名表"

原国家人事部人事与人才研究所
1998年8月18日

知识经济与人力资源开发学术研讨会
报　名　表

980919

姓　名	性别	年龄	民族	职务/职称	工　作　单　位
联系电话			邮　编		详细通讯地址
区号　（办） 　　　（宅）					
随 行 人 员					
姓　名	性别	年龄	民族	职务/职称	工　作　单　位
备　注					

（三）布置会场

会务人员应根据与会人数和会议规格选择合适的会场。一般应选用专用会议室或会议厅作为会场。会场不宜太小,以免坐不下,显得拥挤;但也不宜过大,以免与会者仅占会场一个角或者坐得稀稀拉拉,显得冷清。会场面积大小应适中。

会务人员要善于营造与会议内容相吻合的会场气氛。例如:举行庆功会,气氛要隆重;举行研讨会,气氛要轻松……在大会主席台上方挂会议名称横幅时,要注意字与字之间的距离。会场内根据会议内容,可适当张贴一些标语、宣传画等。若有可能和必要,不妨在会场入口处张贴"欢迎"之类的告示,在会场附近安设路标等。

如果与会者社会地位较高,要根据礼宾次序细心安排座次,以免顾此失彼,引起与会者不满。

此外,会务人员要会同有关人员,对会场的灯光、音响设备等进行检查和调试,并事先准备好茶具、饮料等。

（四）做好接待工作

举办有外国或外地与会者参加的会议,应做好与会者的迎送工作。

在迎送工作中,还要注意与会者的身份与规格,如安排同级人员在机场、码头、车站迎送来宾。对老弱病残与会者,应给予特殊照顾。如果有少数民族同胞与会,在饮食上应适当考虑其风俗习惯。若有不懂中文的外宾与会,还要为其配备译员。

二、会议程序

会议程序是指会议议程的先后顺序。会议程序不仅使会议有据可依,以便有条不紊地进行,同时也从一个侧面反映出会议组织者的礼仪水平。

无论是举办工作例会、庆祝表彰会,还是举办座谈会或代表大会,都无一例外地要事先拟定会议议程。虽然各种会议的内容、形式不同,繁简不一,都有约定俗成的基本程序。这里仅简要介绍报告会、讨论会的常规程序,读者可举一反三,以此类推。

（一）报告会

报告会通常是邀请某位领导干部、专家学者等作报告的会议,如形势报告会、学术报告会等。

报告会的常规程序如下。

(1) 主持人宣布报告会开始,并向听众介绍报告人的简历及成果等。

(2) 报告人作报告。

(3) 主持人简评报告内容,并宣布提问开始。

(4) 报告人回答听众的书面提问或口头提问。

(5) 主持人宣布提问结束,总结报告会,宣布报告会结束。

报告会举办单位,要注意以下礼仪:

(1) 对报告人的邀请、迎送,以及招待应周到、热情;

(2) 向报告人简要介绍听众情况,以便报告人有的放矢;

(3) 报告会主持人应在场作陪,仔细倾听报告,以便对报告内容做出恰如其分的评价;

(4) 维持好会场秩序,确保报告会善始善终。

(二) 讨论会

讨论会往往就某一专题召集有关人员进行探讨的会议,旨在互通情报、交流意见等。讨论会的常规程序如下。

(1) 主持人宣布讨论会开始。

(2) 单位领导致词。

(3) 发言人相继发言。

(4) 有关负责人作总结发言。

(5) 主持人宣布讨论会结束。

讨论会开始前先介绍来宾,讨论会结束后要及时写出会议报道和会议纪要。会议报道应简明、扼要,会议纪要应客观、准确。

例文一:会议报道

利比亚长篇小说《昔日恋人》
研讨会在汉举行

本刊讯(昌连) 为了加强中国与阿拉伯国家之间的文化交流,增进中国与利比亚两国人民的友谊,湖北省外国文学学会和武汉大学社科处于1997年5月20日在武汉大学人文馆联合举办了利比亚长篇小说《昔日恋人》研讨会。来自中国社科院、武汉大学、华中师范大学、原中南民族学院、《长江日报》社、《写作》杂志社、长江文艺出版社、楚天广播电台、湖北省作家协会、湖北省翻译工作者协会等单位、团体的30多位专家学者、作家、评论家出席研讨会,武汉大学、华中师范大学部分院系研究生、本科生代表50多人列席了研讨会。

研讨会开始前,武汉大学校长侯杰昌教授热情会见了从埃及专程来汉参加其作品研讨会的利比亚著名作家艾哈迈德·法格海博士,并和湖北省外国文学学会会长江伙生教授、湖北省作家协会副主席刘富道先生、湖北省文艺家协会主席陈美兰教授、湖北省翻译工作者协会副会长张泽乾教授、中国阿拉伯文学研究会副会长伊宏先生等与会作家、专家进行了亲切的交谈,然后一起合影留念。

研讨会由湖北省外国文学学会秘书长程雪猛副教授主持,武汉大学社科处副处长王秀英副教授首先代表侯校长致欢迎词,湖北省外国文学学会会长、武汉大学法国研究所所长江伙生教授致开幕词,刘富道、陈美兰、伊宏、蔡先保、叶绪民、安长春、昌切、罗壹邻、车英等专家学者相继作大会发言,山东大学《文史哲》主编蔡德贵教授,武汉大学陶友松教授、杨余森教授作了书面发言。与会专家高度评价长篇小说《昔日恋人》的思想意义和文学价值,一致认为该小说是一部出自文学大家手笔的富有民族特色和时代气息的佳作,并充分肯定武汉大学李荣建副教授在译介利比亚文学方面所做出的贡献,他以传神妙笔译成中文的《昔日恋人》,是一部不可多得的外国文学译著,促进了中国与阿拉伯国家的文化交流。

艾哈迈德·法格海博士在会上作了热情洋溢的讲话,并当场签名赠书。湖北省外国文学学会副会长、华中师范大学文学院戴安康教授作了总结发言,并高声朗诵了长篇小说《昔日恋人》的结尾部分。研讨会自始至终充满热烈的友好气氛和浓厚的学术气氛,取得了圆满的成功。

(选自《湖北作家》总第 12 期)

例文二:会议纪要

利比亚小说《昔日恋人》研讨会综述

谭辉霞

由武汉大学社科处和湖北省外国文学学会联合举办的利比亚长篇小说《昔日恋人》研讨会,于 1997 年 5 月 20 日在武汉大学人文馆举行。研讨会邀请了《昔日恋人》的作者法格海博士、中译者李荣建副教授、湖北省外国文学学会会长江伙生教授、湖北省作家协会副主席刘富道、湖北文艺理论家协会主席陈美兰教授等 30 多位专家、学者、作家、评论家以及新闻工作者出席会议。会议共收到论文 30 余篇。会议就《昔日恋人》所反映的社会历史背景以及小说的艺术结构、人物形象及其象征意义进行了认真细致的讨论,并对该书的中译本为中国与世界文化交流所做的贡献予以充分的肯定。

与会的专家学者对这部首次介绍到我国的利比亚长篇小说表现出了浓厚的兴趣,并给予较高的评价,现撷其主要综述如下。

好的文学作品总是最直接最真切地反映社会生活。利比亚是北非地中海南岸的一个有着古老文明的国家,经历了自古至今不断的进步和发展。《昔日恋人》的翻译出版使中国广大读者一览利比亚乡村的社会风土人情和穆斯林人民的生活。江伙生指出,《昔日恋人》具有震撼人心的社会认识功能与沁人肺腑的文学审美功能,是一部出自文学大家手笔的富有民族特色和时代气息的佳作。陈美兰说,在这部小说中,爱情故事超越了纠葛和普通的关系,反封建、反强权和现代人的意识交织在一起,在艺术技巧上处理得也很高超。车英指出,该小说的另一个成功之处在于作品丰富的文化底蕴,只有具有浓厚的本土特色的文学作品,才有可能成为世界性的文学作品。

与会者认为,《昔日恋人》不仅真切地反映了现实生活,而且还具有深刻的思想性和艺术性。蔡先保指出,《昔日恋人》不仅思想内容深刻,写作艺术技巧也很出色,小说通过双圆同心结构形式,塑造了各具风姿的人物形象,揭示了他们之间的阶级关系和情感冲突。昌切从小说的主题和艺术手法两方面,分析比较了该作品与中国作品的相同和不同之处。他指出,社会动荡时期蒙昧与文明的冲突常成为小说的主题,作者在艺术手法上先用夸张的方式把"沙漠玫瑰"吉米莱的美丽写到极致,然后再推出与美女极不相称的环境。江伙生也指出,《昔日恋人》以完整严谨的结构、变化多端的情节、生动简练的语言,真实地反映了饱受磨难的利比亚人民的政治、文化、经济和社会生活,深刻地揭示了利比亚在变革时期的社会阶级关系。

与会者指出：中国和利比亚远隔千山万水，社会制度、文化意识有所不同，但法格海博士以作家的历史使命感和社会责任感，通过小说对利比亚乡村社会的描写，折射出利比亚农村的巨变，这些与中国的社会变迁有许多相似的地方；小说中描写的贫困的生活、愚昧的陋习、沉重的传统、以权谋私的官僚、淳朴的民心离我们并不遥远。昌切说："东海西海，心同理同。"陈美兰也指出，地球确实很小，通过文学作品，人类一下子获得了情感上的沟通。

与会者一致认为，该小说的翻译出版，填补了我国译介利比亚长篇小说的空白，促进了中国与阿拉伯国家的文化交流。

《昔日恋人》的作者法格海博士最后指出：这是一次客观的、充满爱的研讨会；人类对真、善、美的理解是一致的，是相通的；文学作品在于爱，在于人与人之间的理解，文学的作用也正在于此。

(选自《武汉大学学报》1997 年第 4 期)

三、主持人礼仪

会议通常由部门负责人或德高望重的学者主持。会议的成败，在很大程度上取决于主持人。作为主持人，在礼仪上应注意以下几点。

(1) 服装整洁，给人以庄重的感觉。男主持人穿中山装，应扣好领扣、领钩和裤扣；穿西服，应按常规系领带。女主持人着装宜高雅，给人以端庄的感觉。根据会议的内容、形式和特色，对主持人的服饰也不必作单一的要求，可以多姿多彩。

(2) 提前到会，以便做好相应的准备和安排。

(3) 步履自然。男主持人的步伐要稳健，表现出刚劲、洒脱的阳刚之美；女主持人的步伐可以略显轻盈，体现出恬静、贤淑的阴柔之美。

(4) 坐姿端正。主持人落座后，上身正直而稍向后倾，面对前方。

(5) 谈吐文雅。开会时，主持人首先讲明会议主题及有关程序，介绍来宾和发言人等。主持人讲话应尽量说普通话，力求做到言简意明。

(6) 倾听发言。当发言人开始发言和发言结束时，主持人应带头鼓掌致意。主持人注意倾听发言人的发言，对发言表示重视，而不要埋头看与发言无关的材料或同他人交头接耳，同时还应尽量避免出现搔头发、挖耳鼻等不雅观的动作。

(7) 全神贯注。主持人主持会议时应全神贯注，审时度势，引导会议有条不紊地顺利进行。

(8) 掌握时间。主持人应严格掌握会议的时间，适时做出总结，按时结束会议，切忌把讲究实效的短会开成"马拉松"式的长会。

四、出席会议礼仪

作为与会者参加会议，应衣冠整洁，按时到会。进入会场时应听从会务人员的安排，在事先排好或临时指定的位置上就座。落座后，不要忽站忽坐，东张西望。当发言人开始发言和发言结束时，要鼓掌致意。发言人发言时，要认真倾听，不要与邻座侃大山，以免影响别人听会。若无特殊情况,不要中途退场。如有需要提前离会,应事先打招呼,或事后向有关人员说明原委。

作为与会者,对会议组织者在接待方面存在的不足要予以谅解,可以在合适的场所向东道主提出改进工作的建议,但不要当众非议东道主。

附会议讲话稿一篇:《深化团结合作　共创美好世纪》

深化团结合作　共创美好世纪
——在"上海合作组织"成立大会上的讲话
中华人民共和国主席　江泽民

尊敬的各位同事:

我完全赞同各位对"上海五国"进程和"上海合作组织"成立所作的高度评价。各位发表的建设性意见和主张,对我们这个新生组织的建设与发展,对我们六国的团结与合作,具有重要的指导意义。

在刚刚过去的20世纪90年代,国际局势发生了深刻变化。面对四十余年冷战的深刻教训,回首上个世纪战乱频仍的历史沧桑,各国人民热切祈盼人类能够迈入和平与发展的新世纪。中、俄、哈、吉、塔毗邻而居,地域广袤,实现睦邻互信和友好合作,不仅有利于增进我们五国人民的福,也有利于维护地区乃至世界的和平与安宁。我们五国领导人登高望远,审时度势,从建立边境地区军事互信入手,把相互合作逐步扩大到维护地区安全和稳定等广泛领域,从而使"上海五国"进程取得了令人瞩目的成功。

"上海五国"进程,是当代国际关系中一次重要的外交实践。它首倡了以相互信任、裁军与合作安全为内涵的新型安全观,丰富了由中俄两国始创的以结伴而不结盟为核心的新型国家关系,提供了以大小国共同倡导、安全先行、互利协作为特征的新型区域合作模式。它培育出来的互信、互利、平等、协商,尊重多样文明。谋求共同发展的"上海精神",不仅是五国处理相互关系的经验总结,而且对推动建立公正合理的国际政治经济新秩序也具有重要的现实意义。

经济全球化和世界多极化正在加快发展,科学技术进步日新月异。人类社会大踏步地前进。国际局势总体上继续趋向和平。但是,人类生存安全面临的挑战和威胁仍继续存在。南北的发展和贫富差距进一步扩大,给世界的和平与发展带来了一系列深层的矛盾。恐怖主义、分裂主义和极端主义的破坏活动有增无减。为了共同利用机遇并共同应对挑战,各国各地区加快了区域合作的步伐。这是当今国际关系发展的一个重要趋势。"上海合作组织"的建立,正是顺应了这种历史潮流,不仅符合中、俄、哈、吉、塔、乌六国人民的根本利益,也必将对推进本地区乃至整个欧亚大陆的和平与发展产生深远影响。

"上海合作组织"以什么样的形象登上国际舞台,无疑会引起国际社会的普遍关注。"上海合作组织"成立宣言向世人充分表明:"上海合作组织",将严格遵循《联合国宪章》的宗旨和原则,致力于加强成员国的相互信任、睦邻友好,加强成员国在政治、经贸、科技、文化、教育等广泛领域的有效合作,共同维护和保证地区的和平、安全与稳定,推动建立民主、公正、合理的国际政治经济新秩序。不论遇到什么情况,"上海合作组织"将始终恪守上述原则宗旨,永远高举和平与合作的旗帜。

"上海合作组织"是一个新生事物,今后成长的路还很长。把它发展好、建设好,是我们的共同责任,也是我们面临的重要课题。我愿意提出以下几点意见,供各位同事参考。

一、增强开拓意识。"上海合作组织"要借鉴其他国际和地区组织的积极经验,更要立足于本地区的实际,在实践中不断探索符合我们六国特点和需要的发展路子。只有这样,它才能具有强大的生命力和光明的前途。

二、坚持务实态度。维护地区安全是我们合作的重点。《打击恐怖主义、分裂主义和极端主义上海公约》的签署,为我们加强这方面的合作奠定了坚实的法律基础。我们要继续抓紧工作,尽快建立比什凯克反恐中心。开展经贸合作是我们合作的重要内容。根据目前的实际情况,中方倡议首先启动六国贸易和投资便利化谈判进程,同时积极评价哈方提出的经贸多边合作纲要所展示的远景目标。我相信,今秋举行的成员国总理首次会晤,将对双边和多边经贸合作产生重要的推动作用。

三、弘扬团结精神。我们六国所以一直认为需要建立这样一个合作组织,是因为我们有着共同的利益和目标。在这个大前提下,任何问题都可以本着求大同、存小异的原则,通过友好协商妥善解决。团结、团结、再团结,这是"上海合作组织"今后克服各种艰难险阻,永远保持凝聚力的根本所在。

四、贯彻开放原则。恪守不结盟、不针对其他国家和开放原则,是"上海合作组织"保持正确发展方向的重要前提。"上海合作组织"要积极稳妥地与其他国家及有关国际和地区组织开展各种形式的对话、交流与合作,在条件成熟和协商一致的基础上,吸收认同本组织宗旨与原则的有关国家为新成员。

各位同事,根据昨天我们达成的协议,我高兴地宣布:上海合作组织成员国第二次元首会晤将于明年夏季在俄罗斯彼得堡举行。我预祝下次峰会取得圆满成功!回顾过去,展望未来,我们对"上海合作组织"的美好前景充满信心。我们六国将永远发扬"上海精神",同心同德,精诚合作,世代友好,永结联谊。

"上海合作组织"愿与世界上一切爱好和平的国家及国际和地区组织一道,始终不渝地促进地区的安全、稳定和繁荣,始终不渝地推动建立民主、公正、合理的国际政治经济新秩序,始终不渝地维护和平与发展的崇高事业!

谢谢大家!

思考与训练

1. 应该怎样对待上级?如何处理好同事关系?
2. 与会者应注意哪些礼仪?

3. 怎样当好会议主持人？安排同学轮流主持会议。

4. 组织学生参与布置会场。

5. 作为一名职工，希望成为受欢迎的人。请阅读下面的故事，看一看谁是最受欢迎的人？想一想，怎样才能成为一名出色的员工。

  一天中午，突然听到一名员工大声叫喊："办公室里的冰箱坏了，带便当的同仁先看看自己的便当坏了没有，然后再送去蒸。"从那天起，每位员工都知道冰箱坏了。过了一个星期，刚好有外宾来，陈秘书要拿饮料招待客人，他一打开冰箱就闻到一股臭味，于是大声问道："冰箱坏了，是谁的东西没有清掉？"在此后的一段时间，冰箱成了办公室的废物，谁也不碰。直到有一天林经理从外面回来，打算把带回来慰劳加班员工的水果存放在冰箱里时，才发现冰箱已经坏了，从冰箱里传出阵阵恶臭。于是，他动手把冰箱里里外外进行了清理。林经理想，冰箱买了还不到半年时间，怎么会坏呢？他仔细查看后才发现冰箱并没有坏，只是插头松了。问题解决了，同时也给员工带来反思。

  光说不做是管理上的一大禁忌。在办公室，只会动嘴却不动手的人，是不受欢迎的人。

6. 在公司工作的员工经常乘坐电梯上下班，应该在乘坐电梯时注意自己的行为举止，否则会使自己甚至公司的形象受到影响。请问，下列哪一项电梯礼仪的说法正确？

① 为了避免同乘电梯的人感到气氛沉闷，在搭乘电梯时可尽量与人交谈。

② 乘电梯时，身份最低者应站在操作按键的地方，因为按键不应该由长辈操作。

7. 下面是2004年8月4日《文汇报》刊登的一个故事。苏德隆教授在与国家领导人交谈时，实话实说，实事求是，为我国制定根除血吸虫的目标提出合理化建议，得到中央政府的重视。读了这个真实的故事，对你今后如何与上级相处会有所帮助。请谈谈具体体会。

  苏德隆教授是我国流行病学的重要奠基人，对我国攻克血吸虫病功不可没。

  1957年初夏，毛主席到上海，接见了文艺界和学术界的专家们。当时中国是血吸虫病的大国，受威胁的人超过1000万。毛主席知道苏德隆是血吸虫病防治的专家，专门走到他面前叫他谈谈对1956年《农业发展试行纲要》中提出"三年预防，五年根除"的目标的看法。毛主席问："三年能否预防血吸虫病？"苏德隆教授说："不能。"毛主席又问："五年呢？"苏德隆教授说："也不能。"毛主席此时面色有些紧张，又问道："那七八年呢？"旁边的同志见毛主席脸色已经有些不对，就杆了杆苏教授，苏德隆教授也察觉到了毛主席情绪变化，就缓了缓语气说："试试看吧！"他实事求是地分析了血吸虫病防治工作的艰巨性，他向毛主席提出，农业发展纲要中规定五年消灭血吸虫病是难以实现的。毛主席大为震惊。后来毛主席又提出，想在黄浦江游游泳，苏德隆教授说："不。"他告诉毛主席，前段时间上海市举行的横渡黄浦江的运动会，游完泳的第二天就有不少运动员出现腹泻的现象，他的研究生已经在黄浦江水中分离到伤寒菌，这席话让毛主席当即放弃了横渡黄浦江的计划。在场的上海市委书记嘘了一口气。

苏教授连说几个"不",让在场的人都为他捏把汗,但苏教授自己却很平静。因为这个"七八年,试试看"的话,《农业发展试行纲要》中将"五年"的目标修改为了"十年"。

8. 公务员是人民的公仆,应该想人民之所想,急人民之所急。北京市王市长出于工作考虑不周,通过电台公开向市民道歉,表现出人民公仆勇于承认错误,进而改正错误的勇气和责任心。你对此事有何看法?此事对你今后工作有何启发?

据《北京青年报》2005年3月2日报道,近日,不少北京市民"意外地"从电台中收听到了王岐山市长就北京供暖期出现的天然气紧张问题公开向市民道歉的声音:"我打盹了,没估计到,估计不足……"新开播的北京城市管理广播《城市零距离》节目刚结束播音不久,市长的道歉感动了市民。王岐山还表示,要充分利用媒体平台沟通百姓,化解不和谐,在面对媒体时必须坚持实事求是的态度,要勇于承认错误。

9. 对于即将走进职场的新员工来说,是不是对未来的事业心怀期待?那么应该如何迎接第一份工作?怎样跟同事相处?有人好不易找到一份工作,还没弄清情况,就炒老板鱿鱼,频频跳槽。看了下面的例子,对你有何启示和帮助?

"小题大做"铺就职场平坦路

陈柳是公司的行政部文员。一天,公司接到一个请柬,受邀参加一个本市的行业内部交流会。老总对这样的交流会不感兴趣,但是,如果拒绝,以后在业界的口碑就会受影响,于是老总折中了一下,就随便指派了新员工陈柳去参加会议。当时,陈柳在公司走廊里和老总走了顶面,她礼貌地向老总问好,老总点了点头算是回应,走了两步后,老总停住脚步回转身叫住了她:"下星期有个业内交流会,你代表公司参加一下,顺便拿些会议资料回来,我看看就行了。"

从老总漫不经心的态度中,陈柳知道这个会议不是很"重要",尽管如此,她还是决定"小题大做",认真准备。她查阅了业内的很多资料,制定了一些行业的建议。这些建议都是她精心准备的,很有实用价值,可以更好地促进这个行业的健康发展。于是,当会议主席让陈柳所在公司的代表发言时,陈柳提出了很多好的建议,被这次会议制定的新的行业章程采用了。那天陈柳还特意带了公司的很多宣传资料,让其他公司对她所在的公司印象非常好。

半个月后,在一次大型商业会议上,几家同行业的老总都向陈柳的老总夸奖她,说她提的很多建议都非常好。老总没有想到随意派去的员工居然"小题大做"给自己制造了一个意外惊喜,内心很是高兴。

公司每隔一阶段都会聚餐,因为以前负责这项工作的同事调到了其他部门,陈柳的工作就包含了给公司预定聚餐的饭店。以前都是随便打个电话预约一下就行了,陈柳接手这项工作以后,居然利用业余时间对公司附近的一些大饭店进行了考察,最后选了家味道最好、价格又比较便宜的作为公司的定点饭店。因为公司的员工来自五湖四海,每次聚餐,陈柳根据大家口味的不同,点了不同的菜系,大家非常满意,都夸奖她考虑问题周到……老总是黑龙江齐齐哈尔人,陈柳居然专门让饭店备了一桌东北菜。预约饭店,以前一个电话就能搞定的事情,陈柳总是认真写上菜单,然后仔细给饭店前台吩咐清楚才放心离开。

老总见陈柳总是把"小事情"当"大文章"来做,他很欣赏这种负责的精神。于是,一些重要的事情开始交给她去办理,陈柳发扬以前的"小题大做"精神,认真负责地把老总交给的每项工作都干得非常完美。一年后,陈柳被老总提拔为行政部的经理。

职场上,很多人往往把公司交给的任务"大题小做",这样不负责的、敷衍的工作态度很快就会被老总识破,要么被解雇,要么就会被打入冷宫列为不能重用的人员行列。如果想在职场中有好的发展,就必须认真对待公司分派给自己的每项工作,以"小题大做"的态度把这些工作做得尽善尽美,认真负责的人才能担当更多的重任,才能在职场上踏上平坦路。

10. 会务礼仪最基本的要求就是"三周":周全的考虑、周密的安排、周到的服务。请看下面案例"一个多变的通知",思考问题出在哪里?

一个多变的通知

有一次,某地级市准备以市委、市政府名义召开一次全地区性会议。为了给有关单位有充分时间准备会议材料和安排好工作,决定由市政府办公室先用电话通知各县和有关部门,然后再发书面通知。电话通知发出不久,某领导即指示:这次会议很重要,应该让参会单位负责某项工作的领导人也来参加,以便更好地完成这次会议贯彻落实的任务。于是,发出补充通知。过后不久,另一领导同志又指示:要增加另一项工作的负责人参加会议。如此再三,在三天内,一个会议的电话通知,通知了补充,补充了再补充,前后共发了三次,搞得下边无所适从,怨声载道。

第八章　开拓进取的谋略
——社交礼仪训练

现代社会是信息社会,是开放的社会。随着社会的发展,人与人之间的交往日趋频繁、紧密。充满朝气、志向远大的青年,再也不愿意自我封闭,"两耳不闻窗外事,一心只读圣贤书"。他们既要读好书,同时也需要了解社会,参加社交活动。

讲究礼仪,注重礼貌,遵守一定的礼仪规范已成为文明社会生活的一项重要标志。涉世不深的青年朋友希望顺利地步入社交圈,开拓一片新天地。但怎样才能顺利地步入社交圈,在社交活动中如鱼得水,得心应手,广交朋友呢?这就需要了解见面礼和交友艺术等基本的社交礼仪,以便尽快在五花八门的社交活动中取得成功。

▶ 第一节　见面与介绍 ◀

一、握手

(一)握手的由来

握手,是人类在长期交往中逐渐形成的一种重要礼节,最早可以追溯到"刀耕火种"的原始时代。那时,人们以木棒或石块为武器,进行狩猎或战争。狩猎中遇到不属于本部落的陌生人,或敌对双方准备和解时,双方就要放下手中的武器,伸出手掌,让对方摸一下手心,以示友好。这种习惯后来演变成现代握手礼。

(二)握手的顺序

在社交场合中,握手作为一种礼节,有哪些讲究呢?一般来说,握手的顺序根据握手人的社会地位、年龄、性别和身份来确定。上下级握手,下级要等上级先伸出手;长幼握手,年轻者要等年长者先伸出手;男女握手,男士等女士伸出手后,方可伸手握之;宾主握手,主人应向客人先伸出手,而不论对方是男是女。总而言之,社会地位高者、年长者、女士、主人享有握手的主动权。朋友、平辈见面,先伸出手者则表现出更有礼貌。

(三)握手的规矩

握手作为见面时的一种礼节,有约定俗成的规矩和要求。戴手套的男士握手前应脱下手套,放好或拿在左手上,再和人握手。

多人同时握手时,注意不要交叉握手,不可左手右手同时与两个人相握,也不宜隔着中间的人握手。不妨等别人握完再伸手。在来者较多的聚会场所,可只与主人和熟人握握手,向其他人点头致意就行了。

除特殊情况外,通常应站着握手,而不要坐着握手;握手宜用右手。握手力度的大小和握手时间的长短,往往表明对对方的热情程度。一般情况下,握手力度要适当,时间2秒钟左右即可。久别重逢的朋友握手,时间可长一点,力度可大一点,还可上下摇动,但不必太使劲,以免把友人的手握疼。过分热情,效果会适得其反。

男女握手时,女士只需要轻轻地伸出手掌;男士稍稍握一下女士的手指部分即可,不能握得太紧,更不要握得太久。

握手时,应友善地看着对方,微笑致意。切不可东张西望,漫不经心。

在社交活动中,熟悉和遵守握手的规矩,与人打交道时方能够做到应付自如,彬彬有礼,以便建立和保持和谐、融洽的人际关系。

（四）握手的含义

握手不仅用于见面致意和告辞道别,根据不同场合、不同情况还可以表示支持、信任、鼓励、祝贺、安慰、道谢等多种意思,是沟通心灵、交流感情的一种行之有效的方式。

二、介绍

介绍是人们在社交场合中相互认识的基本方式,在素不相识的人与人之间起桥梁和沟通的作用。

（一）介绍的类型

在社交活动中,介绍的形式是多种多样的,主要有以下4种类型。

(1) 按照社交场合的正式与否区分,有正式介绍和非正式介绍。正式介绍是指在较为正规的场合进行的介绍,而非正式介绍是指在一般非正规场合中进行的介绍。非正式介绍可不必过于拘泥礼节。

(2) 按照介绍者的区分,有自我介绍、他人介绍和为他人介绍。

(3) 按照被介绍者的人数区分,有集体介绍和个别介绍。

(4) 按照被介绍者的身份、地位区分,有重点介绍和一般介绍。如对于要人和贵宾,可作重点介绍。

（二）介绍的方法

在社交场合中使用较多的介绍方法有两种:为他人作介绍和自我介绍。

1. 为他人作介绍

为他人作介绍,通常是介绍不相识的人相互认识,或者把一个人引见给其他人。当介绍人时要注意以下礼仪。

(1) 掌握介绍的顺序。在社交场合,介绍两个人相互认识的时候,要坚持受到特别尊重的一方有了解对方的优先权的原则,即:

① 先把男士介绍给女士;

② 先把年轻者介绍给年长者;

③ 先把客人介绍给主人;

④ 先把未婚者介绍给已婚者;

⑤ 先把职位低者介绍给职位高者。

在介绍过程中,先称呼女士、年长者、主人、已婚者、职位高者。例如,先把职位低者介绍给职位高者时,可以说:"张总,这是王秘书。"然后介绍说:"王秘书,这位是张华总经理。"

当被介绍人是同性别或年龄相仿或一时难以辨别其身份、地位时,可以先把与自己关系较熟的一方介绍给自己较为生疏的一方。例如,"陈强,这是我的同学方刚。"然后说:"方刚,这位是陈强。"

(2)讲究介绍的礼仪。为他人介绍时,态度要热情友好,不要厚此薄彼。不可以详细介绍一方,粗略介绍另一方;介绍前,应先向双方打招呼,使其有思想准备。介绍时,语言应清晰、准确。此外,手势动作应文雅,无论是介绍男士还是女士,都应手心朝上,四指并拢,拇指张开,朝向被介绍的一方,切忌用手指指来指去。

这里顺便指出,作为被介绍者,在被介绍给他人时,一般都应起立(贵宾、年迈者、残疾者例外),正面面向对方,并作出礼貌反应。例如说:"久仰大名","认识您很高兴"等。

2. 自我介绍

在社交活动中,有时需要自我介绍。例如,由于某种原因,主人对互不相识的客人未作介绍,自己可以进行自我介绍。再如为了结交某位知名专家,也可以主动进行自我介绍,等等。自我介绍是社交的一把钥匙,务必运用好。

(1)注意介绍内容的繁简。在一般社交场合,自我介绍主要介绍自己的姓名、工作单位、身份。例如,"我是李荣建,在武汉大学教书。"如果与新结识的朋友谈得很投机,双方都愿意更多地了解对方,介绍的内容还可适当增加,如自己的籍贯、母校、经历等。

自我介绍应当实事求是,态度真诚,既不要自吹自擂,夸夸其谈,也不要自我贬低,过分谦虚。恰如其分地介绍自己,才会给人诚恳、可以信任的印象。在某些场合,自我介绍的内容还可以更丰富,表达更生动。

(2)讲究自我介绍的艺术。自我介绍要寻找适当的机会。当对方正与人交谈时,不宜走上前去进行自我介绍,以免打断别人的谈话。当对方一个人独处或者与人闲谈时,不妨见缝插针,抓住时机进行自我介绍。

自我介绍要看场合。如与一人会见,问好后便可开门见山进行自我介绍。如有多人在场时,自我介绍前最好加一句引言,如"我们认识一下好吗?我是……"作自我介绍时,不要把目光集中在一个人身上,最好环视大家。然后将目光转向他们中的某个人,大家也会相应地作自我介绍。

此外,进行自我介绍前,也可以引发对方先作自我介绍,诸如:"请问您贵姓?""您是……"等,待对方回答后再顺水推舟地介绍自己。两人相互认识后欲深交,还可以交换名片,以便日后联系。

三、名片

作为交际工具之一的名片,在我国已有两千多年历史。

早在秦汉时期,一些达官贵人便开始使用一种叫"谒"的竹制或木制名片,后改用绢、纸名片。汉末,谒改称刺;六朝时称名片为名;唐朝称门状等;明朝称名帖;清朝称名刺、名片,后统称为名片,沿用至今。

今天,拥有名片不再是高官显贵、名流贤达的特权。无论男女老少,不管地位高低,谁都可以拥有名片。名片不再仅仅是通报姓名、身份和结交友人时用,还被广泛用于答谢、邀约(代替请柬)、馈赠、祝贺、介绍、挽悼等事宜。例如,当您收到友人的赠礼后,可在名片的姓名下写上"领"字,另起一行顶格写上"谢"字,然后把名片装进信封寄给友人;赠人鲜花时可附上一张名片,对方看了名片,便明白是你的心意。

(一)名片的种类

现代名片的规格一般为10厘米长、6厘米宽,或略小。世界各国名片规格也不统一,如我国名片规格通常为9厘米×5.5厘米,而英国男女皆宜的名片规格为7.62厘米×5.08厘米。制作名片的材料更是多种多样,有布纹纸、白卡纸、合成纸、皮纹纸,以及不锈钢、黄金和光导纤维等。而笔者在埃及留学时,曾收到开罗大学文学院教授的纸草名片。

名片大体上可分为三大类:一类是社交名片,名片上一般只印姓名、地址、邮政编码、电话号码;二是职业名片,名片上除了姓名、地址、邮政编码、电话号码外,还将所在单位、职称、社会兼职等印在上面;三是商务名片,该类名片正面内容与职业名片相同,但名片背面通常印上单位经营项目等。

(二)交换名片礼仪

参加社交活动时,宜随身带上几张名片,以备用。与初次见面的人相识后,出于礼貌和有意继续交往,便适时递上自己的名片。递、接名片时,如果是单方递、接,应用双手递,双手接;若双方同时交换名片,则应右手递,左手接。接过对方的名片后应点头致谢,真诚地说几句诸如"幸会"之类的客气话,并认真地看一遍名片。最好能将对方的姓名、职务(职称)轻声读出来,以示尊重。要妥善收好名片,可以把名片放进上衣口袋里,或放入名片夹中,也可以暂时摆在桌面上显眼的位置,注意不要在名片上放任何物品。

两人交换了名片,有了沟通的渠道,但不一定能够成为朋友。

(三)名片的保存

在社交活动中,收下别人的名片后,应放好,或放进上衣的口袋,或放入名片盒。回家后或回到办公室,应将接受的名片分类收进专用的名片簿。

收到的名片较多时,可按下列三种方法分类收藏,以便于日后查找和使用。

(1)按字母顺序分类。外国友人名片可以按英文字母顺序或其他外国文字字母顺序排列,中国同胞的名片可以按汉语拼音字母顺序或汉字笔划分类排列。

(2)按行业分类。例如,可以把文化界同行的名片放在一起,把企业界朋友的名片放在一起。

(3)按国别或地区分类。每一张名片犹如一张记事卡,可在名片背面记录收到名片的时间与地点等,但不要在名片上乱涂乱画。

请看下面这则"无心之失"的案例。

无心之失

某公司新建的办公大楼需要添置一系列的办公家具,价值数百万元。公司的总经理已做了决定,向 A 公司购买这批办公家具。

这天,A 公司的销售部负责人打来电话,要上门拜访这位总经理。总经理打算,等对方来了,就在订单上盖章,定下这笔生意。

不料对方比预定的时间提前了 2 个小时,原来 A 公司听说这家公司的员工宿舍也要在近期内落成,希望员工宿舍需要的家具也能向他们购买。为了谈成这件事,销售部负责人因此提前来了,还带来了一大堆的资料,摆满了台面。总经理没料到对方会提前到访,刚好手边又有事,便请秘书让对方等一会。没想到这位销售负责人等了不到半小时,就开始不耐烦了,一边收拾起资料一边说:"我还是改天再来拜访吧。"

这时,总经理发现对方在收拾资料准备离开时,将自己刚才递上的名片不小心掉在了地上,对方却并没发觉,走时还无意从名片上踩了过去。但这个不小心的失误,令总经理改变了初衷,A 公司不仅没有机会与对方商谈员工宿舍的家具购买问题,连几乎已经到手的数百万元办公家具的生意也告吹了。

A 公司销售部负责人的失误,看似很小,其实是巨大而不可原谅的失误。名片在商业交际中是一个人的化身,是名片主人"自我的延伸"。弄丢了对方的名片已经是对他人的不尊重,更何况还踩上一脚,顿时让这位总经理产生反感。再加上对方没有按预约的时间到访,不曾提前通知,又没有等待的耐心和诚意,丢失了这笔生意也就不是偶然的了。

▶ 第二节 交谈与交往 ◀

一、交谈的技巧与礼仪

交谈是人们进行交往的重要方式。人们在办公场所交换工作意见,在花前月下交流思想感情,在汽车、火车上传递各地信息……可以说,人际交往离不开交谈。善于交谈者,常能如愿以偿;若交谈不得法,则有可能"碰钉子"甚至坏事。因此,为了使交谈获得最佳效果,以便交往获得成功,我们应掌握交谈技巧,重视交谈礼仪。

(一)交谈技巧 ABC

我们与人交谈时,要做到态度诚恳,表情自然,举止得当,语言文雅。此外,我们还要学一点交谈技巧,让谈话引人入胜。

1. 见什么人说什么话

俗语说:"人上一百,形形色色。"由于众人的阅历、修养、兴趣、性格等方面千差万别,所以,与不同类型的人交谈时,交谈话题、用语、风格要有所区别。例如,与股民聊股市行情,对方会兴趣盎然;与球迷谈足球大赛,对方会眉飞色舞;与农民朋友唠家常,不必讲文绉绉的话;与文化界人士聊天,不要使用粗俗的语言;与性格豪爽者谈话,不妨畅所欲言,直来直去;与作风稳健者交谈,注意遣词造句,力求言简意赅。反之,交谈效果则会截然不同。在通常情况下,谈话要言之有物,言之有理,不要讲大话、空话、假话。

2. 在什么山上唱什么歌

一对恋人在公园里谈情说爱,人们往往会投去欣羡的目光,而这对恋人若在办公室过于亲昵,则显得不太雅观,说不定还会遭到某位同事的鄙视。由此看来,交谈不仅应因人而异,还要讲究因地、因时、因情而异。

在不同情形下选择适宜的话题,是顺利交谈的关键。如在学校里谈春游计划,或者谈学习体会等同学们都比较感兴趣的话题,容易产生共鸣;在车站、候船室等公共场合,尽可能选择大家均有所了解而谈起来又相对轻松的公众话题,如天气情况、新闻事件、文艺演出、体育比赛等。此外,也可以讲一些健康的趣闻轶事,以活跃交谈气氛。不过,在大会堂等严肃的场合则不要随便打诨、说笑话。

3. 察言观色,随机应变

交谈双方既要会讲,还要会听。听对方讲话时应聚精会神,以便了解对方的意图。交谈时要善于察言观色。当对方脸上出现厌倦神色,说明对方对谈论的话题已失去兴趣,这时不妨换一个话题。若对方频频看表、坐立不安,则表明对方另有活动安排或暗示欲抽身,该结束这次谈话了。

交谈中万一疏忽失言,要尽快采取补救措施。例如,笔者与利比亚大作家古维里交谈时,由于事先没有了解其家庭情况,冒昧地问他的孩子爱好文学吗?当他回答尚无孩子时,笔者的心猛地一缩,急中生智,恳切地说,他的作品就是他的孩子,才使他转悲为喜。

(二)交谈礼仪

一个人具备了"谈"的技巧是不够的,还应该学会倾听他人的意见和看法。善于倾听,表示对谈话者的尊重,同时还可以从倾听中捕捉到不少有用的信息,并且有助于进行融洽的谈话,有利于建立良好的人际关系。与他人交谈时,不要单方面地谈,要将听和谈结合起来,进行有机的配合。

笔者的一位大学同窗口才不错,可他与人交谈时,只顾自己高谈阔论,唱"独角戏",结果,"被人遗忘的"交谈对象没有机会"表演",怏怏离去。他和我谈起此事时,笔者坦率地对他说,交谈是双向交流,为了达到交流的目的,不可忽视交谈礼仪。

1. 交谈时的目光

两个人面对面交谈时,双方宜相互凝视对方的眼睛,以表达自己的专注之情。目光应是柔和的、友善的,而不要紧盯着对方,使对方感到不自然。与长辈、领导交谈时,心灵之窗——眼睛,流露出恭敬的神情;与同事、朋友交谈时,流露出宽容的神情;与爱人交谈时,表现出温情;与不幸者交谈时,则表现出同情心。

2. 交谈时的距离

与不同关系的人交谈时,应保持相应的交谈距离。如与陌生人交谈时,两人间距1.5米左右;与熟人交谈时,相距1米左右;与亲友交谈时,相距0.5米左右,有时还可以更近些,甚至亲密无间地"交头接耳"。交谈时,双方自觉地保持适当的距离,既不要相距太远,给对方以冷落感；也不要靠得太近，给对方以压抑感。酌情调整距离，以使双方自由自在地交谈。

3. 交谈时的动作

交谈时，根据需要可以借助动作来说明问题，增强感染力，如点头表示赞同，侧身相对表示蔑视，用手势指示对象、模拟物状等。但手势的幅度不宜过大，切忌对别人指手画脚，以免引起误会。此外，与长辈、师长、上级交谈时，不要把手背在身后或插在口袋里，也不要做一些不必要的小动作，如摆弄衣角等。

除此之外，交谈时应尽量使用礼貌用语，忌出言不逊；讲话要掌握分寸，忌信口开河；交谈中可以真诚地赞美别人，而不要贬低对方或中伤他人；交谈中可以巧妙地表达自己的愿望，做到有礼有节。

意大利著名诗人但丁作为社交界的名流，在出席威尼斯执政官举行的一次宴会上却受到了不公平待遇。原来，听差们给意大利各城邦使节端上的都是一条条肥大的煎鱼，而给但丁的却很小。

出席宴会时受到歧视，直言有失身份，不说又怨气难平。于是，但丁将每条小鱼从盘子里拿起来，放到耳边片刻，又一一放回去。执政官见了觉得奇怪，便问但丁在做什么。

但丁高声回答："我有一位挚友几年前不幸在海上遇难，不知他的遗体是否已经安然沉入海底。所以，刚才我挨个问这些小鱼，知不知道他的情况。"

执政官接着问："这些鱼对你说了什么呢？"

但丁回答说："它们说十分遗憾，因为它们都很幼小，对几年前的事情知道得不多，建议我向同桌的大鱼打听一下，或许会有所收获。"

执政官听了但丁的解释，明白了诗人的意思，责备了听差们不该怠慢贵宾，而且还吩咐立刻给但丁换一条最大的煎鱼。

但丁运用"挚友葬身大海"的一段故事，婉言表明自己所受到的不平等待遇，有礼有节地表达出自己的不满，收到了良好的效果。

生活中勤学苦练交谈艺术，融会贯通交谈礼仪，做受人欢迎的交谈者。

附录：部分常用礼貌用语

初次见面说"久仰"。

好久不见说"久违"。

请人批评说"指教"。

请求原谅说"包涵"。

请人帮忙说"劳驾"。

请求方便说"借光"。

麻烦别人说"打扰"。

向人祝贺说"恭喜"。

请人解答说"请问"。

托人办事说"拜托"。

赞人见解称"高见"。

看望他人用"拜访"。
宾客来临说"光临"。
陪伴朋友用"奉陪"。
中途退场用"失陪"。
等候客人称"恭候"。
请人勿送说"留步"。
对方来信称"惠书"。
老人年龄称"高寿"。

二、交友艺术

结交天下俊杰,架起友谊桥梁,沟通人情渠道,扩大信息来源,是现代生活不可缺少的一部分。但是,人海茫茫,个人活动的时空有限,怎样才能找到和结交称心如意的朋友呢?

(一)选交志同道合的朋友

俗话说:"物以类聚,人以群分。"一些青年朋友常说,交友难。其实,只要多留意,朋友就在你身边。因为除了家庭成员外,平时接触最多的是同学、同事。大家相互了解,知根知底。当然,彼此熟悉,并不一定就能成为密友。但是,了解却是交友的前提。在知人的基础上,就可以有选择地结交志同道合的朋友。

笔者在大学教书,因此,朋友中多数是教育界同仁和报刊、出版社的编辑。在本地(武汉)有不少挚友,在外地乃至国外也有"铁哥们"。怎样和天南地北的文人学士结交朋友呢?这里仅略述笔者和山东大学蔡德贵教授交友的经过,供青年朋友参考。

1992年,在上海外国语大学主办的"中东文化与中东问题讨论会"上,笔者和蔡先生初次相遇。由于有共同的爱好,因而谈得很投机。从研究阿拉伯文化到留学埃及,我们的志趣与经历均有许多相似之处。分手之后,经常通信切磋学术,交流信息。1993年,在杭州参加"阿拉伯与伊斯兰文化研讨会",俩人再次相遇,更加深了相互间的了解。

好朋友格外珍视友谊,共同培育友谊之树。笔者和蔡先生彼此尊重,互相关心,以实际行动支持对方。1994年,湖北省外国文学学会为笔者翻译的利比亚小说集举行研讨会,蔡教授在百忙中为大会寄来热情洋溢的书面发言;1996年,蔡教授在济南主持召开阿拉伯哲学研讨会,笔者为大会发去贺电。此外,蔡教授积极为笔者主编的辞典撰稿,笔者乐意为他挂帅的科研项目译文……我们俩的友谊在真诚的交往中不断加深,肝胆相照,情同手足。

(二)慎交合得来的异性朋友

作为一名现代青年,与异性交往很平常。在学校和单位同异性讨论问题、商量工作是常有的事情。青年男女在交往中,以礼相待,互相配合,逐渐建立良好的关系。而一些意气相投的青年男女经常来往,关系日趋密切,成为互相信任的朋友。

互相信赖的男女青年作为普通朋友,长期保持着纯真的友谊。其中一些青年对对方由好感转为爱情。此时,不妨直接地或间接地提出来,如果对方赞成,双方可以深入交往;

对方若不愿意,应以婉转的语气明确表明自己的态度,不宜模棱两可,另一方则不要强人所难。

无论是自己熟悉的异性,还是别人介绍的对象,欲与对方建立恋爱关系,均要讲究方式。例如,马克思向燕妮求爱时说,我已经看中了一位姑娘,她的照片就在小匣子里,你想看看吗?燕妮打开小匣子,发现里面放着一面镜子,镜子照见自己美丽的面庞。这种求爱方式是多么绝妙啊!

男女青年情投意合,建立恋爱关系。双方要注意自己的形象,尽量保持轻松、愉快的心情。谈恋爱时,男青年不必过分拘谨或粗野,女青年也不要过分矜持和随便。

在现代文明社会,男女婚后仍可与异性交往,夫妻双方都应持开明的态度,互相理解。但是,婚后与其他异性交往与婚前应有所区别,要掌握好分寸,不要超出友谊的界限。

(三)善交有真才实学的名人朋友

常言道:"三百六十行,行行出状元。"的确,各行各业都有佼佼者,其中部分出类拔萃者成为名人,因而受人尊敬和羡慕。

利比亚文豪阿里·米斯拉提才华横溢,著作等身,在阿拉伯世界和欧洲享有盛誉。笔者钦佩这位在利比亚文学、史学、新闻学等领域均做出重要贡献的文化名人,并希望结识他。为此,笔者了解他的兴趣、爱好,熟读其代表作,寻找适当的机会认识他。

1987年,在参加利比亚历史所举办的一次学术活动中,笔者与米斯拉提教授进行了交谈。笔者首先作了自我介绍,接着提出采访他的愿望,他欣然应允。见面后,畅谈中国人民和阿拉伯人民的传统友谊,讨论利比亚现代文学的发展,其中谈及他的小说的艺术特色……俩人在相互了解的基础上建立了信任和友谊,后来成为忘年交。米斯拉提教授还主动牵线搭桥,安排笔者会晤其他利比亚文化界名流。其中不少人后来成为笔者的朋友。

回国后,彼此天各一方,便通过书信传递友谊,交流信息。如果说信件是联系友谊的纽带,贺年片是保持友谊的环节,那么,多干实事,则是发展友谊的推进器。

鉴于中国利比亚文学译介工作尚处于垦荒阶段,笔者便利用业余时间著书译文,将利比亚重要作家的生平及其代表作介绍到中国。一方面使中国读者得以欣赏利比亚文学;另一方面,当利比亚朋友看到其作品被译成中文时,激动的心情可想而知。而当笔者收到他们寄来的一封封字里行间流动着欢欣与友情的信件、一本本富有价值的新作时,也非常高兴。笔者和利比亚朋友的情谊在中国与利比亚文化交流中得到升华。

三、电话礼仪

随着中国人民生活水平的逐步提高和通信事业的发展,电话、手机已进入千家万户,成为人们联系工作、开展社交、亲朋好友间交流信息联络感情的重要通信工具。可是,有些人不熟悉或不讲究使用电话的礼仪,导致通话双方都不愉快,令人遗憾。现介绍使用电话的礼仪,以便届时取得最佳通话效果。

(一)打电话的礼仪

1. 选择时间

打电话应选择适当的通话时间。一般来说,若是利用电话谈公事,尽量在受话人上班

10分钟以后或下班10分钟以前之间通电话,这时对方可以比较从容地听电话;若是亲友间谈私事,除非事情紧急,打电话时间不宜过早(早上7点钟以前)和太晚(晚上10点钟以后),以免打扰别人休息。

与国外通话,则要注意地区时差,否则难免出洋相。笔者的一位外国作家朋友法格海博士首次从开罗打来问候电话时,武汉正值午夜时分,后来这样的事又连续发生了两次。急促的电话铃声惊醒了我。笔者想也许这位大忙人忽略了北非的开罗与东亚的武汉两地有6个小时的时差。

2. 通话准备

通话前有所准备。确定受话人的电话号码,以免拨错号码,给别人增添麻烦;想好谈话内容,重要电话不妨先在纸上记下要点和有关数据,不要在通话时才慌忙地翻材料,让对方握着听筒干着急。

3. 通话礼貌

通话要讲礼貌。电话接通后应先向对方问好,然后自报单位和姓名。若接电话者不是自己要找的人,可请他(她)帮忙传呼,并表示谢意。如果受话人不在,不要"咔哒"一声把电话挂断,应把自己准备讲的话告诉接电话者,托他转告。如果内容不便转告,则可以告诉对方改时间再打或请对方转告回电话的号码。

往对方家打电话,接电话者若是对方的配偶,通话更要讲究艺术。例如,给异性同事打电话,对方不在家,可告诉对方接电话的家人,自己是×××,欲谈什么事,请转告,或者等一会打来。

与自己要找的人接通了电话,简单寒暄后可进入通话主题。通话内容应简明扼要,不要东扯西拉,打哈哈,"侃大山"。根据情况可用探询或商量的口气交谈,同时细心倾听对方的反应。除了特殊情况外,通话时间切忌过长,每次以2分钟左右为宜。交谈完毕道谢或道别后,把话筒轻轻放好。如果对方是长辈、上级,应等对方先放话筒。

(二)接电话的礼仪

1. 尽快接听

电话铃一响,应尽快接听电话,而不要置若罔闻,或有意延误时间,让对方久等。拖延时间不仅失礼,有时还会误事。

电话铃响之际,如果正与同事或客人交谈,可先与同事或客人打个招呼,再去接电话。拿起听筒后,先说"您好",接着自报家门。听电话时应聚精会神,可以不时地"嗯"一声,或说"好"等,以表明自己正在倾听并有所反应。不要在听电话时与身边的熟人打招呼,或小声谈论别的事情。

接到电话时若正在用餐,最好暂停吃喝,将口中的食物处理掉,以免自己咀嚼吞咽的声音通过电话传进对方的耳朵,给对方留下被轻视的感觉。

2. 助人为乐

当得知自己不是对方要找的人,应主动帮助对方传呼受话人。如果受话人不在,要马上告诉对方,并客气地询问对方,是否有急事需要转告。如有,要认真记录,随后及时转告。对方若不愿讲,悉听尊便,不可盘问、打听。通常在对方放下电话之后,接电话者再轻轻放下电话。

接到打错的电话,先仔细倾听对方找谁,然后询问对方拨的号码是多少,最后客气地告诉对方打错了电话。不必责怪拨错电话号码的人,或气呼呼地挂断电话,这是不礼貌的举止。对方道歉时,说声"没关系";对方致谢时,回答"不客气"。彼此以礼相待,皆大欢喜。

(三)塑造美好的"电话形象"

打电话是一种特殊、快捷的交往方式。说它快捷,两人即使相距遥远,通话时却犹如近在咫尺;说它特殊,彼此"只闻其声,不见其影"(使用可视电话例外)。通电话主要靠声音进行交流,因此,打电话者和接电话者应格外注意音量、语气及谈话内容,以便给对方留下美好的印象。

1. 音量适中

通话时,不要大喊大叫。声音太大,会使对方觉得震耳欲聋;声音也不宜太小,以免对方听不清或听得很吃力。音量适中,吐字清楚,会让对方感到很轻松。

2. 语气亲切

通话时应当热情友好,娓娓道来。通情达理的电话交流,能使人心情舒畅,精神愉快;反之,装腔作势,语气生硬,令人失望和反感。

3. 语言简明

通话时,应当谈吐文雅,使用简明、准确的规范语言,长话短说。交谈时酌情使用"您好""请""再见"等礼貌用语。

四、微信礼仪

随着通信技术的发展,微信已经成为重要的社交手段,其传播时效之快、覆盖面之广、影响力之大,令微友爱不释手。使用微信,建议遵守以下礼仪:

(1)关注值得信任的微友;
(2)选择志同道合的微信朋友圈;
(3)选择合适时间发微信或转发微信,以免影响大家休息;
(4)及时回复微信;
(5)多鼓励朋友,多对优秀微信点赞;
(6)不发违法、违规信息。
(7)使用简明、规范文字发微信;
(8)使用微信聊天时,注意语气和分寸,时间不宜太久。

第三节 舞会、沙龙及社交禁忌

舞会与沙龙是富有特色的社交场合。人们可以在优美的乐曲声中相互认识,也可以在浓厚的学术气氛中结为文友。但无论在舞会、沙龙还是其他社交场合,都不要触犯交往禁忌。

一、舞会

舞会是人们喜欢的社交场所。参加舞会,不仅可以广交朋友,沟通信息,还可以陶冶性情,锻炼身体。参加舞会是一种集交往与娱乐为一体的社交活动。

（一）舞会的组织

1. 举办舞会要选好时间、地点

舞会一般在节假日、周末举行,时间最好是晚8点到12点以前。舞场应选择交通比较方便、场所比较宽敞的地点。

2. 做好舞会准备工作

举办舞会应事先准备好场内设施,如灯光、音响、磁带等;装饰好花纸、彩带;地板要光滑,可以酌情上蜡或洒滑石粉;备好饮料、点心、水果、干果;备好椅子等。举办大型舞会要选好主持人、歌手、乐手。

3. 要及时出通知或发请柬

舞会准备停当后,要及时出通知或发请柬,以便参加者有所准备。

（二）参加舞会

参加舞会者要知道和遵循下列舞会礼仪。

1. 容貌整洁

参加舞会者赴会前,应将自己的容貌整理一下,男士女士都要把头发梳整齐,把脸、手洗干净。

2. 服饰适宜

女士服装一般以亮色为主,既色彩明快又美观醒目,还可配以合适的饰物。除了色彩外,衣服要合身、轻便、宽松,亦可根据环境、季节选择合适的服饰。

男士一般西装革履,也可穿蝙蝠衫等较随意的衣服,参加隆重的舞会还可穿燕尾服。

不论男士还是女士,衣服都不宜过肥和过瘦,过松和过紧的衣着都会影响舞姿和舞步。参加舞会宜穿皮鞋,而不要穿凉鞋、拖鞋或运动鞋。参加室内舞会不可戴墨镜。

3. 讲究公德

参加舞会者当天最好不要吃葱、蒜、韭菜、萝卜干等带刺激气味的食品,以免影响同与会者的交往与交流。

参加舞会要自觉维护舞场卫生,不要在舞场内吸烟、喝酒,不要乱扔果皮、纸屑等。

（三）邀舞礼仪

在舞会上,一般是男士主动邀请女士跳舞,女士也可以邀请男士共舞。请人跳舞应讲究以下礼仪。

1. 选择舞伴

独身前往舞会的男士,首先选择的舞伴应该是没有男士相伴的女士。待三支舞曲过后,才可以邀请有男友相伴的女士。

选择舞伴时应考虑年龄、身材、气质等,宜找舞技水平相近者。选择舞伴时不必局限于少数几个人,最好少请热恋中的情侣的一方为舞伴,更不要争相邀请一两位时髦、漂亮的女士。

2. 邀舞礼仪

当舞曲声起时,男士步履庄重地走到事先选好的女士面前,右手前伸,略弯腰鞠躬,含笑点头致意,然后轻声说:"请您跳个舞,可以吗?"

倘若被邀请的女士有男友在场,应先有礼貌地征得其男友的同意,得到允诺后再邀请他的女友。

对于新结识的女伴,不要拉着她的手将其导入舞池,而应或前或后相伴步入舞池。

邀舞时一旦遭到女方拒绝,不要生气和灰心,只需稍稍退后一步,说一声"对不起",便可以转身离开另找舞伴。

在舞场,切忌叼着香烟请人跳舞。

如果是女士邀请男士,若无特殊情况,男士一般不得拒绝。

一曲完毕,男士应向女士道谢,并把女士送回到原来的座位,女士落座后,男士应再次道谢,女士也应含笑答礼。

3. 拒邀礼仪

一般来说,被邀请者最好不要谢绝对方的邀请。如果决定谢绝,可以含笑婉言说明原因,如说:"对不起,我不会跳这种舞。"或者说:"请原谅,我想休息一下。"

如果事先已答应和别人共舞,此时又有人前来邀请,这时不妨明说:"已有人邀舞了,请等下一曲吧。"

当女士在一曲开始时已谢绝了某人的邀请,此曲未终时,暂不要同别的男士共舞,以免前者心里不痛快。

拒绝别人邀请时,应表情亲切,态度和蔼,切不可板脸拒绝,更不要恶语相加。

例如,在一个周末舞会上,一位妙龄少女不仅相貌出众,而且舞姿优美,令许多男青年为之倾倒,其中一位修养较差的男士对其纠缠不清,频繁与这位少女搭讪。

男:我好像在哪儿见过您,您贵姓?

女:我姓我父亲的姓。

男:那么,您的父亲姓什么呢?

女:当然姓我祖父的姓了。

男:您是做什么工作的?

女:干四个现代化的。

男:您家住在哪里?

女:地球上。

男:您家有几口人?

女:和我家的自行车一样多。

男:那么,你家有几辆自行车?

女:每人一辆。

这位聪明的少女针对轻薄男子别有用心的提问,巧妙应答,既不失礼,又让他一无所获。

(四)跳舞时应具有的风度

风度是一个人的言谈、举止、气质和作风等方面的综合表现。跳舞的风度,主要指人在跳舞时的姿态和表情。在舞会上,男士应表现出绅士风度,女士则应展现淑女风采。相应要求如下。

(1)男士与女士共舞时,男士的右手掌心向下,以大拇指的背面轻轻地将女士的腰肢挽住,左手使左臂以弧形向上与肩部成水平线举起,掌心向上,拇指平展,只将女伴的右掌轻轻托住。女士的左手应轻轻地放在男士的右肩上,右手轻轻地搭在男士的左手上。男士不要强拉硬拽,女士不挂、扑、靠、扭。

(2)跳交谊舞时,舞姿要端庄、大方,整个身体应保持平、正、直、稳。无论前进、后退还是旋转,都要掌握好身体重心。

(3)在舞场上,男女双方身体应保持一掌左右的间距,不要紧紧地搂抱在一起。女士用双手搂住男士的脖子跳舞,也不大雅观。

(4)跳舞时神情要轻松、自然,说话要和气,不要粗声粗气。

(5)当舞场上人多拥挤时,一对舞伴可以采取碎步慢舞,待他人走过去之后,再放开舞步。

(6)青年男女跳迪斯科、霹雳舞、太空舞等舞蹈时,舞姿可以更加自由、放松、随意。

二、沙龙

(一)沙龙的含义及类型

1. 沙龙的含义

"沙龙"是法语 Salon 的音译,原文意译为"会客室、客厅"。从 17 世纪起,西欧一些贵族和资产阶级的部分知名人士常常聚集在某些私人客厅,谈论文学、艺术和政治问题等。实际上,这是一种社交集会的形式。久而久之,沙龙逐渐成为社交集会的一个代名词。

2. 沙龙的类型

根据沙龙的主旨和出席者,沙龙可大致分为以下五种类型。

(1)社交性沙龙。这是由比较熟识的朋友、同事结成的定期或不定期的社交聚会,大家聚集在某人家里或某些相对固定的场所,互相交流信息等。

(2)学术性沙龙。即由职业、志趣相同或相近的知识分子组成的沙龙,旨在探讨学术或理论问题。

(3)文艺性沙龙。即由文艺界人士和文艺爱好者组成的沙龙,旨在相聚娱乐。

(4)联谊性沙龙。即由某一行业或各界人士代表参加的沙龙,旨在增进了解和友谊。

(5)综合性沙龙。这是参加人数较多和活动内容比较丰富的大型社交聚会。

（二）举办沙龙的条件

举办沙龙，一般应具备下列三个条件。

（1）有一个比较宽敞的场所，以便大家聚会和进行交流，如大客厅或会议厅，或者使用一块空草坪等。

（2）沙龙的召集者和主办人应具有较高的威望和一定的表达能力，方能吸引大家来参加，并妥善地主持沙龙。

（3）沙龙组织者应准备足够的座位和饮料等，以便款待来宾。

（三）参加沙龙的要求

沙龙是一种重要的社交活动，因此，要求参加者都注重礼仪。总的要求是：① 衣着整洁；② 按时出席；③ 谈吐文雅。

此外，参加不同性质的沙龙，具体要求也有所不同。例如，参加学术性沙龙，对该沙龙讨论的主题要有所了解，应认真聆听主要发言人的发言，发表意见时态度中肯，语言简洁，切忌废话连篇。而参加联谊性沙龙，应乐观、豁达，不要一个人待在角落里沉默不语，应尽快和习性相近的人或同行交流。

三、社交禁忌

在社交活动中，不仅要了解应当怎样做，还要知道哪些事不能做，这些不能做的事情，便是社交中的禁忌。

（一）忌开玩笑过度

朋友、熟人之间适当开开玩笑，可以活跃气氛，融洽关系，增进友谊。但开玩笑要适度，要因人、因时、因环境、因内容而定。

1. 开玩笑要看对象

人的性格是各不相同的。和宽容大度的人开点玩笑，或许可调节气氛，和女同学、女同事开玩笑，则要适可而止。

2. 开玩笑要看时间

开玩笑，最好选择在对方心情舒畅时，或者当对方因小事生气时，通过开玩笑把对方的情绪扭转过来。

3. 开玩笑要看场合、环境

在图书馆、医院等要求保持肃静的场合，不要开玩笑，在治丧等悲哀的气氛中，不宜开玩笑。

4. 开玩笑要注意内容

开玩笑，要内容健康，风趣幽默，情调高雅。在社交活动中，忌开庸俗的玩笑。千万不要拿别人的生理缺陷开玩笑，如不能以残疾人的生理缺陷取笑。

（二）忌随便发怒

在社交活动中，人们都愿意和性格豪爽的人交往。在社交场合，除非是原则问题，不要争得面红耳赤。不要为一些鸡毛蒜皮的小事生气,勃然大怒,甚至翻脸,要表现出有气量、有涵养。俗话说:"气大伤身。"发怒者会伤身,对自己的形象也有不良的影响。动不动就生气的人,会失去朋友。

(三)忌恶语伤人

所谓恶语是指那些肮脏污秽、奚落挖苦、刻薄侮辱一类的语言。口出恶语,不但伤人,而且有损自身形象。

俗话说:"良言一句三冬暖,恶语伤人六月寒。"因此,在社交活动中,应当尊重他人,温文尔雅,讲究语言美,不要自以为是,出言不逊,恶语伤人。

(四)忌飞短流长

在社交活动中,应以诚待人,宽以待人。要与人为善,不要打听、干涉别人的隐私,评论他人的是是非非。不要无事生非,捕风捉影,也不要东家长,西家短,更不要传播小道消息,把芝麻说成西瓜。说话要有事实根据,不能听风就是雨。

(五)忌言而无信

在社交活动中,最重视一个"信"字。言而有信者,会得到大家的尊重;言而无信者,会失去大家的信任。在社交场合中,说话要算话,绝不食言,要言而有信,行而有果。

(六)忌衣冠不整

俗话说:"人不可貌相,海水不可斗量。"可在社会上,以貌取人,以衣取人的情况时有发生。因此,外出时要衣冠整洁,以便给人良好的"第一印象"。

(七)忌忘恩负义

俗话说:"滴水之恩,当涌泉相报。"我们中国人一贯讲究知恩图报。当你有困难时,别人帮助过你,不应忘记,有机会时要报答别人的恩情,千万不要忘恩负义,更不能恩将仇报,否则的话,再没有人愿意向你伸出援助之手。

(八)忌不尊重妇女

尊重妇女,是每一位有教养的男士应具有的品格和风度。

在社交场合,男士应尊重女士,照顾女士,时时处处遵守"女士优先"的原则。

若在社交场合摆大男子汉的架子,不给女士应有的尊重,或当女士需要帮助时视而不见或袖手旁视,则会受到众人的批评。

附名人故事一则。

伟人的友谊
——马克思与恩格斯的故事

列宁曾说,马克思和恩格斯的友谊"超过了古人关于友谊的一切动人的传说"。马克思和恩格斯虽然都有独立的个性,但在思想、感情和志向上却犹如一个人,他们的思想和行动几乎完全融合在一起。正是因为他们具有惊人的个性倾向相似性,所以彼此才可能产生深刻的理解,并在长达40年的共同战斗中结下了深厚的友谊。他俩在知识才能上互相帮助,在性格特征上互有补益。从性格的特征来看,恩格斯十分敏锐,"机灵得出奇";马克思观察事物则十分精细,分析深入透彻,穷根究底。从性格的情绪特征来看,马克思性格内向,治学、办事十分谨慎、持重,从不谈出自己未深思熟虑的意见。同马克思比较,恩格斯性格外向,办事、治学雷厉风行。恩格斯敏锐、机灵的性格帮助马克思迅速地捕捉到各种新思想、新事物,而马克思的精细观察、穷根究底、分析透彻又使恩格斯的认识得以不断深入。恩格斯雷厉风行的作风促使马克思创造精神产品的时速得以加快,而其外向、善交际的性格又帮助马克思解决了生活、交际方面的许多难题,使马克思在逆境中终于完成了鸿篇巨制。而马克思的谨慎持重对恩格斯也产生了积极的影响,使其论著更加严谨,无懈可击。

思考与训练

1. 在社交场合,谁享有握手的主动权?谁享有了解对方的优先权?
2. 交换名片礼仪有何讲究?怎样进行自我介绍和为他人作介绍?
3. 安排同学们进行握手和交换名片训练。
4. 组织一场舞会,由老师指导同学们进行邀舞实习。
5. 下面是著名诗人高占祥发表在2001年1月14日《中国食品质量报》上的一首诗歌《微笑》的节选。读了这首诗,细心的读者是否觉得,微笑的确是人类最美好的语言,是不需要翻译的"世界通用语",是社交的通行证。愿每个人笑口常开,轻松愉快。

> 我赞美微笑,/因为它有迷人的魅力;
> 我歌颂微笑,/因为它有神奇的功效;
> 它像三月的春风,/能将脸上的乌云扫掉;
> 它像明媚的阳光,/能把心头的冰雪融消;
> 它像神秘的灵丹,/能使人变得年轻而美貌;
> 它像人间的彩虹,/能架起友谊亲善的金桥。
> 人类不能没有春光,/生活不能没有微笑。
> 世人多一分微笑,/人间少一分争吵;
> 脸上多一分微笑,/心头少一分烦恼;
> 家庭多一分微笑,/生活多一分美妙;
> 夫妻多一分微笑,/恩爱多一分情调;
> 服务多一分微笑,/财源多一条渠道;
> 微笑,无穷的给予,/微笑,处世的法宝。

6. 一条短信,一声问候,传递了美好的情意,让人深感温馨。

2005年3月29日晚,京沪高速公路淮安段因车祸而导致一场严重的液氯泄漏事故。我居住的小城离出事地点10多公里,事故对我们没造成什么实质性的影响。但很多在外地的亲友还是打来电话,询问我们的状况。尤其是那一份来自陌生人的牵挂,更让我久久难忘。

那是31日清晨,我起床后刚开了手机,就接到一条短信:"液氯泄漏对你们有无影响?多保重,祝平安。"短信是通过小灵通发来的,没有发信人的落款,号码我不熟悉,发信时间是30日晚上11点,那时我早关机了。再看区号,是徐州市的。我没有亲友在徐州,这条短信肯定是不小心发错对象了。想到发信人等了一夜没有收到他所牵挂的人的回音,一定很心焦。我赶快给他回信:"您可能记错号码了,我们不认识,但我十分感谢您的牵挂。如果您的亲友不是住在淮阴区王兴镇或涟水县蒋庵办事处又很靠近京沪高速公路,应该没有问题。"这位陌生的朋友很快又回了信:"谢谢你,我找到准确号码联系过了,他们都平安。虽然我们不认识,但发错的短信确实也表达了我的心声。我真心祝福你和世界上的每一个人平安、快乐!"

7. 微信10条。

2014年8月7日,国家互联网信息办公室召开新闻发布会,发布《即时通信工具公众信息服务发展管理暂行规定》。规定自公布之日起施行,规范以微信为代表的即时通信工具公众信息服务。其中,要求即时通信工具服务使用者通过真实身份信息认证后注册账号。非新闻单位、新闻网站,以及其他公众账号未经批准不得发布、转载时政类新闻。

即时通信工具公众信息服务发展管理暂行规定

第一条

为进一步推动即时通信工具公众信息服务健康有序发展,保护公民、法人和其他组织的合法权益,维护国家安全和公共利益,根据《全国人民代表大会常务委员会关于维护互联网安全的决定》《全国人民代表大会常务委员会关于加强网络信息保护的决定》《最高人民法院最高人民检察院关于办理利用信息网络实施诽谤等刑事案件适用法律若干问题的解释》《互联网信息服务管理办法》《互联网新闻信息服务管理规定》等法律法规,制定本规定。

第二条

在中华人民共和国境内从事即时通信工具公众信息服务,适用本规定。

本规定所称即时通信工具,是指基于互联网面向终端使用者提供即时信息交流服务的应用。本规定所称公众信息服务,是指通过即时通信工具的公众账号及其他形式向公众发布信息的活动。

第三条

国家互联网信息办公室负责统筹协调指导即时通信工具公众信息服务发展管理工作,省级互联网信息内容主管部门负责本行政区域的相关工作。

互联网行业组织应当积极发挥作用,加强行业自律,推动行业信用评价体系建设,促进行业健康有序发展。

第四条

即时通信工具服务提供者应当取得法律法规规定的相关资质。即时通信工具服务提供者从事公众信息服务活动,应当取得互联网新闻信息服务资质。

第五条

即时通信工具服务提供者应当落实安全管理责任,建立健全各项制度,配备与服务规模相适应的专业人员,保护用户信息及公民个人隐私,自觉接受社会监督,及时处理公众举报的违法和不良信息。

第六条

即时通信工具服务提供者应当按照"后台实名、前台自愿"的原则,要求即时通信工具服务使用者通过真实身份信息认证后注册账号。

即时通信工具服务使用者注册账号时,应当与即时通信工具服务提供者签订协议,承诺遵守法律法规、社会主义制度、国家利益、公民合法权益、公共秩序、社会道德风尚和信息真实性等"七条底线"。

第七条

即时通信工具服务使用者为从事公众信息服务活动开设公众账号,应当经即时通信工具服务提供者审核,由即时通信工具服务提供者向互联网信息内容主管部门分类备案。

新闻单位、新闻网站开设的公众账号可以发布、转载时政类新闻,取得互联网新闻信息服务资质的非新闻单位开设的公众账号可以转载时政类新闻。其他公众账号未经批准不得发布、转载时政类新闻。

即时通信工具服务提供者应当对可以发布或转载时政类新闻的公众账号加注标识。

鼓励各级党政机关、企事业单位和各人民团体开设公众账号,服务经济社会发展,满足公众需求。

第八条

即时通信工具服务使用者从事公众信息服务活动,应当遵守相关法律法规。

对违反协议约定的即时通信工具服务使用者,即时通信工具服务提供者应当视情节采取警示、限制发布、暂停更新直至关闭账号等措施,并保存有关记录,履行向有关主管部门报告义务。

第九条

对违反本规定的行为,由有关部门依照相关法律法规处理。

第十条

本规定自公布之日起施行。

第九章 创造财富的钥匙
——商务礼仪训练

常言道:"开门七件事,柴、米、油、盐、酱、醋、茶。"人们的生活需要这些日用品和其他消费品,而商店就是为城乡广大消费者提供这些商品的重要场所。消费者从商店购买物品以满足日常生活需要,而商店通过出售商品给消费者,以维持企业的运转。消费者和商店互相需要,彼此依赖。不过,消费者在选购商品方面,往往拥有较大的主动权。

由于互联网的发展和普及,网络购物在中国已经成为百姓生活的一部分。网上购物,可供选择的网站多,可以较轻松地比较价格,购物平台商品较丰富,消费者不仅足不出户就可下单购物,不受时间、地点的限制。而且快递员送货上门,消费者省时又省力。

显然,消费者在网上浏览、购买商品方便,但在实体店购物能直接接触到实物,能让消费者感到购物的乐趣,立刻感到满足。

在现实生活中不难发现,一些购物环境美、商品质量高、服务态度好的商场,顾客的回头率高。而一些商店由于购物环境差、商品缺乏、服务态度生硬,顾客稀少,甚至面临停业的危险。这种鲜明的对比生动地说明,商店的硬件——购物环境、商品和商店的软件——从事商店管理的管理人员和柜台服务的营业员的服务态度,直接影响商店的兴衰。

过去常说,"酒好不怕巷子深","皇帝的女儿不愁嫁"。实行市场经济,网上购物、直播带货等销售方式花样百出,市场竞争激烈,走出店门、深入客户的专人推销比坐等生意上门的销售更加积极、主动。推销员在工作中要讲究推销礼仪和推销技巧,方能拓展市场,争取到更多的客户。

讨价还价和讨论磋商,是商务往来中常有的事。商务谈判是一项复杂的业务活动,虽然没有刀光剑影,但常常发生唇枪舌剑。尽管如此,谈判各方都希望在谈判时获得对手的礼遇。端庄的仪容仪表,彬彬有礼的态度,营造和谐的气氛,善于据理力争,对于保障谈判过程得以顺利进行,以便谈判取得满意结果至关重要。

▶ 第一节 售货礼仪 ◀

店容美观、货物齐全和服务周到,是商店吸引顾客的三大法宝。

一、购物环境

购物环境主要由环境(包括卫生条件)、设施、柜台布局等方面构成。

（一）环境、设施

1. 优越的地理位置

大型商场一般宜建在繁华的市区或交通方便的市郊。商场四周的环境应美丽优雅。千万不能把商场建在垃圾场或墓地附近。

商场的地理位置很重要，因为人们都愿意到交通便利的商店去购物。如果在附近商店就可以买到所需消费品，谁愿意舍近求远，到需要换乘几次车的商店购物呢！

2. 空调、音响、电梯

商场应配备、安装必要的设施——空调、音响、电梯等，以保证购物环境适合消费者的生理及心理需要。

商场里应经常播放一些轻松柔和、优美动听的乐曲，或报道出售商品的信息，介绍有关商品知识和消费动向，这样能吸引顾客。例如，武汉大学师生购物比较常去的商场是学校附近的中南商业大楼、中商广场、亚贸广场、群光广场和世纪中商。亚贸广场里竖有大屏幕，专门用以发布信息等。这几大商场都有双向电梯，为顾客购物带来便利。另外，商店里应安装冷暖空调。例如，武汉地处长江中游地区，夏天闷热得使人感到透不过气来，冬天又冷得人手脚生疼。如果商店里没有安装空调设备，夏天有谁愿意到闷热的商场购物，冬天谁又愿意冒着患感冒的"危险"，到寒冷的试衣间去一趟趟地试衣呢。正因为如此，武汉的大中型商场普遍装设了双向电梯、空调等。值得一提的是，早些年武汉对家庭安装空调控制比较严格，只有大型商店装有空调。很多老人夏天干脆从早上商店开门不久便进商店，坐在商店里避暑，形成一道风景线。而聪明的商场管理人员也不认为这些老人碍事，影响商场的生意，而赶走他们。双方都配合默契，老人们自带小板凳，默默地坐在宽敞的、又不影响顾客上下楼的楼梯口处。到商场购物的顾客见到此情景，只会感叹商家有人情味。这样一传十，十传百，再加上新闻媒体的报道，很多武汉市民都知道了。至今，只要知道这段插曲的武汉人，在感叹自己家装上空调的同时，也会加上一句："那时候，热得没法，又不能装空调，老人实在受不了，不少人只有跑到商店去避暑。"商家如此仁义之举，自然换来好的口碑。

此外，大型商场还应配备消防器材、安全出口，以防患于未然。一旦发生火灾时，商场能迅速采取有效措施。

3. 卫生条件

商店要接待顾客，首先应保持店内清洁，应在营业前搞好卫生，给人一种窗明几净的感觉。对于货架上陈列的商品，也应及时扫除灰尘。特别是经营食品的柜台，一定要遵照食品卫生条例中的规定做。散装食品要装在清洁的容器里。取食品应使用食品夹。当顾客到商店食品柜购买散装食品时，营业员如果不使用食品夹或塑料袋取食品，而直接用手抓，顾客肯定不乐意。一旦蛋糕上爬上苍蝇，有谁还会买呢！武汉有几家大商场，虽然店内设有卫生间，即使客流量再大，但因为管理得当，整个商场几乎没有异味。而有的商场，虽然数年内反复装修了几次，但就是不注意卫生间的管理。顾客踏进商场，不久就感到店内空气实在太差，只好匆匆离去。所以调节和控制商店的气味、空气很重要。清新的空气、芳香的气味，能使顾客在商店购物时感到心情舒畅。

（二）柜台布局

合理布置柜台，精心陈列商品，不仅可以美化商店环境，而且有利于顾客选购商品。

1. 柜台布局

柜台布局要考虑顾客的购买习惯，合理设置柜台。

按照顾客的消费习惯，可以把商品分成三类进行摆设。

第一类是速购商品，大多属于日用品，如香烟、糖果、香皂、牙膏、化妆品、调味品等。这类商品的柜台通常应设在商场的一楼或进出口附近，以便顾客购买。

第二类是选购商品，如时装、床上用品、鞋、袜等商品。顾客购买这类商品，一般要对商品的质量、样式和价格进行认真比较后，才会作出购买决定。这类商品的柜台，通常设在二楼或三楼，柜台的间距应较大，以便顾客选购。

第三类是特殊商品，如彩电、照相机、工艺品等价格昂贵的高档商品。这类商品的柜台通常设在四楼，环境布置应更加优雅。

以上三大类商品可以分门别类地摆设在一起。此外，在布置柜台时，最好将连带商品摆设在一起。如把自行车与车锁、车胎等摆放在一起。

除了上述常设柜台外，商场根据不同季节和节日的消费情况，适时调整或临时增设商品柜台，如时令商品柜台或节日商品柜台，以满足消费者的需要。

2. 商品陈列

顾客进商店的主要目的是购物。商品质量至关重要，商品的摆设也不能马虎。

（1）严把商品质量关。俗话说："假烟、假酱油哄骗人，假药、假酒害死人。"商场销售的商品质量好坏，不仅关系到广大消费者的利益，而且影响商场的信誉。因此，商场务必把好进货关，杜绝进假冒伪劣商品，决不进水货和过期失效商品。

（2）精心陈列商品。陈列商品首先要为顾客着想，便于顾客观看和选择。陈列商品还要符合审美原则，给人以赏心悦目之感。

① 醒目。商品陈列高度应选择与顾客视线相适应的位置，尽可能让顾客看到商品的正面。

② 对称。陈列商品时，应根据商品的形状和色调的差异，进行合理搭配。例如，黑色商品与白色商品陈列在一起，以增强艺术感染力。

③ 丰富多彩。商品陈列要努力做到规格齐全、品种丰富，使消费者感到琳琅满目，以便消费者选购。

④ 明码标价。陈列商品应明码标价，在价签上写明商品的名称、产地、规格、型号等。数字应特别书写清楚，让顾客一目了然。

各商场在进行布局设计和实施过程时，不要拘泥于上述基本原则，机械地生搬硬套，或照葫芦画瓢，而应根据本单位的具体情况量力而行。例如，开专卖店的商家要考虑本店商品的购买对象是高档消费者还是普通工薪阶层，从而有针对性地进行环境设计和柜台布局等。

二、柜台待客

营业员工作在第一线,每天直接和成百上千的顾客打交道。他们的仪表、举止是否规范,他们的商品知识是否丰富,他们是否通晓交谈礼仪,这不仅关系到其个人形象,而且关系商场的形象。

（一）仪表、举止

1. 仪表整洁

营业员应穿着得体、整洁大方。男士服装一般以西装或职业装为主,服装颜色以深色或纯色为宜;女士服装一般以西服套裙、连衣裙或旗袍、职业装为主,服装颜色亮丽。有条件的商店最好统一着装。统一着装不仅便于顾客辨认,而且能给顾客一种整齐有序的感觉。

营业员上班时左胸前要佩戴服务证,男士应修边幅,女士宜化淡妆,以便神采奕奕地接待广大顾客。

2. 举止得当

营业员在工作岗位上要精神饱满,面带微笑。站柜台要做到三人一线站,二人两边站,一人站中间。切忌身体东倒西歪,显出萎靡不振的样子。

营业员必须遵守服务规范,上班时不要在柜台内吃东西、干私活、看报刊;切忌聚在一起闲聊,对顾客视而不见、不理不睬,更不能与顾客吵架。在营业时不要搔头皮,挖鼻孔等。售货时动作要轻快,无论是取货、包装还是收找货款,都应轻拿轻放。切忌把货往柜台上掷。应把商品和所找零钱递给顾客,而不要扔给顾客。

（二）商品知识

营业员不仅要对自己所经营的商品的品种、价格、用途、使用方法及使用效果等相当熟悉,而且应对经销的商品的生产、加工及相关科学知识有所了解。营业员具备丰富的商品知识,向顾客介绍商品时才能"如数家珍",对顾客提出的各种问题才能对答如流。如张秉贵就是营业员的优秀代表。

北京的营业员张秉贵,站柜台近50年。他精通业务,称糖时"一抓准",生前热情为顾客服务,先后接待客人200多万人次。他态度和蔼,像一团火温暖大家的心,受到广大顾客好评,他在平凡的工作岗位上建立了不平凡的业绩。因此,在他去世后,北京王府井百货大楼前面专门竖立起他的半身塑像。陈云同志题词"一团火精神光耀神州"。

（三）交谈艺术

语言是传递信息,交流思想、感情的工具。营业员接待顾客时要讲礼貌。在工作中应当使用文明、规范语言,不讲脏话、粗话、黑话。此外,用语要严谨、精确、标准,让顾客高兴而来,满意而归。

1. 礼貌称呼

营业员对顾客应使用表示尊敬的文明礼貌用语,如"请""您""谢谢""再见""欢迎下次光临"等。对一般顾客可称同志,对老人应称"老大爷""老大娘""老师傅""老伯"等;对外宾、华侨酌情称"先生""女士""小姐""夫人";对儿童可称"小朋友""小弟弟""小妹妹"。

2. 百问不厌

顾客购物时,由于对商品不熟悉,难免会向营业员咨询。答复顾客的问题,是营业员责无旁贷的责任。对于顾客提出的问题,营业员要热情回答,耐心解释。有时,货牌上标有价格,可粗心的顾客还会冲着营业员问"多少钱?"这时,营业员仍应热情解答,或友好地提请顾客看看货牌,而不要粗暴地顶撞顾客。

3. 讲究语言艺术

营业员在为顾客服务的过程中,要讲究语言艺术,努力做到语言准确、委婉、中听。

(1) 语言准确。力求表达的意思完整、准确,尽量避免引起不必要的误会。如顾客买袜子等,不少营业员问"您要买男的还是女的?"就不如问"你要买男式的还是女式的?"显得礼貌、准确。顾客买完了东西,营业员说"让我帮您把这些东西捆一下"或"让我帮您把这些东西装在袋子里"比"我帮您捆起来""我帮您装进去"更恰当、委婉。

(2) 语言委婉。营业员接待购买服装的顾客时,对体态较胖的男士可以称其"魁梧",对体态较胖的女士可以夸她"丰满",而应避免说人太胖;对体态偏瘦者,则可用"苗条""秀气"来评价。接待身有残疾的顾客更应当注意措辞,例如,把"瞎子"称为"失明者",听起来就婉转得多。

(3) 语言中听。当顾客走近柜台浏览商品时,营业员可向顾客致意,也可以问:"您想看什么?"而不要劈头就问:"你要买什么?"这样无形中给顾客施加了心理压力。结果,顾客可能草率作出决定,也可能干脆放弃选购。

为了规范服务用语,提高服务质量,倡导良好的职业道德,1995年8月,两市(北京市、上海市)五部(原铁道部、原国内贸易部、原卫生部、原邮电部、中国民航总局)和光明日报社为公交、商业等窗口行业确定了50句服务忌语,它们是:"嘿!""老头儿""大兵""土老冒儿""老黑""你吃饱了撑着呀!""谁让你不看着点儿""嫌车慢,别坐呀!"、"问别人去!""听见了没有,长耳朵干吗使的""怕挤呀,打'的'不挤""啰嗦什么,赶紧下吧""瞧车瞧车,找死呀!""我就这态度!""有能耐你告去,随便告到哪儿都不怕"、"有完没完""不买看什么""你买得起就快点儿,买不起就别买""到底要不要,想好了没有""喊什么,等会儿""没看我正忙着吗,着什么急""交钱,快点"、"我解决不了,愿意找谁找谁去!""不知道""刚才和你说过了,怎么还问?""靠边点儿""没钱找,等着""你买的时候,怎么不挑好""谁卖你的,你找谁"、"有意见找经理去""到点了,你快点儿""价签上都写着呢(墙上贴着呢),你不会自己看呀""瞎叫什么,没看见我正在吃饭""我不管,少问我""不是告诉你了吗?怎么还不明白""没零钱了,自己出去换去""挤什么挤""要买快说,不买靠边,下一个""别啰嗦,快点儿讲""现在才说,早干吗来着""越忙越添乱,真烦人""怎么不提前准备好""我有什么办法,又不是我让它坏的""别装糊涂""后边等着去!"

营业员在柜台服务时应做到"文明经商,礼貌服务",切忌使用这50句服务忌语。

营业员还应掌握售后服务的礼仪。当顾客要求退换或维修商品时,营业员要热情接待,酌情处理,而不要满腹牢骚,一脸不高兴。下面例子或许能给我们一些启迪。

有位顾客到一家商店买衬衫,听旁边一位过路的顾客说那种尺寸的衬衫他穿可能小了,便执意要换一件。营业员再三解释,他也听不进去,最后怒气冲冲地跑到分部经理室告状去了。

"你们店的服务质量太差劲!"他出言不逊。

"我们店的宗旨是为顾客服务,我们工作中有不少缺点,需要顾客同志批评指正。"经理彬彬有礼地说。

"哼,还为顾客服务呢!瞧那个营业员,态度那么差,这种人怎么能当营业员!"

"我们有些同志素质是不太完善,您有什么意见,尽管提。"

那位顾客便把事情叙述了一遍。经理耐心地向他解释,这件衬衫他穿不会小,并且拿了件样品给他试穿。当顾客确信衬衫不小时,经理开始评说:"我们的营业员没能把事情解释清楚,请您原谅。不过,我觉得他不给您换衣服是出于工作责任心,您也一定不想买件穿不上的衣服,是吗?"

一席话,说得那位顾客连连点头,称赞该店的服务质量和营业员的工作作风。一场风波就这样平息了。

第二节 推销礼仪

随着我国社会主义市场经济的迅猛发展,深入城乡居民区进行商品推销的推销活动悄然兴起。过去只与有关部门打交道的推销员,如今走街串巷,进入千家万户。推销员上门推销,把各种各样的商品直接送到消费者手中,一方面,方便了广大消费者;另一方面,如推销不当,则会打搅居民的生活。

在本章第一节"售货礼仪"中,专门介绍了柜台销售礼仪。现在,着重谈谈专人推销礼仪和推销技巧,以便上岗不久的推销员尽快走出推销的误区,顺利踏上成功之路。

一、推销礼仪

一般来说,专人推销比柜台推销的灵活性大,但难度也较大。因为专人推销是推销员主动寻找、联系客户,引导和说服客户购买商品;而柜台推销是营业员为自愿上门的消费者推荐和提供其需要的商品。所以,艰难的推销工作对推销员的要求较高。推销员应当具备相应的礼仪知识、业务知识,熟悉推销礼节,方能胜任工作。

(一)推销员的修养

作为一名推销员,要讲究仪表,重视业务知识学习,增强服务意识,掌握口才艺术。

1. 仪表

仪表是人的外在表现,主要包括容貌、衣饰、表情等。在社会交往中,人们对一个人的第一印象往往出自他(她)的仪表。

推销员从事的工作,主要是与客户打交道。因此,推销员应注意自己的仪表,给客户良好的第一印象,赢得客户的好感和信任感。

容貌是天生的,可塑性较小,但仪表却是后天可以修饰的。推销员应该常修边幅,勤洗澡、常刷牙、梳理头发、修剪指甲,做到仪表整洁,容光焕发。

推销员着装要庄重,给人以稳健、可靠的感觉。不必戴太多的饰物,但应戴一块外形美观的优质手表。

日本有位名叫齐藤竹之助的先生,是著名的推销大王,对推销艺术颇有研究。他认为,男推销员应备四季西装各两套,领带、衬衫、袜子、手帕各10件,皮鞋两双。衣服要常熨,皮鞋要常擦,袜子要常洗,手帕要干净,每天修剪指甲、刮胡子、常梳理头发,并注意发型。齐藤竹之助先生的经验之谈,值得从事推销工作的人士重视。

推销员走路、说话、做事应稳重,切忌毛手毛脚;面部表情应自然,常带笑容,给人一种亲切感,这样才能受到顾客的欢迎。

2. 业务知识

推销员应努力学习和掌握丰富的业务知识。推销员需要具备以下4个方面的业务知识。

(1) 企业知识。了解本企业的历史、规模,经营的方针、方法、特点,以及市场行情、竞争焦点。

(2) 商品知识。熟悉本企业商品的性能、价格、规格、品种等,并能区别同类竞争产品的异同及特色。

(3) 营销学知识。掌握营销学的基本策略和手段,学会市场调查和销售预测的基本方法。

(4) 心理学知识。注意观察顾客的心理变化,对不同类型的顾客,采取不同的服务方式。

(二) 推销礼节

1. 预约

推销员上门推销要讲礼貌。应事先约好时间,而不要贸然上门,以免打扰人家,或者自己"吃闭门羹"。在电话日益普及的今天,打电话预约比较方便。上门推销商品要选择好时间。例如,对顾客而言,闲时比忙时好,白天比晚上好。以外,由于人们的工作性质不同,所以作息时间和习惯也有所不同。推销员上门推销商品时,应考虑这些因素。

2. 语言得体

见到顾客打招呼时,应尽量使用尊称、敬称。向顾客介绍商品时,不要讲一些所谓"誉满全球,领导世界新潮流"之类的大话、空话,而应当实事求是,简明扼要地介绍商品的性能、优点等。此外,推销员要善于倾听顾客的意见,作出合理的答复。

3. 彬彬有礼

上门推销,应先敲门或按门铃,征得客户允许后方可进门,见到顾客应热情问好,但不要主动与顾客握手。交谈时与顾客保持适中的距离。落座后,手脚不要乱摇乱抖。

当推销工作一帆风顺时,不必喜形于色、手舞足蹈;在推销工作中遇到挫折时,不要垂头丧气、闷闷不乐,而要沉着冷静,保持应有的风度。"生意不成人情在"。当推销员赢得顾客的好感和信任后,生意才有可能做成。因此,推销员说:"推销产品,先推销自己。"

二、推销技巧

推销技巧是指各种促进推销的方法、手段。掌握和运用推销技巧,以便推销获得成功。

(一)赢得顾客信任的技巧

推销员上门推销商品,首先要赢得顾客对推销员的信任和对产品的好感。为此,推销员应准备好下列物品和资料:

(1)名片、身份证、工作证、介绍信等,以证明自己的身份;
(2)样品,给顾客演示或试用,以吸引顾客;
(3)商品价目表,以利顾客选择;
(4)订购单,以便顾客订货;
(5)公众舆论,如权威机构的评价,以便顾客放心;
(6)小礼品,用于答谢顾客。

顾客看了推销员的工作证、介绍信,听了推销员的有关介绍和演示,才会有信任感;试用了样品和了解了有关反馈,才会对产品产生兴趣,才有可能选购。

(二)说服顾客的技巧

顾客在推销人员介绍或演示商品后,有时会产生疑虑或不同意见。这时,推销员必须认真分析顾客异议的实质与根据,然后进行答疑,可酌情使用下列两种方法。

1. 婉转否定法

推销员在听到顾客的不同看法时,不要马上反驳,即使是由于顾客对商品知识缺乏了解而造成的情况也不要据理力争,而应婉转表明自己的观点,从而否定或纠正顾客的看法。

2. 弥补推销法

有时,推销员所推销的商品确实存在着顾客所产生异议的缺陷,这时,推销员不应弄虚作假欺骗顾客,更不能强词夺理愚弄顾客,可以用商品的其他优点来补偿或抵消有异议的缺陷,以便让顾客取得心理平衡。

(三)实物推销

俗话说:"眼见为实。"对于广大消费者来说,生产厂家与其把商品吹得天花乱坠,不如把商品摆放在消费者眼前。这样做,看得见,摸得着,具有直观性,更具有说服力。现举例如下。

日本西铁城公司为了在澳大利亚打开手表市场,便别出心裁地在澳大利亚安排了飞机投表表演,由飞机将西铁城手表从几千米的高空中投到地上。谁捡到手表,手表就是谁的;如果捡到的手表破碎了,公司将赠送一块新表。这一消息在澳大利亚播出后,吸引了很多澳大利亚人,他们觉得这种促销形式很有新意和特色,并不是贪图捡一块表,而是要看个究竟。在飞机投表的当天,有许多人围观。说来令人难以置信,西铁城手表从几千米高空投下来后,不仅没有摔碎,而且手表照走不误。于是,一传十,十传百,西铁城手表一下子成为澳大利亚风行一时的商品。

(四)媒介促销

通过广播、电视、电影、报刊等各种传播媒介对商品进行宣传,是促销商品的一种有效方法。例如,有一年,安徽省肥东磷矿仓库里积压了不少磷肥,为了使它们动销,该磷矿特地拍摄了其生产规模、企业管理情况、产品质量、磷肥用途及施肥方法的录像带,然后,到很多农村集镇的电影场,赶在放映电影前播放。这样一来,农民了解了磷肥的用途和"肥东磷肥"的可靠性,纷纷要求购买,使该矿积压的磷肥销售一空,并将该矿第二年第一季度才生产的磷肥也都提前订购完毕。

(五)对路销售

信奉伊斯兰教的阿拉伯人每天要做5次礼拜。善于做市场调查工作的日本商人考虑到阿拉伯穆斯林的生活习惯,投其所好,组织有关技术人员研制出一种会"说话"的闹钟。钟内装有一盘阿拉伯语录音磁带,闹钟上有微型宣礼塔。每到做礼拜的时间,闹钟"说话",宣礼塔顶上的灯泡也亮了,使阿拉伯穆斯林爱不释手。这种闹钟在阿拉伯国家销路非常好。

除了上述推销技巧外,还可以利用节日进行节日促销,通过赞助文化、教育、体育、社会公益事业,引起公众的关注,从而提高企业的知名度,进而扩大商品的销路。

第三节 谈判礼仪

谈判是人类社会生活的重要组成部分。人们欲互相交往、改善关系、协商问题、谋求利益等,就要进行谈判。因此,谈判几乎无时不在,无处不有。大到国家之间为解决领土争端而进行的交涉,小到集贸市场上顾客与卖主的讨价还价,各种各样的谈判活动伴随着人类历史的各个阶段,遍布现代社会的每个角落。

随着科学的进步和社会的发展,人们的生活内容日益丰富多彩,人际交往日趋频繁。生活在现实社会的人,只要与他人打交道,或多或少都要进行谈判。在家庭生活中,夫妻过双休日要协商活动安排,是去公园散步还是上街购物;在工作单位,同事制订工作计划要交流意见,指标定多高为宜,大家通过讨论取得共识……

谈判是有关双方和多方相互交往的重要活动。谈判各方都希望在谈判过程中获得谈判对手的礼遇。端庄的仪表仪容,礼貌的言谈举止,彬彬有礼的态度,周到、合适的礼节,是使谈判过程得以顺利进行的重要因素之一。因此,每一位谈判者都应当掌握和讲究谈判礼仪,以便谈判顺利进行并取得成功。

一、谈判礼仪

谈判人员应当讲究衣着和介绍顺序,熟悉握手礼和交换名片礼仪。

（一）着装艺术

出入谈判场合者，应当讲究着装艺术。俗话说："佛要金装，人要衣装。"整洁、美观的服装不仅可以美化人的外表，而且也反映出着装者的个性、审美情趣和文化品位等。一位衣冠整洁的谈判者，能给谈判对手留下良好的第一印象；而一位衣着不整洁的谈判者，不仅有失身份，会给人邋遢的感觉，还易被谈判对手轻视。因此，谈判者应重视服饰。穿衣服不一定非要穿品牌驰名、式样时髦、质地优良的高级服装，但着装应合体（不长不短、不肥不瘦）、合适（与时间、场所相协调）、合意（穿出个人的风格，或庄重、或潇洒）。此外，要按规范着装。例如，穿西装必须穿长袖衬衣，还应配上皮鞋。如果穿的是双排扣西服，要扣好纽扣；若是单排两个扣子，一般只扣上扣；若是三个扣子，则扣中扣。穿单排扣西服也可不扣扣子。另外，不宜在西服衣裤兜内放太多太沉的物品，以免显得鼓鼓囊囊，不雅观。

（二）握手礼

握手是目前世界上大多数国家人士见面时相互致意的普通方式之一。谈判双方人员会面和离别时，一般都以握手作为友好的表示。因此，谈判人员不可忽视握手礼，应遵守握手的规矩。

1. 宾主握手

主人应向客人先伸手，以表示欢迎。在机场、宾馆或会谈室接待来宾，不论对方是男士还是女士，主人都应先伸手。但在离别时，作为主人则不必先伸手，以免有催促客人赶快离开之嫌。

2. 男女握手

一般情况下，男士应等女士先伸出手后才伸手去握。男士与女士握手，通常只握一下女士的手指部分，不要握得太紧，也不要握得太久，2～3秒即可。如果参加谈判的上流社会贵族女士先伸出手作下垂式，男士则可将其指尖轻轻托起吻之。有时男士确认女士愿意同他握手，也不妨主动伸手；倘若女士无理由回绝去握已向她伸出来的手，便是失礼的举动。

握手时，让主人、女士、年长者、身份高者先伸出手，是为了表示对他们的尊重，他们享有握手的主动权；客人、男士、年轻者、身份低者见面先问候，待对方伸手后再握。

握手时应注视对方的眼睛，微笑致意，切忌左顾右盼，心不在焉。

（三）介绍顺序

在商务谈判活动中，介绍的礼仪规则是：不分男女老幼，先把社会地位较低的人引见、介绍给社会地位较高的人。例如，介绍人张大成副总经理说："陈总经理，请允许我向您介绍本公司的业务代表何英。"然后再说："小何，这位是机械进出口公司的陈健总经理。"

在大型谈判中，一般由双方主谈人或主要负责人互相介绍各自的谈判人员。如果是一方的代表同时介绍双方的谈判人员，应该先介绍己方人员，然后再介绍对方人员，以示尊重对方代表。此外，还可以通过交换名片进行自我介绍。

（四）交换名片礼仪

交换名片，应有所讲究。在递、接名片时，如果是单方递、接，最好用双手递（双手的食指和大拇指分别夹住名片的左右两端奉上)、双手接;双方同时交换名片,应右手递,左手接。接过对方的名片后应点头致意,并认真地看一遍,最好能将对方的姓名、职务(职称)轻声读出来,以示尊重,然后妥善保存。如果在谈判桌上一次接受几张名片时,最好将接受的名片依次摆在桌上,与对方的座次相一致。

二、谈判技巧

谈判人员务必讲究谈判礼仪和技巧,以便顺利取得谈判成功。开始谈判前要善于营造气氛,在谈判过程中则应据理力争,力求互胜双赢。

(一)营造气氛

双方谈判人员应按照约定的时间到达谈判地点(主人应提前到达),在互致问候后落座。此时不必立刻开始谈判,不妨先谈一些非业务性的话题,营造和谐的气氛,然后轻松地把话题引上谈判正题。谈话时表情要自然,态度要和气,措辞应得当,可做些适当的手势,但动作不宜过大,不要手舞足蹈,不可用手指指对方或拿着笔等物品指人;当对方发表意见时,要善于聆听对方的讲话,不要随便打断别人的发言。一般不谈与谈判主题无关的内容,不谈荒诞离奇的事情,不要询问女士的年龄、婚姻等状况,不要打听对方的收入、财产等情况。

在谈判中如何营造气氛,现举例如下。

例一:

1935年3月底,英国外交大臣艾登访问苏联,商讨有关纳粹德国与欧洲局势问题,以及两国友好合作问题。由于在此之前英国和其他国家对苏联的仇视和封锁,对上述问题双方存在不少分歧。为此,苏联外长李维诺夫邀请艾登共进午餐。艾登在其《回忆录》中对这次午餐作了以下的记述。

> 我们在令人心旷神怡的原野之中的平坦道路上行驶了30多公里,到了林中别墅,内有一座花园,甚至还有几只鸭子。这座乡间别墅设备简单,但很风雅,而且这次午餐,即使按照我们好客的主人们的标准几乎也是一次宴会。在正餐前先上的菜照例有鱼子酱和烤乳猪,正餐后还有干果布丁。但是,餐桌的中心(从实际位置和政治意义说来都是中心)是装饰着玫瑰花的奶油,上面还有"和平是不可分割的"字样。我对这种情感是赞成的;但即使我不赞成,在受到那样的欢迎之后,我也难以提出反对意见。谈话的题目仍然同正式会谈时一样,但是气氛更加轻松了。

在苏、英两国之间尚存在隔阂的时期,苏方精心安排的这次午餐非正式会谈,既十分别致又富有情趣,不仅一扫在正式场合会谈时的沉闷空气,而且浓厚了双方友好的气氛。

例二:

1987年5月,笔者受命与利比亚南方空军司令麦海迪上校洽谈活动板房生意。笔者作为卖方代表,与买方代表麦海迪上校相识后,没有开门见山谈生意,而是兴致勃勃地谈论利比亚文学艺术,麦海迪上校亦颇感兴趣。当笔者盛赞利比亚著名漫画家穆罕默德·扎瓦维的艺术精品时,麦海迪上校觉得自己遇到了艺术上的知音,他激动地说:"李先生,您对我国的文学艺术了如指掌,如数家珍,令人钦佩。我家里就收藏有漫画大师扎瓦维的画册。"两人志趣相投,一见如故。此后,麦海迪上校十分尊重年轻的笔者,时时处处以礼相待,这笔大生意也顺利谈成了。

在这则谈判实例中,笔者与麦海迪上校相识后,没有马上进入会谈正题,因为当时双方感情尚未沟通,如果立刻进入正题,买方会产生防范心理,势必造成针锋相对的不利局面。而通过交谈双方感兴趣的话题,营造出良好的氛围,双方代表由素不相识结为友人,从而使谈判取得成功。

(二)据理力争

谈判者在发言中应注意语言的客观性、针对性和规范性。

1. 客观性

谈判语言的客观性是指语言表述要尊重事实,反映事实,实事求是,以便双方自然而然地产生彼此"以诚相待"的印象,从而促使双方立场、观点相互接近,为最终取得谈判成功奠定良好的基础。

2. 针对性

谈判语言的针对性首先是指语言应围绕主题,有的放矢。在谈判过程中,针对不同的谈判内容,有选择地、有针对性地使用与谈判内容相关的语言和行话、术语,尽量做到言简意赅,恰到好处。

其次,在谈判中还应针对不同的谈判对象,使用不同的谈判语言。例如,面对老少、男女、生熟、官民、善恶的谈判对手,应区别对待,选择合适的语言,与久经沙场的年长谈判对手对阵时,措辞应精练;与女性谈判对手谈判时,语言要文雅等,以便达到最佳效果。

3. 规范性

谈判语言的规范性是指谈判中语言表述要文明、准确。

谈判者发言时应当使用文明、规范语言,不讲脏话、粗话、黑话。此外,用语要严谨、精确、标准,以便准确无误地表述自己的观点、意见,有利于沟通和交流,从而明确谈判各方的权利、责任和义务等,避免产生分歧和后患。

此外,谈判者可以根据谈判的需要,随机应变,灵活地使用富有弹性的外交辞令、丰富多彩的文学词汇、幽默诙谐的语言,以及寓意深刻的成语、格言等。

谈判双方发言时都应开诚布公,谈判过程中可以据理力争,但不要出言不逊,恶语伤人。双方都应注意求大同,存小异,尽量强调彼此一致的地方,互让互谅。谈判达成协议,应握手言欢;即使谈判破裂,也应当以礼待人,与对方握手话别,以显示风度,争取将来的合作机会。

在谈判中怎样据理力争,现举例如下。

1986年7月,利比亚准备庆祝即将来临的"九·一"革命节。为此,利比亚有关方面召集在利比亚工作的各外国建筑公司负责人开会,向他们下达了出工、出车参与迎接节日的指令。

按照利比亚的黎波里市市政局的安排,中国建筑工程总公司驻利比亚经理部将派出50人、10辆卡车义务工作一个月。经理部负责人有点犯愁了。抽调这么多人,这么多车干市政活一个月,必将影响公司正在紧张施工的修建学校项目。可是,不派也不行,这可是一项"光荣的政治任务"。于是他委派笔者去与利比亚的黎波里市市政局交涉,希望能减轻本公司的负担。

笔者与的黎波里市市政局有关负责人亲切寒暄后,立刻热情洋溢地说:

"即将来临的'九·一'革命节,是兄弟的利比亚人民的重要节日。我们十分乐意为迎接这一光辉节日尽一份力。"

利比亚官员听见后,笑容满面,深感欣慰。

笔者接着说:"承蒙利比亚兄弟的信任,中国公司正在加紧施工修建学校项目,我们一定要保质保量按时完成施工任务,以便让可爱的利比亚少男少女能够坐在窗明几净的教室里,如饥似渴地吸吮知识的乳汁。"

就在利比亚官员频频点头时,笔者话锋一转,面有难色地说:"现在学校建设已进入冲刺阶段,倘若一下子从工地上抽出10辆车,50个人干一个月的市政活,我们担心承建学校不能按时完工,影响你们的子女上课啊!"

利比亚官员听完这番话,眉头也皱起来。他们几个人耳语一阵,然后,赛阿德处长问:"请问李先生,贵公司抽出多少人、调几辆车,方不至于对施工产生大碍呢?"

笔者说:"谢谢你们的理解和关照。本公司抽出一辆车,供市政部门调遣一个月。我们还将想方设法调遣25个人为迎接'九·一'革命节义务劳动一天。此外,本公司全体职工将全力以赴,以建好学校的实际行动,迎接'九·一'革命节。"

扎纳提副局长说:"中国兄弟正在为我们的子女修建学校,任务紧迫。他们对我国节日的态度是积极的,李先生所反映的情况也是真实的。我们同意你们在不影响工程施工的前提下,尽力为市政建设做贡献。"

事情就这么定了。笔者轻松地舒了一口气。

赛阿德处长问笔者又有什么新作?笔者从公文包里取出新近创作的一篇阿拉伯文短篇小说,几位留美、留英、留埃的利比亚高级工程师兴致勃勃地读起来,一阵阵欢笑声在市政局大厅里回荡。

在这场谈判中,中方代表首先以积极的态度赢得利比亚官员的赞赏。接着,中方代表说明中国公司正紧张施工,若抽调过多的人、车,会影响建校项目,从而影响利比亚学生读书。由于中方态度积极,言之有理,所以利比亚有关部门爽快同意减轻中国公司的负担。

据理力争,是获得成功的法宝之一。日本鞋王之一鬼冢焉曾经运用这一法宝,使虎牌鞋成功步入在墨西哥举办的奥运会。

  1968年奥运会在墨西哥举行,这是全球运动鞋业一比高下的极好机会,各国大企业无不瞄准销售权。然而东道主却把赛场内的运动鞋销售权批给大名鼎鼎的德国A公司独占,而日本的名牌鞋——虎牌鞋连在场外设销售网点都不允许,只可租用酒店作为展销场所。早已盯上奥运会的虎牌鞋老板鬼冢焉能咽下这口怨气!于是,他在墨西哥发动了游说攻势,对国际奥委会说,对各国领队说,跟教练、运动员说,还对各国传媒说:"奥运会本是人类一项最大规模的和平盛会,应该充满平等、自由、公平的气氛,怎能对支持奥运的体育用品企业有亲有疏?东道主又怎能独独庇护一家呢?""各国运动员都有自由选择运动用品的权利,这是任何人不能用任何形式剥夺的!""不能方便地使用自己满意的运动鞋参赛,势必影响比赛成绩,对苦心准备4年之久的运动员是非常不公平的。""争取虎牌运动鞋的场内销售权,不仅是维护日本企业经济效益问题,更重要的是维护奥运会更快、更远、更高的宗旨。而且世界商品市场也奉行这一宗旨,同样鼓励各国企业发展得更快、更高、更远。这一切难道要被墨西哥奥运会抹杀掉吗?"

这样一来,竟有30个国家的代表团向墨西哥争取虎牌鞋的公平展销权。墨西哥组委会只得在奥运会开幕式的前一天,许可虎牌鞋与A牌鞋一同在场内销售。这样却在无形中生出一种观念:日本的新兴公司可以跟世界公认的名牌公司较量,虎牌鞋的质量能够与世界一流的A牌鞋竞争。此种观念一经新闻界传播,即被大量的运动鞋消费者接受,使虎牌运动鞋终于走入并走俏在墨西哥举办的奥运会上。

第四节 商业礼仪

在商业活动中,每逢商店、公司开业,举办大型展销会,或签订重要协议,为了制造舆论,扩大影响,或表示郑重其事,往往要分别举行开业典礼、剪彩仪式或签字仪式等仪式。

一、开业典礼

举行开业典礼,要遵循"热烈、隆重、节俭"的原则,同时应注意下列礼仪。

(一)提前邀请宾客

举行隆重的开业典礼,可以邀请政府有关部门、社区负责人、知名人士、同行业代表和记者等参加。应事先把请柬送(寄)给宾客,以便宾客安排时间。

(二)布置现场环境

若是商场举行开业典礼,举行仪式的现场可以设在商场门口的开阔地带。商场门口悬挂"某某商场开业典礼"的横幅,大门两侧摆放花篮,四周悬挂彩带、宫灯等。还可以安排身穿礼服、身披绶带的礼仪小姐站立在商场门口的两边,请统一着装的乐队演奏欢快的乐曲,渲染开业典礼的气氛。

(三)举行开业典礼

会议主持人宣布仪式开始,商场负责人首先讲话,介绍来宾并向来宾表示感谢,接着介绍本商场的经营特色和服务宗旨等。然后上级领导及来宾代表致词祝贺,最后由上级领导为即将开业的商场剪彩。剪彩后就象征着开业。

(四)欢迎首批顾客

开业典礼仪式结束后,商场随即开始正式对外营业。商场负责人可引导来宾进商场参观,导购小姐则在商场门口欢迎首批顾客。商场还可以准备一些印有商场开业典礼字样的购物袋,赠送给顾客作为纪念。

二、剪彩者礼仪

剪彩,作为一种庆贺的手段,不仅适合于开业典礼,也常用于工程开工、竣工和展览会开幕仪式等。

剪彩者是剪彩仪式上的关键人物。剪彩者的仪表和举止,直接影响剪彩仪式的效果。因此,剪彩者应当讲究有关礼仪。

(一)注意着装和修边幅

剪彩者穿着要整洁、庄重,精神要饱满,给人以稳健、干练的印象。

(二)做到举止得当

剪彩者走向剪彩的绸带时,应面带微笑,落落大方。当工作人员用托盘呈上剪彩用的剪刀时,剪彩者应向工作人员点头致意,并向左右两边手持彩带的工作人员微笑致意,然后全神贯注,把彩带一刀剪断。剪彩者剪彩完毕,放下剪刀,应转身向四周的人们鼓掌致意。

三、签字仪式

在商务活动中,双方或多方经过谈判,就某项重要交易或重大合作项目达成协议时,通常要举行签字仪式。

举行签字仪式,应注意以下礼仪。

(一)做好准备工作

在举行签字仪式之前,签字各方应做好文本的准备工作,对文本进行定稿、翻译、校对、印刷和装订。同时,主方还要准备好签字的场地、桌椅、文具及饮料等。此外,签字各方共同商定签字人、参加人及签字仪式。

(二)遵循平等原则

按照惯例,一般由各方参加谈判的人员参加签字仪式。如果一方要求未参加会谈的人员出席,另一方应予以同意,但各方人数最好大体相等。各方签字人的身份也应大体相当。

（三）郑重签字

签字人签字时，先在己方保存的文本上签字，再由助签人员交换文本，请签字人在对方保存的文本上签字，然后双方签字人员交换文本，握手致意。礼仪小姐及时端来香槟酒，出席签字仪式的各方人员一起举杯庆贺。

附商务故事一则。

善有善报——售货员的故事

故事发生在美国。在一个雨天的下午，有位老妇人走进匹兹堡的一家百货公司，漫无目的地在公司内闲逛，很显然并不打算买什么东西。大多数售货员只对她瞧一眼，然后就自顾自地忙着整理货架上的商品，以免这位老妇人麻烦自己。

一位年轻的男店员看到这位老妇人后，立刻主动向老妇人打招呼，并非常有礼貌地询问是否有需要他服务的地方。老妇人告诉他，自己只是进来躲雨，并不打算买任何东西。年轻店员安慰她说："即使这样，您仍然很受欢迎。"并主动陪老妇人聊天，以显示他确实欢迎她。当老妇人离去时，这位年轻店员还陪她走到街上，替她撑开伞。老妇人向年轻人要了一张名片后径直走了。

数月后的一天，已经完全忘记了这件事情的年轻店员突然被公司老板召到办公室。老板向他出示了一封信。这封信是一位老妇人写来的，她在信中要求这家百货公司派一名销售员前往苏格兰，代表公司接下装潢一所豪华住宅的工作。老妇人在信中特别指定这位年轻店员代表公司前往苏格兰，接受这项交易金额数目十分巨大的工作。

这位老妇人是美国钢铁大王卡耐基的母亲，就是数月前年轻店员非常有礼貌地接待过的那位老妇人。

思考与训练

1. 推销员应讲究哪些推销礼节？
2. 商务活动中的介绍礼仪与社交活动中的介绍礼仪有什么不同？
3. 在商务谈判中如何据理力争？
4. 组织班上同学进行模拟商务谈判。选择一个合适的案例，将同学们分成 A、B 两组，各组推选出谈判代表。通过此项活动，检验同学们的商务礼仪知识、团队合作精神及谈判控制能力。
5. 商场如战场。一个企业若想战胜对手，除了靠实力外，还需要掌握商务礼仪，才能获得成功。

20 世纪 80 年代初，美国百事可乐公司能够进入印度市场，是通过搞好公共关系及进行互利互惠的谈判才得以实现的。首先，百事可乐公司注意搞好与印度政府的公共关系,其办法是帮助印度政府增加出口,并使增加的创汇额足以补偿进口该饮料所需的外汇,使印度政府扩大出口的需要得到满足,因而获得印度政府对百事可乐进入印度国内市场的许可;其次,百事可乐公司注意与印度当地的竞争者搞好关系,通过同一家印度的软饮料公司搞合营,消除他们的对立情绪,由竞争对手关系转变为合作伙伴关系,这样做还使印度的"反跨国公司立法者"难以找到攻击的借口;再次,通过向印度提供食品加工、包装和污水处理新技术,以及赞助社会慈善事业而博得印度公众的好感。百事可乐公司通过其出色的礼仪活动,将可口可乐公司等竞争对手排除在外,成功地独占了印度软饮料市场。

6. 美国《商业时报》刊登过这样一个例子:"一位在中东做生意的美国人即将在一份几百万美元的成交协议上签字了,就在此时,对方请他吃当地的一种美食——羊头。这位美国人该怎么办?他必须咧嘴一笑,然后强忍着吃下去。如果拒绝东道主殷勤好客的表示,他可能会失去这笔生意。"

看完这个故事,你是否意识到外国礼俗的重要性,进而认真了解世界各地的风土人情和学习商务礼仪,为将来的成功打下基础。

7. 阅读下列短文,然后分析一下这位口若悬河、学富五车的工商管理硕士被"炒鱿鱼"的原因。

公司刚开张时,我招聘了一名海归 MBA 当助手。此人风度、仪表都很出色,尤其口才颇佳——任何事情到了他嘴里总能说出个所以然来。但是,正所谓路遥知马力、日久见人心,和他接触久了就发现,此人除了擅长夸夸其谈外,并无真才实学。

在商讨咨询方案时,这位 MBA 可以从国际形势一直谈到今天小菜场菜卖多少钱一公斤,但一谈到实际操作,就王顾左右而言他。

此人的写作能力也很惊人——可以一夜之间炮制出几万字的咨询方案,而且引经据典、旁征博引,从古希腊和古罗马一直考证到美国攻打伊拉克。但是,这样不切实际的咨询方案却屡屡遭到客户的否决,公司因此流失了大量业务。曾有客户拿着他的方案"击节叹赏":"好文章,太有思路啦!等我们公司进入世界 500 强后,一定会用这个方案。"

分手的那天,这位 MBA 先生话里有话地对我说:"来日方长!历史上的伟大人物,大都遭遇过虎落平阳、龙游浅水的困境……"对此,我只有苦笑。

8. 阅读下面"以牙还牙 日商无计可施"案例。日商试图通过请朱国权吃饭,要朱国权让价。朱国权为照顾日商的面子,巧妙地以牙还牙,以请日商吃晚饭而讨回公道,使日商无计可施。均以请吃饭来达到自己的目的。你从中受到哪些教益?

上海 ACE 箱包公司是由香港国基贸易公司、上海文体教育用品公司和清浦县凤溪乡共同出资 250 万元创办的,产品远销欧、美、亚的 10 多个国家和地区。在对外买卖洽谈中,总经理朱国权遇到了许多困难和磨难,但他始终保持自信而谦和、精明而友好的姿态,坚信平等互利方可携手并进,否则便无合作的基础。

一次，朱国权与日本客商谈判了三天，难堪的僵持，烦人的沉默，是双方在比赛意志和体力。这时，日本客商主动邀请朱国权到上海大厦就餐，想以此缓解一下紧张的气氛，借此迫使我方就范。动筷子了，日本客商说了一番客套话之后，便进入正题："总经理，我们商量一下，从明天起，我每天请你吃中饭，你每只箱包减一分好吗？"朱国权当时没有回答，他明白，在这种场合应该怎样显示中国乡镇企业家的风度和气质。每只箱包减去1分美金，75万只箱包是7500美金，折合人民币就是近7万元。沉思了片刻，朱国权放下筷子，站了起来微笑地回答："好啊！从明天起，我也每天请你吃晚饭，你增加1美分好吗？"落落大方，不卑不亢的有力回答，使日本客商无言以对，无可奈何地摇了摇头。

9. 阅读下面"精心策划　哈默独占鳌头"案例。势单力薄的美国西方石油公司与同时投标的其他众多大公司相比显然处于劣势。但是，由于具有远见卓识的哈默在投标决策中技高一筹，迎合了利比亚人的心意和需要，从而取得了惊人的胜利。这是注重商务礼仪的效应。你从中受到哪些启迪？

　　1966年初，当时的利比亚王国举行租借石油产地的第二轮招标，有9个国家的40多家石油公司参与投标。与他们的实力相比，美国西方石油公司势单力薄，被人认为"自不量力"。但是哈默认为，招标、投标实际上是购销双方秘密的书面谈判，在生意人眼中常见不疑的标书形式里，亦可隐藏最机密的内容。于是，他对标书作了精心策划。

　　标书的材料选用穆斯林喜爱的上等羊皮，扎上象征利比亚国旗的红、绿、黑三色缎带，里面的正文中特别许以三项优惠："西方石油公司将在扣除税款前的毛利中提取5％供利比亚发展农业；出资在国王、王后的诞生地寻找水源，建造沙漠绿洲；出油后与利比亚联合兴建制氨厂，使利比亚有充足的化肥和化工原料。"两个月后揭标，各大石油公司无不震惊：哈默一人独得两块租地。西方石油公司耗资上亿美元在两块租地上打了14口井，月产高级原油23万桶，其中一口井产量为利比亚之最，月产原油7.3万桶，美元好像源源不断的石油流入哈默的腰包，他成了亿万富翁。

第十章 国际交往的规范
——外事礼仪训练

随着我国综合国力的持续增强,我国在国际上的地位不断提高。目前,我国已与181个国家建立了正式外交关系。前来我国访问的外国客人越来越多。

近年来,国际形势发生较大变化,国际关系迅速发展,各国更加注重"务实外交"。在对外交往活动中,应当熟悉外事礼仪,按照国际惯例和我国优良的礼仪传统,组织好迎送工作和宴请活动,妥善安排会见与会谈,重视国际礼宾次序,从而增进我国人民与世界各国人民的友好情谊。

第一节 迎送礼仪

迎来送往,是对外交往中重要的礼仪活动。做好迎来送往的有关组织工作非常重要,需要有细致周到的安排。认真做好接待准备工作,举行周到的迎送仪式,使来宾高兴而来,满意而归。

一、接待准备

外国贵宾来访,有关部门和人员应事先做好接待准备工作。访问有正式访问(又称国事访问)、非正式访问、工作访问、私人访问、顺道访问、秘密访问、过境访问等。来访者若为国宾(国家元首、政府首脑),又是正式访问,接待准备工作应当更加周密、细致。

(一)成立接待班子

为了接待好贵宾和重要的代表团,一般东道主要组成一个接待班子。我国目前采用设陪同团的做法,陪同团团长一般由国务院有关部的部长、副部长担任,并成立由外事、警卫、后勤、医疗、交通、通信等部门的人员组成的接待班子。

(二)收集来访者的信息

为安排好接待工作,首先,要了解来访者对本次访问的具体要求,包括会谈内容、参观访问的愿望、往返路线,以及交通工具、抵离时间等。此外,还需了解来访者的生活习惯、饮食爱好与禁忌等。有的国家还索取来访者的血型和健康资料。

其次,向对方索取来访者简历和近期照片,请对方提供国歌乐谱、国旗旗样及制作说明。此外,还要收集来访国的代表乐曲,供宴会上演奏席间乐或晚会演出使用。

再次,请对方尽早提供按礼宾顺序排列的、注明各人的职务和性别的全体来访者名单,以便妥善、周到地为他们安排住处、交通工具等。

（三）拟订接待方案

接待方案包括接待规格及各项主要活动的安排。日程确定后,酌情译成客方使用的文字,并打印好,届时同客方进行沟通。

下面列出邓小平访美活动日程与里根访华日程安排。

1. 中国副总理邓小平在华盛顿活动日程（1979年）

1月29日（星期一）

上午10：30　在白宫南草坪举行正式欢迎仪式

　　　11：30　卡特总统与邓小平副总理会谈（在白宫）

中午12：00左右—13：00　万斯国务卿工作午宴（国务院），万斯夫人在另一地点设宴招待邓副总理夫人和其他不参加万斯午宴的中方人员

下午3：30—5：00　邓副总理与卡特总统继续会谈（邓副总理夫人等参观游览）

晚上7：00左右—8：45左右　卡特总统举行国宴（白宫宴会厅）

9：00—10：30　在肯尼迪中心观看文艺演出（卡特陪同）

1月30日（星期二）

上午10：00（或更早一点）—12：00　邓副总理与卡特总统继续会谈，邓副总理夫人等可参观游览

中午12：00—13：45　美参议院外交委员会举行午宴（由多数派领袖伯德主持），午餐后会见参院领袖（包括外委会主席丘奇等）

下午2：30　回宾馆休息

4：30—5：45　美众院国际关系委员会举行茶会（由众议院议长奥尼尔主持），茶会后会见众议院其他领导人

3：00　方毅副总理与总统顾问赖普斯会谈

晚上6：30左右　视情况会见福特、基辛格等（约见尼克松，拟安排在外地）

7：30左右　应邀出席美中友协举行的晚宴（或招待会）

1月31日（星期三）

上午8：30—10：00　在宾馆与美内阁成员共进早餐

10：00后　可能去林肯纪念堂接受费城天普大学授予的荣誉法律博士学位，会见临时要求会见的某些友好人士

中午12：00—14：00　在宾馆会见华盛顿、纽约市有影响的文字记者，并共进午餐

下午3：30左右—4：00　接受美三大电视网电视采访

5：00—5：30　会见东部地区华侨代表

6：00—7：30　答谢招待会（在我驻美联络处）

晚上8：00—9：00　会见我驻美联络处全体人员

（余下四天分别去亚特兰大、休斯敦、西雅图等地参观访问）

2. 美国总统里根在北京活动日程安排（1984年）

4月26日（星期四）

14:05　里根总统和夫人乘美方空军一号总统座机抵京(首都机场南停机坪)

14:10　总统和夫人到机场贵宾室休息用茶,其他人员离机场前往人民大会堂东广场

14:25　总统和夫人离机场前往人民大会堂东广场

15:00　欢迎仪式(人民大会堂东广场)

15:15　李先念主席礼节性会见(河北厅)

18:55　总统和夫人离宾馆十二楼前往养源斋

4月27日(星期五)

8:30　早餐

9:10　总统离宾馆前往人民大会堂

9:30　同中国总理首次会谈(东厅)

9:45　舒尔茨夫人离宾馆前往北京地毯一厂、友谊宾馆

10:30　里根夫人离宾馆前往动物园

10:35　参观熊猫馆并举行赠款仪式

10:50　里根夫人离动物园前往天坛

12:00　午餐(在宾馆)

12:50　总统离宾馆前往人民大会堂

13:20　总统演讲会(三楼礼堂)

14:00　同中国总理继续会谈(东大厅)

15:15　里根夫人离宾馆前往人民大会堂

15:30　全国妇联为里根夫人举行茶会(安徽厅)

15:45　胡耀邦总书记会见里根总统(西大厅)

18:15　随行人员离宾馆前往人民大会堂

18:45　总统和夫人离宾馆前往人民大会堂

19:00　欢迎宴会(宴会厅,宴会后演出音乐节目)

4月28日(星期六)

8:00　早餐

9:05　总统接受中央电视台记者采访(宾馆十二楼楼下会议室)

10:10　总统和夫人前往人民大会堂

10:30　总统同邓小平主任会谈(东大厅),夫人参加礼节性会见(10分钟后里根夫人退场)

10:40　里根夫人离开人民大会堂前往福绥境街道委员会参观,参观结束后回宾馆午餐

12:00　邓小平主任与里根总统工作午餐(福建厅)

12:55　里根夫人离开宾馆前往人民大会堂

13:30　总统和夫人离开大会堂前往长城游览

18:35　总统和夫人离开宾馆前往长城饭店

19:00　会见在京美国人士

19:00　答谢宴会

（余下三天分别去西安、上海等地参观访问）

二、迎送仪式

迎送仪式是国际交往中迎来送往的礼宾仪式，根据国际惯例已经形成一整套规范程序。现择要简介如下。

（一）正式迎送仪式

外国领导人抵达和离开邀请国首都时，通常都举行正式的迎送仪式。举行迎送仪式场所悬挂两国国旗，铺红地毯。

1. 迎接

当来访国元首或政府首脑到达时，主方的元首或政府首脑迎上前去，与之握手，双方互致问候。

2. 献花

当两国领导人握手之后，由儿童或女青年向主宾献花。有的国家由女主人向女宾献花。

3. 奏两国国歌

主人陪同贵宾在检阅台或其他指定位置站定后，乐队开始奏两国国歌，并开始鸣放礼炮。国家元首来访，鸣放礼炮21响；政府首脑来访，鸣放礼炮19响。歌起炮响，歌落炮停。

4. 检阅三军仪仗队

来访国宾在主人陪同下检阅陆、海、空三军仪仗队。

5. 互相介绍

主宾见面时应互相介绍。通常先由主方礼宾人员、翻译或职位最高者将迎接人员介绍给来宾，职位从高到低。然后，客方向主方介绍客方人员。

此后，陪同团团长等陪来访国宾乘车前往宾馆下榻。

国宾离京回国，主方领导人到宾馆话别，由陪同团团长等前往机场（车站）送行。

（二）一般迎送

对普通代表团和人员的访问，一般不举行迎送仪式。但是，对应邀前来的访问者，无论是官方人士、专业代表团，还是民间团体、知名人士，在他们抵离时，均应安排相应身份的人员前往机场（车站、码头）迎送。对长期在本国工作的外国人士、外交使节、外国专家等，当他们到任和离任时，各有关方面亦应安排相应人员迎送。

第二节　会见与会谈

会见与会谈是外事活动中的重要事务之一。无论是正式访问、谈判，还是礼节性拜访，通常都要安排会见与会谈，以便双方加深了解与交流，增进友谊与合作。

一、会见与会谈的安排

(一) 会见与会谈的特点

会见,在国际上一般称接见或拜会。凡身份高的人士会见身份低者,一般称为接见;而身份低的会见身份高者,一般称为拜会。我国一般不作上述区别,统称会见。

会见的性质有礼节性的、政治性的、事务性的,或两者兼而有之。其中,礼节性会见时间较短,话题较为广泛;政治性会见一般涉及双边关系、国际局势等重大问题;事务性会见一般涉及外交、经贸、科技文化交流等。

下面介绍邓小平会见舒尔茨的情形。

1983年2月,邓小平在钓鱼台国宾馆会见了美国国务卿、里根特使舒尔茨。

邓小平首先热情地邀请客人入座,然后笑问道:"舒尔茨特使这次来中国还生活得愉快吗?"舒尔茨答道:"很好,谢谢中国的热情招待。里根总统要我转达他对邓小平先生的问候!"

"谢谢他的好意。"邓小平很快把话引入正题,"自1972年《中美上海联合公报》发表以来,中美关系发展比较正常。作为中美双方,我们都应珍惜这种关系。"

"但是,邓小平先生,"舒尔茨说,"在某些地方,还是发生了小摩擦。"

"是的,有摩擦,但责任不在中国。"邓小平指出,"就说技术转让吧,中国并不是非依靠美国的先进技术不可。老实讲,我们搞现代化主要是靠自力更生,即使美国的技术可以全部转让,中国也未必就全部买进。"

舒尔茨摇摇头说:"某些尖端技术,可能也不是贵国自力更生所能办到的吧……"

邓小平用事实回答说:"不,舒尔茨特使,您错了!原子弹、氢弹等核武器,算得上'尖端'吧?美国这方面的技术一直在对中国搞封锁。但是我们不都一一通过独立钻研,自力更生,办到了吗?问题不在于美国对我们转让什么,而在于美国究竟把中国当作潜在的敌人还是真正的朋友?时至今日,许多中国人心目中,同美国能不能交朋友,美国够不够得上朋友,还存在着许多疑问呢!"

舒尔茨尴尬地说:"这……未免太多心了吧?"

邓小平继续说道:"不,这是历史的经验告诉我们的。别说历史上美国对中国不平等,就是现在,也未必平等。前不久,美国司法机关公然企图'传讯'中国政府,这是典型的霸权行径,真是岂有此理!请特使转告里根政府,中国作为一个主权国,神圣不可侵犯。我们对此提出严正抗议!"

舒尔茨辩解说:"邓小平先生有所不知,美国司法制度是独立的,政府无权过问呀!"

邓小平说:"如此说来,美国实际上就有三个政府了,国会、内阁、法院。那么,究竟要人家同你们哪个政府打交道才好呢?"

舒尔茨无言以对。

会谈是指双方或多方就某些重大的政治、经济、文化、军事等问题及其他共同关心的问题进行磋商,交换意见。一般来说,会谈的专业性较强。

东道国和来访者(包括外国常驻外交使节),都可酌情提出会见的要求。从礼节和两国关系上考虑,东道国应根据来访者的身份及来访目的,在来访者抵达的当日或次日,安排相应的领导人和部门负责人会见。来访者及外交使节也可根据国家关系,以及本人身份和业务性质,主动提出拜会东道国某些领导人和部门负责人。

来访者若是正式访问或专业性访问,主宾双方则应安排相应的会谈。

(二)会场布置与座位安排

会见与会谈通常在会客室或办公室进行。会场可以设在主方的会客厅里,客方下榻宾馆的会客室也可用作临时会场。布置会场时应酌情安装扩音器、准备饮料等,并精心安排座位。

1. 会见的座位安排

会见宜在比较宽敞的场所进行。会见的座位安排有多种形式,有宾主各坐一方的,也有宾主穿插坐在一起的。但通常安排主宾、主人坐在面对正门位置,主宾座位在主人右侧,其他客人按礼宾顺序在主宾一侧就座,主方陪见人在主人一侧就座,译员、记录员通常安排在主人和主宾的后面(见图10-1)。

图 10-1

2. 会谈的座位安排

会谈分为双边会谈与多边会谈。双边会谈通常用长方形或椭圆形桌子,多边会谈采用圆桌或摆成方形。会谈时,会谈桌上放置与会国国旗,摆放座位卡,以便与会者对号入座。

双边会谈时,宾主相对而坐,以会场正门为准,客人面对正门,主人背对正门。主谈人居中,译员可坐在主谈人右侧,但有的国家让译员坐在后面,一般应尊重主人的安排。其他人按礼宾顺序左右排列(见图10-2)。

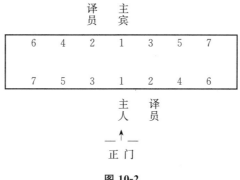

图 10-2

多边会谈时,座位可摆成圆形、方形等(见图10-3)。

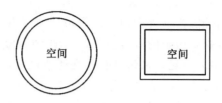

图 10-3

二、会见与会谈的程序

会见与会谈的安排程序大体一致。

(1) 提出会见要求的一方,应将要求会见人的姓名、职务,以及会见什么人、会见的目的告知对方。接见一方应尽早给予回复。如因故不能接见,应婉言解释。

(2) 接见方应及时将会见的时间、地点、主方出席人员、具体安排及有关注意事项通知对方。会见方则应主动向对方了解上述情况,并通知有关出席人员。

(3) 双方均应准确掌握会见的时间、地点。主方应先于客方到达会场。客人到达时,主人应在门口迎候。

(4) 宾主计划合影,要事先排好合影图。人数众多时,应准备架子。合影时,主人和主宾居中,以主人右侧为上,按礼宾次序,主客双方间隔排列。第一排人员既要考虑身份,又要考虑能否都摄入镜头。通常安排主方人员站在两端。合影时间宜安排在宾主寒暄、握手之后,合影后再入座。

(5) 领导人之间的会见、会谈,除陪见人和必要的译员、记录员外,其他工作人员在安排就绪后均应退出。如允许记者采访,也只是在正式谈话开始前采访几分钟,然后一齐离开。在谈话过程中,旁人不要随意进出。

(6) 会见或会谈结束时,主人应送客人至车前或门口握别,目送客人离去后,再退回室内。

一般官员、民间人士的会见,安排大体同上,也要事先申明来意,约妥时间、地点,准时赴约。而礼节性的会见,不宜逗留过久,半小时左右即可告辞。

第三节　约请与应邀

对会见、宴请等许多外事活动,主方要事先通知客方,而客方应及时给予答复。

一、约请

约请是外事工作中的重要环节,丝毫不能马虎。

(一) 约请的种类

约请分为口头约请和书面约请两种。

1. 口头约请

口头约请,即当面或打电话将活动目的、时间、地点告诉对方。

2. 书面约请

书面约请分为发请柬(亦称"请帖")和发便函两种。有些国家,邀请最高领导人作为主宾参加活动,需单独发邀请信。其他宾客发请柬。发请柬,既表示对客人的尊敬,也表明邀请者的诚意和郑重态度。

请柬一般提前一周至两周发出,以便被邀请人及早安排。已经口头约妥的活动,补送请柬时,在请柬右上方或下方注上"To remind"(备忘)字样。需安排座位的活动,请柬上一般用法文缩写注上 R. S. V. P.(请答复)字样。如只需不出席者答复,则可注上 Regrets only(因故不能出席者请答复)。

请柬内容包括活动的目的、名义、时间、地点。中文请柬行文不用标点符号,所提到的人名、单位名、节日名称都应用全称。中文请柬行文中不提被邀请人姓名(其姓名写在请柬信封上),主人姓名(如以单位名义邀请,则用单位名称)放在落款处。请柬可以印刷也可以手写,字迹应美观、清晰。

中文请柬格式:

　　为庆祝中华人民共和国成立××周年,谨订于××××年×月×日(星期×)下午×时在×××××举行招待会

　　敬请

光临

　　　　　　　　　　　　　　　　　　　　　　　　　　　×××

　　　　　　　　　　　　　　　　　　　　　　　　　　　(主人姓名)

(请进×门)

请柬信封上被邀请人的姓名、职务书写要准确。如所举办的活动对服装有要求,应注明是正式服装还是便服。如已排好座次,应在请柬信封下角注明。

便函多用于非正式活动,起通知作用。

(二) 约请应做的工作

(1) 确定活动目的、邀请范围,注意被邀请人同主宾是否有矛盾。

(2) 确定时间、地点。选择时间要考虑客方的习俗。

(3) 举办宴会,应注意客人的饮食禁忌。

(4) 布置会场,安排座次。

(5) 及时发出请柬或便函。

二、应邀

应邀是接到邀请后做出的反应,应讲究有关礼仪。

(一) 及时答复

被邀请人接到邀请后,不论是否接受对方的约请,都应及时作答。可给予书面答复,也可以给予口头答复。若因故不能赴约,应婉言说明。

(二) 应邀注意事项

(1) 核定邀请范围,是否携带夫人、子女。留意服装要求。

(2) 若应邀参加节日、生日庆贺活动,应准备鲜花等礼品;若应邀参加自费聚会,应带钱前往。

(3) 准时赴约,到现场后应主动与在门口迎接的东道主或工作人员打招呼。

(4) 入座前看准自己的座次,不是主宾切不要坐到主宾座位。

(5) 活动结束时向主人告别,并酌情与周围的人话别。

▶ 第四节 文艺晚会 ◀

邀请外宾观看文艺演出,既是宣传本国文化艺术的好机会,又给外宾喜闻乐见的艺术享受。

一、文艺晚会的组织

涉外文艺晚会,是一种集娱乐与艺术享受为一体的外事活动,务必精心组织,给客人留下好印象。

(一) 选择节目

选择的涉外文艺晚会的节目,一方面要符合主方的意图,另一方面也要考虑来宾的兴趣。因此,应主要选择具有本国民族风格的节目。此外,可酌情安排一些来宾所属国家的节目。为避免引起不愉快,应尽量不安排政治色彩、宗教色彩浓厚的节目。

(二) 座位安排

观看文艺节目,一般以第 7 排、第 8 排中间座位为最佳(外国大剧院以包厢为最好)。看电影,则以第 15 排前后中间座位最理想。安排座位时,应按照礼宾次序,同时考虑上述特点。专场演出时,通常把贵宾席留给主人和主宾,其他客人可排座位,也可自由入座。若是对号入座,可将座位号码附在请柬上。

(三) 准备说明书

涉外文艺晚会应准备说明书,用主客双方使用的文字印成。最好能提前把说明书提供给客人,最迟在演出开始前把说明书送到客人手中。

二、出席文艺晚会礼仪

应邀出席文艺晚会,应讲究有关礼仪。

(一)及时答复

被邀请人接到晚会请柬后,如果不能出席则应尽早答复主人,以免剧场、影院空缺,影响气氛;将所收到的票券按主人的意见处理。

(二)入座礼仪

决定出席的被邀请人应准时或提前数分钟到达演出地点。请柬上附有座位号码,应对号入座。若无座次,则可自由入座,但不要随便坐到贵宾席。

(三)观看礼仪

观看演出时不要大声咳嗽或打哈欠。如有即席翻译,说话声音要轻,不要影响其他观众。演出结束时,节目若无政治问题,都应鼓掌,不要表现出不满或失望。

第五节 国际礼宾次序与国旗的悬挂

涉外活动中的礼宾次序与国旗的悬挂,往往关系到国家的地位和民族的尊严。因此,务必认真处理。

一、礼宾次序

礼宾次序是指国际交往中对出席活动的国家、团体、各国人士的位次按某些规则和惯例进行排列的先后顺序。一般来说,礼宾次序体现东道主对各国宾客所给予的礼遇;在一些国际性的集会上则表现各国主权平等的地位。礼宾次序安排不当或不符合国际惯例,则会引起不必要的争执与交涉,甚至影响国家关系。因此,组织涉外活动时,对礼宾次序应给予足够的重视。

对于礼宾次序的排列,国际上已有一些惯例,各国也有各国的具体做法。有些排列顺序和做法已由国际法或国内法所肯定,如外交代表位次的排列,在《维也纳外交关系公约》中就有专门的规定。

常见的礼宾次序排列方法有以下几种。

(一)按身份与职务的高低排列

一般的官方活动,经常是按身份与职务的高低安排礼宾次序。如按国家元首、副元首、政府总理(首相)、副总理(副首相)、部长、副部长等顺序排列。

(二)按字母顺序排列

在国际会议、体育比赛中,有时按参加国国名字母顺序排列,一般按英文字母顺序排列,少数情况按其他语种的字母顺序排列。联合国大会的席次也按英文字母排列。但为了避免一些国家总是占据前排席位,因此每年抽签一次,决定本年度大会席位以哪一个字母打头排起，以便各国都有机会排在前列。

(三) 按通知代表团组成的日期先后排列

在一些国家举行的多边活动中，常按通知代表团组成的日期先后排列礼宾次序。东道国对同等身份的外国代表团，按派遣国通知代表团组成的日期先后排列，或按代表团抵达活动地点的时间先后排列，或按派遣国决定应邀派遣代表团参加该活动的答复时间先后排列。

在排列国际礼宾次序时，可酌情选用上述方法，并在邀请书中明确说明。当情况复杂时，则不妨交叉使用数种排列方法，并考虑其他因素。如排列与会代表团礼宾次序时，首先按代表团团长的身份高低排列，在同级代表团中则按派遣国通知代表团组成日期先后排列，对同级和同时收到通知的代表团则按国名英文字母顺序排列。

在安排礼宾次序时，还应适当考虑其他因素，诸如国家之间的关系、与会方对于活动的贡献大小等。有时还应酌情考虑与会人员业务性质、相互关系、宗教信仰、语言交流等因素。

国际礼宾次序关系到国家的地位，不可等闲视之。下面举一个例子。

1945年7月，中、美、英、苏四国发布的敦促日本无条件投降的波茨坦公告规定，设立远东国际军事法庭，审判日本战犯。我国派出著名法学家梅汝璈作为中国法官参加审判。

各国出席远东国际军事法庭的法官在东京聚齐后，首先要解决各国法官在法庭上的座位，即排列顺序。谁都知道，座次表示该法官所属国在审判中的地位。盟军最高统帅、美国的麦克阿瑟将军指定庭长由澳大利亚的法官韦伯担任。韦伯是一位声望很高的法官，对他担任庭长，大家都表示同意。庭长之外，还有美、中、英、苏、法，以及加拿大、新西兰、荷兰、印度、菲律宾等10国法官。庭长右面的座位，是美国法官，大家无异议。庭长左边席位即第二把交椅属于哪个国家，引人瞩目，成为各国法官争论的焦点。

中国既是"世界四强"之一，又是抗击日本法西斯的主战场，中国人民为打败日本法西斯，作出了杰出的贡献和最大的民族牺牲，审判日本战犯时，法官的第二把交椅理应属于中国。可是当时中国国力不强，一些国家的法官只看国力，不讲公理，要把中国排在英国之后。梅汝璈为了国家的尊严，坚持原则，为中国在法庭上的应有席位奋争。

在讨论中，针对一些法官的错误主张，他指出："若论个人之座次，我毫不在乎。但是座次代表国家，必须慎重考虑。为此，我必须请示本国政府。"梅汝璈的话，使那些原想不讲原则、随意排定座次的法官感到意外，大家不得不对座次问题进行严肃认真的讨论。

中国在抗击日本法西斯的战争中贡献最大，又在接受日本投降的受降国签字顺序中排名前列，所以梅汝璈据理提出了如何排定座位的主张。他说："我认为，法庭座次应按日本投降时受降国的签字顺序排列。第一，我们今日是在这里审判日本战犯。大家都清楚,中国受日本侵害最大,抗战时间最长,付出的代价最大,牺牲的人最多。因此,中国理应排在第二。第二,没有日本的无条件投降,便不会有今日对日本战犯的审判,按各受降国签字顺序排座,实属顺理成章。"

尽管梅汝璈的观点公正合理,但有些法官瞧不起中国,还是不同意。梅汝璈沉思片刻,认真又幽默地说:"如果各位同仁不赞成我刚才提出的主张,不妨找个体重测量器来,大家量量体重,然后以身体之重量排定座次。"

他的话音刚落,便引起哄堂大笑。庭长韦伯风趣地说:"你的建议很好,但这只适用拳击比赛。"

"若不以受降国签字顺序排座,那还是按身体重量排座次为好。这样即使我被排在末席也心安理得,因我可以对我们的国家有所交代。如果国内有人认为我坐在末座不合适,可以派一名比我肥胖的法官来替换我呀!"这一回答又引得在座法官大笑不止。

究竟座次如何排定,庭长韦伯默不作声。在开庭前一天,进行预演时,韦伯突然宣布入场顺序为美、英、中、苏等。

这实际上亮出了把中国排在英国之后的底牌。梅汝璈当即对这一不公正的做法提出抗议,并脱去黑色法袍,拒绝登台入座。他说:"今日预演有许多记者和电影摄影师在场,一旦见报便会造成既成事实。我请求对我的建议进行表决,否则我不参加预演,立即回国向政府辞职。"

庭长韦伯一时六神无主,只好召集众法官协商。大家同意梅汝璈的意见,即对座次排法进行表决。韦伯只好将预演时间推迟。表决结果,多数法官都支持梅汝璈的意见。各国法官座次即按日本投降书上受降国签字顺序排列。中国排在美国之后,其他各国之前,名列次席,终获应有的地位。

二、国旗的悬挂

国旗是国家的一种标志,是国家的象征。人们往往通过悬挂本国国旗或他国国旗,表示对本国的热爱或对他国的尊重。但在一个主权国家领土上,一般不得随意悬挂他国国旗。不少国家对悬挂本国国旗和外国国旗都有专门的规定,例如,中国制定了《中华人民共和国国旗法》。在国际交往中,还形成一些悬挂国旗的惯例,为各国所公认。

(一) 外事活动中悬挂国旗的几种场合

按国际关系准则,一国元首、政府首脑在他国领土上访问,在其住所及交通工具上悬挂国旗(有的挂元首旗),是一种外交特权。

东道国接待来访的外国元首、政府首脑时,在举行迎送仪式地点等隆重的场合,在贵宾下榻的宾馆、乘坐的汽车上悬挂对方(或双方)的国旗(或元首旗),则是一种礼遇。

国际上公认,一个国家的外交代表在接受国境内,有权在其办公处和官邸,以及交通工具上悬挂本国国旗。

在国际会议上,除会场悬挂与会国国旗外,各国政府代表团团长亦按会议组织者的有关规定,在一些场所或车辆上悬挂本国国旗。有些国际博览会、世界体育比赛等国际性活动,也往往悬挂有关国家的国旗。

(二)悬挂国旗的礼仪

悬挂双方国旗时,按国际惯例,在右为上,在左为下。以旗本身面向为准,右挂客方国旗,左挂本国国旗。汽车上挂旗,则以汽车行进方向为准,驾驶员右方为上。在墙壁上挂国旗时,应挂其正面,而不能用反面。国旗不能倒挂。

在室外的旗杆或建筑物上挂旗,一般应日出升旗,日落降旗。升降国旗时,在场者要立正脱帽行注目礼。不能使用破损和污损的国旗。

悬挂国旗,有并挂、悬挂、交叉挂等多种挂旗法(见图10-4~图10-7)。并排悬挂两面不同尺寸的国旗时,应将其中一面略放大或缩小,以使两面旗的面积大致相同。

(1)两面国旗并挂如图10-4所示。

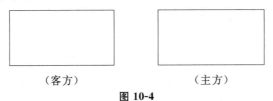

图10-4

(2)并列悬挂如图10-5所示。

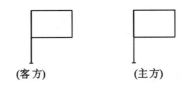

图10-5

(3)交叉悬挂如图10-6所示。

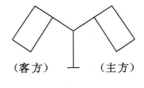

图10-6

(4)交叉挂如图10-7所示。

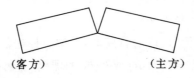

图10-7

附实例一则。

外交部发言人孔泉答记者问

2005年1月27日下午,外交部发言人孔泉主持例行记者会(节选)。

孔泉说:"大家下午好!首先发布两条消息:应俄罗斯联邦安全会议秘书伊戈尔·谢尔盖耶维奇·伊万诺夫邀请,国务委员唐家璇将于2月1日至4日对俄罗斯进行正式访问,就双边关系和共同关心的重大问题举行磋商。应外交部长李肇星的邀请,土耳其共和国副总理兼外长阿卜杜拉·居尔将于2005年2月1日至5日对中国进行正式访问。下面我愿意回答各位的提问。"

问:"今年两岸的春节包机比以往有很大进展,你如何评价两岸直航?"

孔泉答(以下简称答):"你是第一次来参加外交部例行记者会吧?"

记者:"第三次。"

答:"感谢你用汉语提问。但你提的是属于两岸关系的问题,应由专门负责的部门即国务院台湾事务办公室来回答。昨天国台办举行了记者会,就此进行了全面完整的阐述。如果你没有参加,我建议你上网看一下。谢谢你的提问,希望你今后不断就中国外交包括中韩关系提出问题。"

问:"目前伊拉克大选选民登记率很低,只有25%,中方对伊大选有何期待?第二个问题,中方是否认为驻伊美军应在大选后撤出伊拉克?"

答:"国际社会都很关心即将举行的伊拉克大选。我们认为,这次大选是伊拉克政治重建中的重要一步。大选应该有利于维护伊拉克的独立、主权和领土完整,有利于下一步在伊拉克组成一个具有广泛代表性的有权威的政府,有利于维护伊拉克人民的根本利益。目前,国际社会最关心的是何时能在伊拉克真正实现'伊人治伊',由伊拉克人民自己当家做主,实现维护国家独立、主权和领土完整的愿望。同时,能够在联合国的参与下,在稳定的环境中,尽快开始政治和经济重建进程。"

追问:"中方认为驻伊美军应何时从伊撤军?是不是在大选后就应撤军?"

答:"应该真正实现伊拉克的独立、主权和领土完整。同时,我们也多次强调,在伊拉克问题上,应该尊重和理解伊拉克人民的愿望和主张。在这一进程中,首要的一步就是实现'伊人治伊',由伊拉克人民治理自己的国家。"

问:"美国总统布什周三表示,在未来与中国领导人的见面中他将不断提醒中国领导人在人权问题上取得进步。你对此有何评论?有报道称,美国新任国务卿将就朝核问题六方会谈及台湾问题发表讲话,你对此有何评论?"

答:"中国在不断加强民主与法制建设的进程,任何一个认真观察中国变化的人都会得出这个结论。举一个例子,2005年1月1日,中国有88项法律法规同时开始生效,其中有47项全国性的法律法规,41项地方性法律法规。从中可以看出,中国的民主法制建设是扎扎实实、一步一步地向前推进的,其进展和实施力度都很可观。在民主法制建设方面,我们有坚定的信心和我们自己的步骤,不需要任何人来提醒我们应该怎么做。中美在人权领域有一些分歧,我们可以通过平等交流来相互沟通,加强相互了解。"

"关于赖斯国务卿谈六方会谈和台湾问题。你这个问题问得不是很清楚,但我愿意借这个机会作这样的表态:赖斯任国务卿获参议院批准后,中国驻美国大使杨洁篪先生向其转达了李肇星外长的口头祝贺,并希望与她共同努力,使中美关系在新的4年中取得更大进展。"

追问:"有报道称,赖斯可能于今年3月访问日本、中国和韩国,你能否证实?访问期间是否会谈到朝鲜半岛核问题和台湾问题?"

答:"我没有看到你提到的报道。但我可以告诉你,中美之间在各个级别都有对话、交流和互访机制,至于说是不是只有在访问时才能就你所说的问题交换意见,那倒不一定。我们有很多的对话和交流的机制,可以随时就共同关心的问题交流意见。"

问:"黄菊是否正在出席达沃斯论坛?他将会见谁?将在什么场合发表演讲?演讲内容如何?"

答:"黄菊副总理还没有出发,他应该于明日启程前往参加达沃斯论坛。达沃斯论坛已经开始了,有200多场活动。黄菊副总理将出席年会全体会议并发表讲话。我想,届时他将介绍中国经济社会发展的各方面情况,同时随行的一些中国政府官员也会同与会各方进行接触,围绕本次年会的主题与各方进行充分交流,共同应对全球化为各国带来的机遇和挑战。如果没有其他问题,记者会到此结束。谢谢大家!"

思考与训练

1. 在欢迎外国政府首脑的仪式上,应鸣放礼炮多少响?
2. 正式宴会与国宴有什么不同?
3. 如何选定涉外文艺晚会的节目?
4. 怎样排列国际礼宾次序?
5. 组织同学们进行排桌次、座次练习。
6. 安排学生观看外交故事短片和国际新闻。
7. 在外交活动中,应礼待来宾。下面讲述的邓小平同志不吸烟的故事,是一个生动的范例。

邓小平同志素有吸烟的习惯,平时总是先点燃一支烟,然后再听有关人员汇报工作。1985年9月20日上午,时任中共中央顾问委员会主任的邓小平同志准备会见新加坡领导人李光耀先生。在会见厅,邓小平同志不仅自己不点烟,而且还拒绝了工作人员递给他的烟。他说:"今天不吸了。"在座的人惊奇地问:"邓主任今天为什么不吸烟了?"邓小平回答说:"李光耀总理闻不得烟味。"原来,1978年邓小平访问新加坡时得知这一信息,因此,他在会见李光耀总理和李光耀总理回访他时,他都没有抽烟。邓小平同志就此风趣地说:"客随主'变'嘛!"

8. 1995年10月的一天,联合国安理会举行情况通报会。非洲统一组织秘书长萨利姆到会向安理会15个理事国大使通报非洲局势情况。萨利姆的谈话内容全都是"难题",如非洲地区目前冲突迭起、难民倍增、缺乏外援、维和不力等。萨利姆讲完话后,整个会议室气氛沉闷。见大家无人开口,中国常驻联合国副代表王学贤大使立即用英语说:"以往我们在安理会说惯了欢迎联合国秘书长布特罗斯·布特罗斯到会,今天我在安理会想说一句欢迎非统秘书长萨利姆·萨利姆到会……"王学贤大使借助于两位秘书长姓名重叠之处作开场白,不但工整对仗,而且娓娓动听,使会场的气氛顿时活跃起来。

王大使以其机智和出色的口才,展示了我国外交官的风采。这个故事对你有什么启发?你将怎样做?

9. 请阅读王峒生的《外交家的美酒》一文。王峒生曾是我国驻哥伦比亚的外交官,与哥伦比亚的国防部部长包特罗上将因为都喜欢喝茅台酒而成为至交;在处理经济罪犯桑继辉的棘手问题上包特罗将军帮了大忙。这是注重外交礼仪的效益。读后你有什么感想?

外交家的美酒

《人民日报》2004年12月31日刊登王峒生的文章说,我喜爱酒,更喜爱茅台酒。因为工作原因,我饮酒很少过量,但因为确实喜欢,在外交宴会上,得了个"品酒专家"和"茅台代表"的美称。

在哥伦比亚,很多人都知道中国的茅台酒。当时的国防部长包特罗上将是我官邸的常客。我偶尔也去他家回访。他喜欢酒,对茅台更是情有独钟。有时他请我喝上等的洋酒,他自己则喝茅台酒,说有了"飞天"茅台,什么"皇家礼炮(一种上等的苏格兰威士忌)""路易十三(上等的法国白兰地)",统统靠边站。渐渐地,通过茅台酒这个"红娘",我们成了非常要好的朋友。

1990年,哥伦比亚安全局在境内发现了国际刑警"红色通缉令"要求缉拿的经济罪犯桑继辉,并将他逮捕。根据哥伦比亚法律,安全局对抓捕到的嫌疑犯必须在限期内处理。该局局长马沙将军提出,把他移交给中国大使馆,要求我们在24小时以内接收,否则他们将把他驱逐出境。这实际上给我们出了一道难题。我们接收后,如何看守,如何押解回国,路上转飞机和停留会不会出事,一系列问题,我们都没有把握。正好这天晚上包特罗将军来我官邸共进晚餐。我知道包将军同马沙将军私交甚笃,便趁机提出一个折中方案进行试探,建议安全局派一名有经验的警官,大使馆派一名外交官,共同押送桑犯回国;并请安全局的警官负主要责任。包特罗将军认为可行,表示次日一早就去告诉马沙。就这样,中哥双方官员合作,顺利地把桑犯押解回国,并追回了他卷走的部分赃款。

10. 你是怎样看待胡锦涛主席弯腰捡国旗的?

当地时间2012年6月18日,G20峰会在墨西哥洛斯卡沃斯开幕。在G20峰会上,主办方用贴在地板上的各国国旗来标示合影时领导人的位置。合影结束后,唯有中国国家主席胡锦涛弯腰把这面国旗贴纸捡起,细心地收了起来,从而中国国旗避免了被人踩踏。

一个拾国旗的细节，带来的是满溢的感动。

一位福建泉州的网友动情地写下："胡主席这样小小的动作是发自内心地热爱自己的祖国，向尊敬的胡主席致敬。"

一位山东聊城的网友这样描述看到照片时的情景，"一刹那间，我的鼻子酸酸的，毕竟他也是近七旬的老人呀！中国的掌舵人！"

一位北京市海淀区网友的留言赢得了3106次的认同推荐，他是这样写的："我弯腰了，是因为我深爱着这片土地；我流泪了，是因为我们有这么好的主席！"

一位博友则写下了一篇"不以事小而不为"的博客，其中提到"不以事小而不为，真是细微之处见精神。这一弯腰，这一幕，让人动容！"

一个躬身向下的动作，带来的是扬眉吐气的自豪。

一次与众不同，带来的是榜样的力量。

一位博友在博客里写道："主席捡国旗——小动作，大效应，这个细小的动作，向我们传递了一种自然天性的爱国情怀，不矫揉，不造作，甚至不用思考就自然而然地那样去做。毫不夸张地说，这给国人上了一堂生动的爱国教育课。"

一位网友在微博里写下保证书，"正能量，以身作则来爱国"。

63年前，毛泽东主席在天安门广场向全世界庄严宣告："中华人民共和国成立了。"他亲自按动连通电动旗杆的电钮，新中国的国旗——五星红旗徐徐上升，三十万人一齐脱帽肃立，一齐抬起头，瞻仰这鲜红的国旗。五星红旗升起来了，表明中国人民从此站起来了。

第十一章 优质服务的准则
——旅游礼仪训练

旅游业作为第三产业的龙头,在国家经济建设中发挥着日益显著的作用。

随着我国对外开放的不断扩大,越来越多的外国游客来到中国,想来看一看神秘的东方古国。此外,随着市场经济的发展和人民生活水平的不断提高,加之我国实行了"五一""十一"等长假和每周双休日制,国内观光旅游的人数也逐年增加。为了更好地为国内外游客服务,让广大旅游者玩得开心,住得舒心,吃得放心,高兴而来,满意而归,旅游工作者就有必要学习和掌握旅游礼仪。

第一节 接待服务礼仪

国内外游客前来旅游观光,该地有关部门和负责人要提前做好各项接待准备工作和迎接工作。

一、迎宾礼仪

(一)接待准备工作

(1)接待人员应熟悉有关部门下达的接待计划,了解有关团体和旅游人员的抵达时间、活动日程安排、旅游观光点的情况。

(2)掌握旅游团体的人数、职业、宗教信仰等资料。

(3)准备适当数量的导游图。

(4)落实预定游客及陪同人员的住房,了解房间的规格、设备。

(5)向飞机场、车站和港口问清楚飞机、车、船抵达的准确时间和停靠处的出口、站台等。

(6)预先准备好特定的标志,如小旗、牌子等。

(7)通知有关部门,如饭店、宾馆、旅游景点等,做好接待游客的准备。

(二)迎接工作

(1)有关部门在接到接待游客的通知后,迎接人员应在飞机、火车、轮船抵达前,到达机场、车站或码头,迎接客人的到来。

(2)游客下交通工具后,迎接人员应及时向全程陪同人员索取行李卡和有关证件,交给运送行李的有关单位和人员。

(3)游客上车后,迎接人员先作自我介绍,致简短欢迎词,然后分发导游图、宣传品,适时向游客介绍路途中的主要建筑和本地简况。

（4）安排住宿，将客人接到宾馆后要发放住房卡，向游客简单介绍设备情况和宾馆服务设施。

（5）对出境团体应索要全体成员的护照及乘机票据，办理订座手续等。

（6）向领队、客人、全程陪同人员了解客人的参观、游览、饮食要求，以便及时与有关方面联系。

（三）门卫服务礼仪

门卫，又称司门员、门迎或迎宾员。门卫的主要工作是迎送宾客、保卫安全和进行内部联络。

门卫是宾馆的"门面"。门卫的仪表、举止、服务态度等，直接关系到客人对宾馆的第一印象，因此，门卫在岗时，着装要整洁，制服上无任何污点、破损、折皱，皮鞋要擦亮，无灰尘。门卫要常修边幅，保持仪表堂堂的威严。

门卫应"站有站相"，站立要挺直，不可叉腰，更不要懒洋洋地靠在大门上。门卫在工作中要保持良好的精神状态，随时准备迎送宾客。

凡来宾馆的车辆停在正门时，门卫应主动上前打开车门，迎接客人下车。等客人下车后，门卫可环视车内，以防客人遗留下物品。客人携带的行李较多时，门卫应主动帮忙提行李。对年老体弱、行动不便的客人，门卫应主动搀扶。

门卫迎接客人进入宾馆大门时，应热情地说："您好，欢迎您光临××宾馆。"可对常住宾馆的客人说："您回来了，请进。"

门卫在工作中，要保持高度的警惕性。对来访者应礼貌接待，但要彬彬有礼地询问其姓名、工作单位和被访者的姓名、房间号码等。核实后，请来访者进门。若有问题，则应立即与总服务台等部门联系。

客人及来访者出门时，门卫可为其打开大门，并点头致意。客人离开宾馆、饭店或酒店时，门卫应为客人打开车门，待客人坐好后再关上车门。车辆即将开动时，门卫应友善地注视客人，挥手致意，礼貌道别。如说"再见""一路顺风""欢迎您再来"等。

二、总台服务礼仪

宾馆总服务台（简称"总台"）犹如宾馆的中枢神经，地位重要，责任重大。总台的主要任务是为客人办理住宿登记手续、安排房间、回答询问、结算账目，以及造报表等。可以毫不夸张地说，总台工作人员的礼仪水平和服务质量是客人对宾馆印象的重要组成部分。因此，总台工作人员应当充分发挥自己的聪明才智，抓好服务工作中的各个环节，为客人提供优质服务，为宾馆增光添彩。

（一）仪表礼仪

总台工作人员应努力做到仪容美观、仪表整洁、仪态大方。

所谓仪容美观，是女士上班前应化淡妆，如上胭脂，使面色红润、美丽，涂口红更显女性娇美，画眼影，把自己打扮得更秀气；男士应把头发梳理整齐，把胡子刮干净，洒一点香水,以显得更加精神。

所谓仪表整洁,这里主要是指服饰整洁。例如,女士上班时穿一套典雅的西服套裙,显得高雅、端庄;男士西装革履,显得精神抖擞。

所谓仪态大方,主要指表情自然,站有站相,坐有坐相,走有走相。远方来的客人,希望走进宾馆、饭店时,看见总台工作人员脸上自然流露出微笑,总台工作人员的站姿应庄重挺拔,女士亭亭玉立,男士玉树临风,显得潇洒从容,落落大方。

(二)服务礼仪

总台工作人员应笑迎天下客,热情、干练地为四方客人服务。

客人到总台办理住宿手续时,工作人员应笑脸相迎,态度和蔼地向客人问好并表示欢迎,给客人宾至如归的感觉。

总台工作人员对本单位的房间及其设施要了如指掌,以便酌情满足不同客人的不同需要,方能在客人到来时,如数家珍,语气温和地向客人介绍房间种类、位置、设施、房价和特点,供客人选择。为客人办好登记手续后,马上通知客房部楼层服务员,以便客房部人员做好接客准备。

总台工作人员在安排房间时,应考虑客人的风俗习惯。例如,不要把信仰基督教的欧洲人安排住在第13层楼和13号房间,也不要把忌讳数字"4"和"9"的日本人安排在4号或9号房间,以免引起误会和不愉快。

当有客人来求宿时,如果本宾馆住房已客满,总台工作人员应委婉地向客人致歉,并尽可能帮助客人联系其他宾馆、饭店。

总台工作人员应当争取尽快、尽可能准确地记住客人的姓名、面孔和房号。当外出归来的客人刚走近服务台,尚未自报房号时,你已递上他(她)的房间钥匙,沉默寡言的客人或许不做声,但心里会很高兴。

宾馆总台作为宾馆工作的中枢神经,经常会接到外单位打进宾馆的电话、本宾馆工作人员和客人打的电话。总台工作人员应热情、细致,讲究电话礼仪与交谈艺术。

总台工作人员对于客人的合理要求,应尽量给予满足;对于客人的提问,应耐心解答;对于客人的投诉,要认真倾听,并进行妥善处理。事情若已超过自己的职权范围,要及时向领导汇报,以便尽快给客人满意的答复。

客人要离开宾馆、饭店,来到总台结账时,工作人员要友好待客,善始善终,结账要迅速、准确,单据书写要清楚、工整。收款找零当面点清,唱收唱付。客人办完结账手续后,会由衷地说一声"谢谢",总台工作人员应真诚地说:"不用谢,欢迎您再次光临。"

第二节 客房服务礼仪

客房是旅客在外地时临时居住的"家"。宾馆要成为真正的"旅客之家",使客人住宾馆感觉像在家里一样方便、舒适、安静,客房部起着举足轻重的作用。

客房服务员在为客人提供标准化、规范化服务的同时,还应讲究服务礼仪。

一、"六无"

客房服务员上班时,应按规定着装,佩戴好工作号牌,以便客人辨认。

服务员在岗时应做到衣冠整洁,精力充沛,随时做好迎接客人的准备,保证客房内各项设备(如冰箱、彩电、空调、电话等)的完好和常备用品(如小香皂、小牙膏、浴帽、牙刷、茶叶、信封、信纸、笔、卫生纸、针线包等)的齐全。

保持客房卫生,要做到"六无",即:① 无虫害(如老鼠、蟑螂、蚊子等);② 无灰尘(不要让客人用手在桌上一摸一层灰);③ 无碎屑(如纸屑、果皮等);④ 无水迹(将桌椅等擦干);⑤ 无锈蚀(门、柜、抽屉锁不要生锈了);⑥ 无异味(房间要经常开窗,使空气流通,卫生间也应如此)。

客房服务员对每批新来的客人都要热情迎接,低层建筑要迎客到楼下门口,高层建筑要迎客到楼梯口或电梯口。向客人热情问候和表示欢迎后,应主动帮助行李较多的客人提行李。为客人带路时,应走在客人左前侧两步处。打开房门后,应请客人先进。客人进入客房后,酌情为客人打开电灯或拉开窗帘,向客人介绍房内设备使用方法和本单位公共设施及有关注意事项等,并询问客人有何要求。作答后有礼貌地告退,随手轻轻地带上门。总之,客房服务员要做到"五到":客到、茶到、香巾到、敬语到、微笑到。

二、"三轻"

客房是客人休息的地方,要保持安静。因此,客房服务员在客房区工作时要做到"三轻",即说话轻,走路轻,操作轻。例如,不要在客房区高声说话,放声歌唱;接听或传呼电话时声音不要太大或在走廊上大喊大叫;开关门不要太重,以免"嘭"的一声,将客人吓一跳等。

客房服务员要保证客房的卫生,及时整理房间,按规定撤换卧具。应尽量避免客人在房间时整理房间。若房门上挂有"请勿打扰"的牌子,暂不要进去整理、打扫,不要擅自闯入;如挂出"请速打扫"的牌子,应尽快打扫。做清洁时,动作要敏捷。

客人住店期间,客房服务员应对客人的人身和财产安全采取必要的保护措施。如保守客人的秘密,不将客人的姓名及房号告诉来历不明者。在撤换床上卧具时,要注意客人的手表、手机等,防止摔坏。整理房间时,不可翻阅客人的书报、文件等。未经客人同意,不要自作主张,扔掉客人放在桌子上的纸条等物品。当发生设备故障和意外事故时,要首先保证客人的安全。

客房服务员在走廊上遇见客人,应微笑问候或点头致意。有事进客人房间应先敲门,征得客人同意后方可入内。进入房间不要将门关严,宜半掩着,进入房间后也不要东张西望,没有什么事情不要在客房内逗留,服务员不要在客房看电视和在客房的卫生间洗澡,更不可见利忘义。

客人离开宾馆时,客房服务员要提醒客人再检查一下随身物品,以免将物品遗忘。然后将客人送至电梯口或楼梯口,与客人话别:"一路顺风!""欢迎您再来!"

第三节　餐厅服务礼仪

餐饮服务是旅游服务工作中的重要一环。餐厅服务员的良好表现，会给游客留下深刻的印象，反之亦然。因此，餐厅服务员要注意自己的形象和仪表，端正服务态度，运用娴熟的服务技巧，赢得客人的满意。

一、"五声"

餐厅服务员上班前应把自己打扮得干干净净，容光焕发。男士要梳理好头发、刮胡子修面、修剪指甲等。女士应按规定蓄留头发，修剪指甲，不要戴项链、戒指、耳环等饰物。上班时穿上统一标志服，包括衬衣、领带、领花、胸花等。餐厅服务员服装的颜色和图案应和餐厅内的布置、陈设、台布等相协调。

餐厅服务员在工作中要有"三语""五声"：用好尊敬语、问候语、称呼语；客人来时有迎客声，遇到客人时有称呼声，受人帮助时有致谢声，麻烦客人时有道歉声，客人离开时有送客声。

餐厅服务员对来餐厅就餐的客人要一视同仁，热情接待，同时应根据来客的不同特点，给予周到的服务。例如，对携带小孩就餐的客人，可端出小凳子为小孩加高座位；来客若是一对情侣，宜引领他们到餐厅的优雅处；对年老体弱者，应主动上前搀扶，尽可能把他们安排在清静且便于出入的位置；对于少数民族客人、台港澳同胞、海外侨胞和外国客人，要按他们的风俗习惯，作出相应的安排。

二、"四勤"

餐厅服务员为客人上菜时，要掌握好上菜速度。应根据客人的要求速上或缓上。餐厅服务员每上一道菜，应报菜名并简介其特色。宾主致词敬酒时，餐厅服务员要暂停上菜，但要注意为宾客斟酒。

斟酒时要讲礼仪，先主宾，后主人，然后按顺时针方向逐个进行。上菜从客人左侧上，斟酒时应站在客人右侧。斟酒时，左手托盘，右手握着酒瓶的中下部，标签朝内向着客人，瓶口与杯口相距 1～2 厘米。酒不必斟满，以免溢出来，通常以八成左右为宜。

餐厅服务员在工作中要做到"四勤"，即眼勤、嘴勤、手勤、腿勤。所谓眼勤，是指服务员应当眼观六路，耳听八方，看客人需要什么帮助；所谓嘴勤，是指服务员讲究礼貌，有问必答；所谓手勤，是指服务员不分分内、分外事，积极主动做工作；所谓腿勤，是指服务员要在自己的工作区域勤走动，得知客人需要什么东西赶紧取。

作为一名"四勤"服务员，看到客人的筷子或刀叉等掉在地上，会立即上前捡起拿走，再迅速给客人取来干净的筷子或刀叉；如果客人不小心碰翻了酒杯、汤碗，会赶快帮助客人擦干；看到客人酒杯中的酒剩下不到三分之一了，会马上走过去斟上；发现外国客人不会用筷子，会走过去亲切地讲解筷子使用方法或换上刀叉……

客人餐毕起身，服务员应热情送客。收台工作应等客人全部离去后进行，不可操之过急,否则是失礼的行为。

第四节 导游礼仪

导游是为旅行者(包括旅行团)组织安排旅行和游览事项,提供向导、讲解和旅途服务的人员。导游的责任重大,作用显著,被视为"旅行团的灵魂"。

导游服务的对象来自天南海北,四面八方,服务的内容包括协调落实行、住、吃、游、购、娱等多种事宜。因此,导游不仅要有丰富的文化知识、过硬的语言功夫、较强的组织能力和公关能力,而且还应具有较高的礼仪水平。下面简要介绍导游礼仪。

一、仪表礼仪

导游不仅为本地游客、本国游客服务,而且为来自世界各地的游客服务。面对中外游客,导游不仅代表自己的形象,而且在某种意义上代表祖国,是祖国的"代表"和"窗口"。因此,导游应讲究自己的仪容仪表,适时洗澡、理发,经常梳洗头发,修剪鼻毛、指甲,衣着整洁大方,保持良好的精神状态。

二、待客礼仪

导游在工作中应认真遵循爱国主义、国际主义和社会主义的人道主义原则,友好对待所有旅游者。对旅游者不分国籍、不分民族、不分肤色,不论游客来自大国、小国、富国、穷国,也不论游客是白种人、黄种人和黑种人,都一视同仁,平等相待。

三、协商礼仪

在旅游过程中,有许多事需要协商。例如,全程导游与地方导游协商在当地的旅游活动事宜,全程导游与旅行团领队等协商增减旅游项目事宜等。与人协商时,要本着民主的精神,态度和气,语气婉转,既要善于清楚表达自己的看法,又要善于倾听对方的意见,集思广益,以理服人,最终取得彼此都比较满意的结果。例如,选定参观游览项目时,主方应尽量满足客方的要求,但又必须从实际出发,充分考虑以下三个因素。

(一)针对性

根据游客的职业、年龄、性别、爱好等情况,选择他们感兴趣的项目。比如,安排企业界观光者参观大型工厂,安排教育界人士参观学校等。

(二)可行性

选定游览项目要考虑当地条件的可行性,诸如接待条件、交通情况、保密设施等。

(三)可能性

一些游览项目有较强的季节性,选定时令性游览项目应考虑季节,要因时因地制宜。

四、与外国游客交谈礼仪

导游与外国游客交谈时,注意态度诚恳,选择合适的话题,尊重各国人民的风俗习惯,不要涉及他人隐私,避免议论别国的政党作用等。

态度要诚恳。导游与外国游客交谈时,表情要自然,语调要亲切,声音要适度,言辞文雅、婉转。既要尊重外国游客,又应不卑不亢,维护国格、人格。

选择合适的话题。导游与外国游客交谈时,可以选择历史、文化、名人、风土人情、社会进步,以及教育、体育、卫生等外国游客感兴趣的话题。注意不要选择疾病、死亡等话题,也不要询问女游客的年龄、婚姻状况等私人生活方面的问题。此外,在与外国游客交谈中,要严守国家机密,不要有意无意地把属于国家机密的内容泄露出去。

国家机密包括:
(1) 国防建设措施;
(2) 武装部队编制、番号、实力、装备、驻防、调动、部署、后勤、兵工等方面的机密;
(3) 外交、公安、财务、金融、海关事务等方面的机密;
(4) 铁路交通、邮政、电信的机密;
(5) 国家经济建设计划和经济建设事业的机密;
(6) 资源调查、地质勘探、气象测报、地理测绘的机密;
(7) 科学发明、文教卫生的机密;
(8) 立法、司法、检察、监察事务的机密;
(9) 民族事务和华侨事务方面的机密;
(10) 内务和人事机密;
(11) 档案、密码、数字、图表、书刊机密;
(12) 有关国家机密的机构编制、仓库、场所;
(13) 未经决定或虽经决定尚未公布的国家事务,等等。

五、引导旅游礼仪

引导游客游览,为游客讲解游览点的历史沿革、风景名胜的特色、意境等,是导游为游客提供的行、住、吃、游、购、娱等一条龙服务中的中心环节,也是导游的"拿手好戏"。导游为了使自己的导游工作达到预期目的,不仅要相当熟悉和善于运用导游技巧,还应当讲究引导旅游礼仪。

(一) 树立良好形象

导游从第一次接触游客起,就要注意自己的仪表风度和言谈举止,称呼得体,握手规范,谈吐文雅,态度热情友好,办事稳重干练,给旅游者留下美好的第一印象。

(二) 工作走在前面

导游作为旅游活动的组织者,时时处处要以身作则,走在游客前面。例如,在旅游日,导游应提前10分钟左右率先到达出发地点,以便与领队交流信息,协商工作,有礼貌地招呼早到的游客,听取他们的意见和建议,不断提高服务质量。

(三) 端正讲解姿态

导游在车上讲解时,应面对游客,不能背对游客坐着导游。讲解时目光要巡视全体游客,不可仅注视一两个人。面部表情要亲切、自然,使人如沐春风;姿态端正、优美,给人落落大方的感觉。

(四)讲解出神入化

导游在工作中要尽职尽责,不可只"游"不导,应充分发挥自己的口才。例如,通过出神入化、绘声绘色、妙趣横生的讲解,使游客认识故宫等人文景观的奥秘,感受黄山等大自然景观的神韵,领略傣族泼水节等少数民族的风情……

(五)引导游客购物

游客在旅游过程中,会选购一些有地方特色的土特产,以作纪念和赠送亲友。导游应积极主动地给游客当好向导和参谋,把他们带到商品质量优秀、物价公平合理的商店。切不可唯利是图,为了一点"好处费",昧着良心和职业道德,把游客带进贩卖假冒伪劣商品的"黑店",给中国旅游业抹黑。

下面附录两个导游的故事。

(1) 一位中国导游的故事。

某中国代表团应邀访问日本,当代表团成员走下飞机时,日方人员手持花环迎上前来,中方代表团团长见状赶紧大步走上前去。可是,日方人员却将花环戴在中方代表团的一名普通成员——一名东北导游的脖子上。日本人为什么没有把花环献给中方团长,而献给了这名导游呢?因为这名导游是一位称职的导游、出色的导游,受到曾到过东北观光的日本游客的普遍好评。这名东北导游不仅精通导游业务,而且对东北的风土人情、山山水水了如指掌。另外,他精通日语,很容易和日本人沟通。由于他工作认真负责,服务热情周到,因此才发生了上述的故事。

(2) 一位美国导游的故事。

一位美国女导游陪着一车客人准备出发。开车的时间到了,车却没有开,游客们着急了,导游婉转地解释说:"对不起,请大家耐心等一会儿,还有一位女游客未到。"大家平静下来。过了一会儿,一位妇女牵着孩子匆匆跑过来,小孩上车时哭个不停,原来小孩想吃叉烧包。导游得知后二话没说,立刻跑到附近买来叉烧包,堵住了大声啼哭的小孩的嘴。在游览过程中,这位导游不仅热情地为游客介绍景点(分别用英语、广东话、普通话各讲一遍)等,并帮游客照相。休息时,她为游客播放歌曲。美国是个移民国家,食品荟萃了世界各国的风味。这位女导游还向游客介绍食物的特点,教客人如何用餐。此外,她为游客提供叫醒客人的服务等。她的出色工作和周到服务,给游客留下了深刻的印象。

思考与训练

1. 门迎的工作任务是什么?
2. 客房服务人员怎样做到"三轻"?餐厅服务人员怎样做到"四勤"?

3. 导游如何达到引导旅游礼仪中的五点要求？
4. 带领学生参观星级饭店、旅游景点，酌情进行实习。
5. 选择游览项目时，应考虑哪三个因素？
6. 组织学生观看旅游短片。

如果你遇到类似情况，你会怎样做？

7. 下面是一个真实的故事。这个故事告诉我们，服务员彬彬有礼的服务和对答如流的口才，是这家餐厅越办越红火的奥秘之一。阅后谈谈自己的认识。

  这家设在公园的雅园餐厅饮料齐全、菜肴上乘，服务员服务周到、仪态大方、口才极佳，吸引了不少客人。这家在当地颇有些名气的餐厅由于生意好、常常满员，只好在门口的树荫下临时安放几张桌子。

  一天中午，这家餐厅里来了几个足球运动员，他们对餐厅的服务和服务员的机智应变早就有所耳闻，却不相信，这次是特意来探个究竟的。由于客满被安排在野餐座。

  席间，他们不停地召唤服务员取这个、换那个，服务员总是彬彬有礼地提供服务。不一会儿，餐桌上便一片狼藉。几个运动员吃到酣处，呼喊乱嚷，敬酒喧哗，没有客人肯坐在他们附近就餐。

  忽然，一阵风吹过，一片枯叶落在一个运动员的酒杯里。几个一直没有找到什么破绽的运动员顿时感到，真是天赐良机啊！

  于是，一名运动员叫过一旁的服务员，指着杯中的树叶问："小姐，这算是一道什么菜呀？"

  服务员抿嘴一笑回答："这是一张黄牌。"

  服务员的一笑一答，充分展示了其精湛的交际技巧，生动形象，语义双关。

8. 下面是作者刘秀梅发表在 2005 年 4 月 10 日《工人日报》上的一篇短文。作者从厌恶这位衣着俗艳的女售票员，到尊敬这位女售票员，请问，是什么原因使她改变了对这位售票员的看法？你在公共汽车上会为抱小孩的妇女让座吗？

  上车时，我就注意到了她。一个衣着俗艳的女售票员，脸上有着似乎打了通宵麻将的疲倦，她的嗓音沙哑，面无表情地嚷着："上车买票。"在她挤过我的身边时，我厌恶地躲闪了一下。

  上来一位抱小孩的乡下女人，干枯的头发胡乱用旧格子围巾扎着，过时的衣服缀着补丁。没人多瞧她一眼。女售票员叫道："哪位同志给这位抱小孩的让个座？"没有反应，有看窗外的，有低头看手机的，还有对镜子补妆的……就连乡下女人也木然着，她似乎还没意识到与她有关。女售票员又叫了一遍，乡下女人倒明白了是为了她，脸上有窘羞的神情，仿佛因惊扰了他人而抱歉。

  一个刹车，慌张的女人险些跌倒，女售票员却处变不惊地接着卖票，固执地叫着"哪位同志给这位抱小孩的让个座？"仍未有回应。

  女售票员挤到一个染着栗色短发的女孩身边，示意她起来让个座。女孩很不情愿地起了身，乡下女人终于抱着孩子坐下了。

下车时,我已对那位衣着俗艳的女售票员改变了印象。因为为了一个衣衫陈旧的乡下女人,"哪位同志给这位抱小孩的让个座"这句话,她固执地重复了11次。

9. 阅读下面案例,具体理解体会服务行业的优质服务和超值服务(超出客人期望值)。

某饭店午餐时间,一位客人招呼服务员:"小姐,请给我倒一杯白开水好吗?"服务员微笑回答:"好的,请稍等,这就给您送过来。"服务员迅速为客人把白开水送到餐桌上,这位客人看到自己要的白开水,从口袋里拿出一包药,摸了摸水杯,皱了皱眉头。服务员发现客人的细微动作后,立即主动询问客人:"给您的杯里加些冰块降温好吗?"客人立即高兴地说:"好的,太谢谢了。"服务员很快给客人拿来冰块放入杯中,水温立即降下来,客人及时吃了药。客人临走时,写了表扬信,对这位服务员的服务表示感谢。

第十二章 饮食活动的要领
——餐饮礼仪训练

餐饮礼仪是人们在饮食活动中应遵循的道德规范。

饮食是人类赖以生存的基本生活方式,古人云"民以食为天",足见饮食在人们生活中的重要性。饮食又是人类社会礼仪产生的源泉,《礼记·礼运》中说:"夫礼之初,始诸饮食。"最早的食礼,源于远古祭神仪式。《礼记·礼运》中说:"其燔黍捭豚,污尊而抔饮,蒉桴而土鼓,犹若可以致其敬于鬼神。"其意是说,原始社会的先民,将黍米和猪肉放在烧石上烤熟,在地上凿坑当作酒樽用手掬捧,还用茅草包土扎成槌子敲击土鼓,以此表示对鬼神的敬畏和祭祀。

随着社会的发展,先民对自然界的变化和社会复杂关系有了进一步认识,仅以祭神祀祖为礼,已不能满足他们日益发展的精神需要,不能调节日益复杂的人际关系,于是,礼仪的范围和内容就从各种"神事"拓展到各种"人事",这便是郭沫若《十批判书》中所讲的"礼之起,起于祀神,其后扩展而为人,更其后扩展而为吉、凶、军、宾、嘉等各种仪制",从而奠定了古代饮食礼仪的基石。

中国是礼仪之邦,中国美食闻名天下,吃几乎渗透到中华民族社会生活的方方面面。

中国人几乎张口就谈吃,熟人见面打招呼,问:"你吃了吗?"不受人引诱叫"不吃那一套",手头比较拮据叫"吃紧",上当受骗叫"吃亏",社交广叫"吃得开",国营职工叫"吃皇粮",产生嫉妒叫"吃醋",受欢迎叫"吃香",被控告叫"吃官司",课讲多了叫"吃不消",不少喜欢美食的人称自己为吃货。甚至把美好的风景形容为"秀色可餐",把好文章形容为"回味无穷"。

人的一生也是伴随着各种食礼成长的。恋爱相亲要以茶酒定礼,结婚嫁娶要大办婚宴,祈求生子要以红蛋促孕,十月怀胎,食忌多多。生日要吃长寿面,老人去世要喝白喜酒。

中国人逢节必食,中国的传统节日基本都是吃节:春节包饺子、吃年糕、吃团圆饭;元宵节吃汤圆;中和节(二月二)吃龙须面、炒豆;上巳节(三月三)曲水流觞,荠菜煮鸡蛋;清明节吃冷食、清明团子;端午节吃粽子;中秋节吃月饼;重阳节吃重阳糕、饮菊花酒;冬至节吃馄饨、汤圆;腊八节吃腊八粥、煮腊八豆。

中国人遇事必食,乔迁之喜要办"乔迁宴",晋级升官要办"升官宴",金榜题名要办"谢师宴",为朋友送行要办"饯行宴",为朋友接风要办"洗尘宴"。请人办事设宴相求,事成之后设宴感谢。民间几乎是无事不设宴,无宴不成礼。

既然饮食成为人们日常生活、社交活动不可缺少的一项内容,那么,掌握一定的饮宴社交礼仪就显得十分必要。

第一节　中餐进餐礼仪

中国传统进餐方式和中国传统进餐礼仪，历经千百年的传承演变，已形成较为统一的规范和模式。虽然不同地区、不同民族的饮食礼仪各有特色和略有差异，但相对西方饮食礼仪来讲，中国传统饮食礼仪具有其自身的特点和要求。

一、中式餐饮的特点

中式餐饮的特点主要从烹饪特色、饮食结构、进餐方式体现出来。

（一）中式菜点的特点

全世界饮食风味按特色划分，可分为三大类：第一类是以法国菜为代表的西式菜点；第二类是以土耳其菜为代表的阿拉伯菜点；第三类是以中国菜为代表的中式菜点。

中国菜在世界上享有较高的声誉，之所以受青睐，是因为中国烹饪具有一系列的特点，主要表现在：选料广泛，拼配巧妙；加工精细，造型优美；注重火候，控制得当；调味讲究，味型丰富；菜品多样，变化无常；主副食分明，小吃品种丰富；菜系流派众多，地方风味浓郁。正因为如此，中国赢得了"烹饪王国"的美誉。

（二）饮食结构的特点

中国传统饮食结构受地域和地理环境的影响，具有一定的差异性。北方地区，以面为主食，辅以牛羊肉、禽、蔬；南方地区，以米为主食，辅以鱼、猪肉、禽、蔬。新疆、内蒙古、西藏等地各因其地理环境的不同，略有差异。但总的来讲，以米面为主体，水产畜肉蔬果为辅，形成我国饮食结构的主要特征。

（三）进餐方式的特点

中国传统进餐方式主要有以下三大特点。一是使用筷子。西餐使用刀叉做进餐工具，阿拉伯人以手抓方式进餐，中国人则用筷子取食。筷子灵活、方便、多用的特点是其他取食方式不可比的。二是团聚共食。西餐讲究分餐分食，而中餐则主张众人围坐，共食一盘菜。民间以八仙桌（四方桌）为主，市肆餐饮以圆桌为主。团聚共食体现了中国传统"和合"的儒家文化特征。三是喜好劝菜劝酒。有朋相聚，必尽所能，以好酒好菜相待，这是中国人传统的饮食礼节。举杯推盏之间，人们喜欢劝菜劝酒，把好菜挟给来宾吃，把美酒敬给来宾喝，不管你喜不喜欢吃，不管你能不能喝，似乎只要劝了，敬了，礼仪就到位了，否则就会认为主人不热情。

二、日常进餐礼仪

无论是家庭日常便饭，还是朋友小聚宴饮，或一人独自出入饮食酒店，行为举止都有一定的礼仪要求。有时候，或许在吃饭时不经意间的一个不文雅的小动作，可能身份掉价，给人的印象蒙垢。

(一) 保持良好的"吃相"

俗话说:"吃有吃相,坐有坐相。"所谓"吃相"是吃饭过程中的礼仪规范。

(1) 主不请,客不尝。取食有先后,宾主相聚,主人先动筷,客人后动筷。家庭便饭,长辈先动筷,晚辈后动筷。

(2) 就近夹,勿远取。在有转盘的餐桌上进餐时,桌上的菜是可移动的,每个菜都可转到自己面前来,因此夹菜时不必迫不及待取远处的菜,而应只夹面前的菜。

(3) 适量取,不贪食。对桌上自己喜欢吃的菜,应适量取食,不能不管别人的需求,埋头多食。

(4) 食轻言,嚼轻声。俗话说:"食不言,睡不语。"众人相聚进餐不说话是不可能的,但吃饭时说话要注意两点:一是轻声说话,不可大声嚷嚷;二是忌讳口中含着食物说话,既不卫生又不文雅,吃东西时应尽可能不发出响声。

(5) 吐骨刺,置骨碟。酒楼吃饭,都备有骨碟,骨刺应吐在骨碟上。如果在家庭没置骨碟,骨刺可吐在面前的桌面上,切忌吐在地上。

(6) 用餐毕,擦唇边。用餐结束,应用毛巾或餐巾纸擦拭嘴唇,以免油腻或食物残留在嘴边,影响雅观。

(二) 把握劝菜劝酒的尺度

劝菜劝酒是中国民间传统饮食礼俗,有朋自远方来,为了表达对客人的尊敬和活跃餐桌上的气氛,有时少不了要劝菜夹菜,敬酒劝酒。劝菜也有礼规:菜上桌,主人应先劝客人动筷,客人则应礼让,主人动筷后客人方可动筷。劝菜要适度,如客人婉言谢绝,就不能勉为其难。劝菜夹菜应用公筷,不可用自己的筷子为别人夹菜。劝菜要劝吃档次和质量较高的菜,或是特色菜,不要劝吃档次低的普通菜。劝菜最好站起来劝,以示尊重。随着社会的发展进步,劝菜礼俗渐渐弱化了。相反,劝酒礼俗则日益强化,后面专门谈及。

(三) 正确使用筷子

筷子是全世界使用人数最多、最为普及的一种餐具。我国早在公元前殷商时期就已开始使用筷子,公元 4~6 世纪传到日本、朝鲜、东南亚各国。它虽然构造简单,但巧妙地运用了杠杆原理,它不仅集刀叉功能于一身,而且有健身益智的功效,因为操作筷子要牵动人体 30 多个关节和 50 多条肌肉,所以有助于手指灵巧、大脑发达。

别看简单的两根筷子,在使用时却有许多礼仪要求和使用禁忌。

首先是要正确摆放。筷子的摆放是很有讲究的。通常应纵放(横放表示进餐完毕)在餐盘旁边的筷架上,不能搁在盘缘或碗缘上。筷子是成双成对的,摆放时应比齐,不要一横一竖交叉摆放,也不要大、小头颠倒摆放,筷子的大头应离桌边 1~2 厘米。用餐时,如需临时离开,应把筷子轻轻搁在筷架上,不可插在饭碗里。

其次是轻拿轻放。餐前放筷子时,应事先将手洗净,然后将筷子一双双理顺,轻轻放在每一个人的餐位前,不可随便扔掷。在等待就餐时切忌用筷子击碗敲桌。

最后是文明用筷。筷子是就餐工具,一定要讲究用筷的礼节,注意"用筷十忌":

一忌迷筷,犹豫不决,不知该如何下箸;

二忌搅筷,用筷子搅动碗中的菜肴,挑菜拣食;

三忌刺筷,以筷当叉戳食;

四忌碎筷,持筷撕拉口中的菜、肉;

五忌泪筷,一面滴着汤汁,一面把菜夹进嘴中;

六忌剔筷,用筷子当牙签挑剔牙缝里的菜肴;

七忌舔筷,用嘴舔筷子;

八忌架筷,把筷架在碗上或插在饭碗中;

九忌传筷,利用自己用过的筷子传递菜肴;

十忌指筷,持筷说话指人。

请人用菜时,不要把筷子戳向别人面前。在夹菜时,还要注意避开别人筷锋,以免筷子打架。

三、中式宴会礼仪

宴会集饮食、社交、娱乐于一体,是人们为了一定的社交目的而举行的高级宴饮聚会。

自古以来,中国人都有因事设宴的民俗,举凡婚嫁寿诞、节令庆典、乔迁新居、金榜题名等,摆宴席,宴飨亲朋好友。

既然宴会成为我们生活中不可缺少的一项内容,就必须了解和懂得一些宴会礼仪。

(一)宴会的种类及特点

1. 宴会按饮食风格的不同,分为中餐宴会、西餐宴会

中餐宴会:亦即中式传统宴会,它在进餐方式上使用中式餐具(最有代表性的是筷子)、围圆桌而坐,采用中式服务,以中国菜肴和国产酒水为主。中餐宴会摆台反映中华传统文化气息,环境布局、伴餐音乐突出浓郁的民族特色。

西餐宴会:在进餐方式上使用刀、叉等西式餐具,设计桌面为长方形,并采用西式服务(主要表现为分餐制);菜肴以欧美风格的菜式为主,饮西洋酒;整个宴会的厅堂风格、环境布局、台面设计,乃至音乐伴餐等,均强调突出西洋格调。西餐宴会自20世纪初传入我国,目前在一些旅游涉外宾馆较流行。

2. 根据主办目的的不同,可分为庆贺宴、迎宾宴、商务宴

庆贺宴:泛指一切具有纪念、庆典、祝贺意义的宴会,如婚宴、寿宴、生日宴、乔迁之喜宴、开业庆典宴、庆功封赏宴、金榜题名宴、毕业庆典宴、庆贺节日宴等。此类宴会一般都具有较浓郁的喜庆气氛,主题意义突出。

迎宾宴:为迎接远方来的客人而举行的宴会,是社会上较为常见的宴会形式之一。迎宾宴有团体迎宾宴和私人迎宾宴之别。无论哪种类型的迎宾宴,一般都具有规模小、喜安静、重叙谈、讲面子的特点。迎宾宴较之庆贺宴,少了一份喧闹,多了一份热情。

商务宴:为了一定的商务目的而举办的宴会。商务宴自古已有,尤其是随着我国改革开放和市场经济的建立,商务宴在社会经济交往中起着重要的作用,并成为现在一些酒店的经营项目。

3. 根据我国政府外交礼仪的要求，分为国宴、正式宴会、便宴、家宴四种

国宴，是国家元首或政府首脑为国家的庆典，或为外国元首、政府首脑来访而举行的正式宴会，是规格最高、礼仪最隆重的一种宴会形式。我国国宴一般都在首都北京举行，20世纪50年代，国宴一般由北京饭店承办。人民大会堂和钓鱼台国宾馆建成后，规模较小的国宴一般在钓鱼台国宾馆举行，规模较大的国宴则由人民大会堂承办。国宴是政治性最强的一种宴会，国宴既要体现民族的自尊心、自信心、自豪感，同时又要体现兄弟国家和民族之间的平等、友好、和睦气氛。国宴环境布置讲究，厅内要求悬挂国旗，安排乐队演奏国歌及席间乐，席间还要致辞和祝酒，礼仪要求十分严格。

正式宴会，是仅次于国宴的一种高规格的宴会。它除了不挂国旗、不奏国歌以及出席规格不同外，其余安排大体与国宴相同。有时亦安排乐队奏席间乐，宾主均按身份排位就座。许多国家对正式宴会十分讲究排场，对餐具、酒水、菜肴的道数及上菜程序都有严格的规定。

便宴，即非正式宴会，常见的有午宴、晚宴。这种宴会形式没有正式宴会那么复杂、烦琐，不挂国旗，不奏国歌及席间曲，可以不排席位，不作正式讲话，菜肴道数亦可酌减。便宴较随便、亲切，宜用于日常友好交往。

家宴，即在家中招待客人的便宴。西方人常采用这种形式，以示亲切友好，家宴往往由家庭主妇亲自下厨烹调，家人共同招待。

宴会的情形十分复杂，从不同角度，根据不同的分类标准，还有多种分类方法，这里就不一一赘述。

（二）赴宴礼仪

赴宴是一项大众的社交活动，人们在宴饮过程中，通过谈话、吃饭、喝酒等一系列行为举止，将自己的个性与修养、能力与德行展现在公众面前，因此，掌握一定的宴饮礼仪知识，对树立良好的个人形象风范十分重要。

1. 应邀赴宴，按时到达

正规的宴请，一般都会下请柬，接到请柬后，一定要看清宴请的时间与地点，最好是将请柬随身带上，以备忘却之用。如果你是设宴的主人，你应该尽量提前15～30分钟到，以便有客人提前到时，有主人接待。作为一般的被邀请对象，应于宴会开始前一刻钟以上到场，而作为主宾，则不宜过早赴约，以准时为佳。主宾如果迟到，宴会则不能开席，导致众人等候为大忌。

接到宴会邀请，无论能否出席都应尽早给对方答复，以便主人作出安排。答复可以书面作答，也可用电话。一旦答复接受邀请，非不得已不要随意改动。如有特殊情况实在不能出席，尤其是主宾，应尽早向主人解释、道歉，必要时亲自登门致歉。

2. 找准座位，准确落座

正式宴会十分讲究席位的安排，这也是社交礼仪的需要。我国是礼仪之邦，讲究席位及座次更是有历史传统。《史记·项羽本纪》中记载，西楚霸王项羽在鸿门军帐中大摆宴席招待刘邦。在宴会上，"项王、项伯东向坐，亚父南向坐，亚父者，范增也。沛公北向坐，张良西向侍"。在这里,项羽和他的叔父项伯坐的是主位,坐西面东是最尊贵的座位。其次是南向,坐着谋士范增。再次是北向,坐着项羽的客人刘邦,说明在项羽眼里刘邦的地位还不如自己的谋士。最后是西向东坐,因张良地位最低,所以这个位置就安排给了张良,叫做侍坐,即侍从陪客。鸿门宴上的座次安排是主客颠倒,反映了项羽的自尊自大和对刘邦、张良的轻侮。

宴会席位安排从来没有一个统一不变的标准,它在不同的国家、不同的地区、不同的民族、不同的宴会对象等都各有所异。现在饭店服务力求与国际标准接轨,因此,我们的席位安排也遵循国际上流行的做法。

按照国际惯例,同一桌上,席位高低以离主人座位的远近而定。我国习惯按各人本身职务高低排列以便于谈话,两桌以上的宴会,其他各桌第一主人的位置可以与主桌主人位置同向,也可以以面对主桌的位置为主位。

在一些外交活动宴会中,礼宾次序是安排宴会席位的主要依据。在编排席位之前,首先要把经落实的主、客双方的出席名单分别按礼宾次序开列出来(最好由主办单位提供)。除了礼宾顺序之外,在具体安排席位时,还要考虑其他一些因素。如宴请多个国家的客人时,还要注意客人之间的政治关系,政见分歧大,两国关系紧张者,尽量避免安排到一起。此外,适当照顾各种实际情况,如身份大体相同,使用同一语言者,或属同一专业者,可以安排在一起,译员一般安排在主宾的右侧。

在国内一般宴请活动中,席位安排要根据不同实际情况而定。有时主宾身份高于主人,为表示对主宾的尊重,可以把主宾安排在主人的位置上,而主人则坐在主宾位置上,第二主人坐在主宾的左侧。有时赴宴人员不分宾主,如某学术会议宴会,席位安排时或以学术地位、职务职称高低为依据,确定一人为主人席,然后依次按离主人席远近排列。民间商务宴会,买单者坐主人席位置,其他人员根据买单者意图安排。家庭宴会,由年长者或辈分高者坐主人席位,其他依年龄大小或辈分高低依次排列。

如何确定主位?一般情况下,主人席就是一席中正对大门、背靠有特殊装饰的主体墙面的一个席位。但有些餐厅的门不是正开,此时,主人席要以背靠主体墙面的位置为准。即使有的餐厅门是正门,但装饰特殊的主体墙面不与正门相对,此时应根据实际情况以主体墙面为主要参照物,确定主人席位。

3. 文雅进餐,礼貌交谈

宴会开始,待主人招呼,即可开始进餐。酒店宴会,设有口布,口布是用来遮挡油渍和滴漏的酒水,一般是一头压在骨碟上,一头放在双腿上。将口布挂在胸前的做法不雅观。如将口布完全放在双腿上,当站起敬酒时,容易掉落地上。夹菜不可一次夹得太多,吃完可以再取。如果是按人头定量的菜(如清蒸扇贝、大闸蟹等菜),只能定量取食,不可多取。不同的菜,应采用不同的取食方法,一般来说,汤羹类菜宜用汤勺舀食,带粉丝的汤菜,切记不可用自用筷捞粉丝或原料,应该用公筷捞取。一些整鱼、整鸡等整型菜,宜将整菜最佳部位让给席中尊长者先食用,身份低者宜取一般部位食用。宴席上不要一直把筷子拿在手上,每次取完食或交谈时,将筷子暂置于筷架上。宴席上,有时会随菜(基围虾、龙虾、螃蟹)上一小水盂(铜盆、瓷碗或水晶玻璃碗),水中漂着玫瑰花瓣或柠檬片,这是供洗手用的。洗手时只需将手指浸在水中轻轻搓动几下，然后用餐巾或小毛巾擦干，并注意不要妨碍他人。有时拔丝菜也上一碗冷开水，是供灼热的糖粘菜在冷水中过一下，以免烫伤嘴巴。宴会是以菜为主体，酒贯穿始终，酒没喝完，原则上不能吃饭（主食），否则就是反（饭）上。宴会菜较多，桌上放不下时，宜将大盘换小盘，不可大盘叠大盘，既不雅观又不卫生，同时压下去的菜不方便取食。吃菜、喝酒、交谈是宴会的三大内容，能坐在一个桌子上参加宴会，大家往往是比较熟悉和友好了，谈话自然比较多。席间谈话应有主调，众人倾听或应和，而不应一人在讲话，另几个人在一旁说笑，这样做对人不礼貌。谈话时音量要控制好，不影响邻桌。席间说话，尽可能将身子往后倾斜，远离菜盘，以免唾液喷到菜盘上，必要时可用手掩挡。在有邻桌的餐厅，大声嚷嚷或划拳都是不文明的行为。

4. 宴席上菜，讲究程序

宴席菜点品种丰富，什么菜先上，什么菜后上，有讲究。宴席上菜顺序的基本原则如下。

先上凉菜，后上热菜。凉菜是整个筵席菜肴的开路先锋，它具有干香脆嫩、爽口不腻、味入其骨、香透肌里的特点，为佐酒佳肴。在人们举杯起饮，慢斟细品之后，渐渐适应宴会环境，形成良好食欲，此时应上热菜。

先上主菜，后上辅菜。主菜是筵席中最名贵、烹调最精美的一道菜。先将主菜端上席，是为了在宴会一开始就给宾客留下美好的第一印象。同时，主菜先上也是为了在筵席最后吃不完的一部分不会是重点菜。所谓先上也是相对而言，有的地方先上1~2道普通菜后再上主菜，起到烘托气氛的作用。

先上酒菜，后上饭菜。宴会的一般规律是先饮酒，后吃饭，酒开头，饭结尾。先上酒菜，以供佐酒，后上饭菜，宜于下饭。

先风味菜，后一般菜。所谓风味菜，是指具有特殊风格的菜肴，或者是地方名菜、本店名菜、时令季节菜、近期特供菜等。一般来说，开席之初，人们对头几道菜往往比较关注，品尝也比较认真。随着饮酒的不断深入，人的口舌逐渐麻木，食欲也减退或已满足。此时如果将名菜姗姗端来，不如开宴之初那么引人关注和重视，于是名菜也就失去了"名菜的价值"。

先上荤菜，后上素菜。筵席菜肴有荤有素，荤菜多由高脂肪、高蛋白原料制成，吃多了，会令人感到油腻。素菜有多种，筵席素菜通常是指绿叶蔬菜。吃过了油腻味厚的荤菜，再吃清淡爽口的素菜，会起到解腻清口的效果。

先上造型工艺菜，后上普通风味菜。当筵席刚一开始，席面比较空敞，人们的注意力还比较集中，先将工艺菜端上，与宴者可以集中精力欣赏工艺菜的造型特色，谈论菜肴制作工艺，为此留下深刻的印象。如果把精美的工艺菜放在后面上，人们微醉时，已无心欣赏菜肴的造型，更谈不上留下什么深刻印象了。

先上量大的菜，后上量小的菜。筵席菜品中，有的菜量较大，有的菜量较小。先上量大的菜，是为了让胃口大开、空腹饿肚的客人能够吃到较多的菜，避免很快出现盘子见底的现象。

先上咸味菜，后上甜味菜。咸味和甜味对味觉的刺激性均很大，但比较之下，甜味在味觉器官中滞留的时间要相对长一些。宾客吃了甜味菜点之后,再食用咸味菜点,会出现减味或乏味的感觉,破坏了味觉器官的感应平衡。因此,除极个别情况外,大多数甜品都应放在筵席最后上。

先上浓味菜,后上淡味菜。滋味浓厚的菜先上,可给宾客的味觉器官较强的刺激,味中枢神经处于兴奋状态,呈现出旺盛的食欲。如果先上清淡的菜,宾客会有寡而无味的感觉,造成兴趣索然的心理。

先上菜肴,后上点心、水果。点心的上席顺序,各地不尽相同,大多数是在宴会进行过程中,随某些特定的菜肴跟上,也有的是在宴会接近尾声时端上。

以上只是中式宴会上菜顺序应遵循的一般规律,在实际操作中,不同地区、不同酒店、不同筵席的菜肴上菜顺序亦各有差异,因此,我们要灵活对待。

5. 何时散席,取决主席

单桌宴席何时结束,由"主席"(即主人)说了算,"主席"起身,其他人方可离席。多桌筵席,要以主席(即主桌)为主,主席未散,其他筵席不得先行离散。如与宴者因故必须先行离开,离开者应向同桌各位说明原因,并致歉意。宴会结束,有人喜欢将未吃完的菜"打包",这是勤俭节约的良好美德,但打包也有礼仪要求。原则上打包以主人为主,客人不宜主动提出打包。宴席上,身份高的人不宜打包,应由身份低的人(如随从人员)打包。宴席未结束不宜打包,宴席结束后方可打包。与宴者不宜亲自动手打包,应指挥服务生打包。打包选择的菜也要注意:带汤水的菜不宜打包,应以干爽的菜为主;私筷戳过的菜不宜打包,应以未动过的部分菜为主;低档菜不宜打包,应以高档风味菜为主。

现在提倡光盘行动,点菜不要过多,吃不完的食物最好打包带走。

第二节 西餐进餐礼仪

西餐是欧美饮食体系的代名词,即以法、德、俄、意、美、澳等国为代表的白种人的饮食体系,分布在 70 余个国家和地区,近 20 亿人口。

一、西餐的特点

西餐与中餐相比,在进餐方式、饮食结构、饮食习惯、烹调方法等方面都有其特色之处。

在进餐方式上,西餐注重分食,无论是日常便餐还是高级宴会,西餐都实行分餐制。朋友聚会,各点各的菜,想吃什么点什么。分餐制既不会造成浪费(吃多少要多少),又符合现代卫生要求(不会相互吃口水),是社会进步的产物。

在餐具使用上,西方人习惯于用刀叉,用刀切割,用叉取食,不同刀叉用途各异,餐具种数较多。

在饮食结构上,西餐以肉、禽、鱼等动物原料为主,乳猪、牛肉、羊肉、火鸡、菜鸽、鹅肝、鸡蛋、奶皮、西米旦(发酵奶皮)、奶酪、黄油、鲈鱼、鳜鱼、黄鱼、沙丁鱼、马哈鱼、龙虾、大蟹、牡蛎、鱼翅、蜗牛、兔肉等是常用动物原料。西餐以素食为辅,主要有麦片、柠檬、槟榔、红豆、黑枣、面包、蛋糕、通心粉、胡萝卜、花椰菜、黄瓜、洋葱、生菜、苹果、香蕉、菠萝、土豆、芦笋、腰果、面酱、果酱等。西餐主副食不分,很早的西方人以畜牧业为主,肉与奶便是他们的全部食品。

在饮食习惯上,西方人喜欢冷食和生吃。啤酒要喝冰的,饮料要喝冰的,连酒也要加冰块。西餐多生食,蔬菜生吃,鱼生吃,连牛排也只煎七成熟,鸡蛋煎出汤蛋(即半熟蛋)。西方人认为,只有生吃才能完整吸收原料中的营养。

在烹调加工上,中餐注重随意与经验,西餐强调科学与规范。一份炸鸡翅,从纽约到旧金山毫无二致,全世界牛排的配料都是番茄、土豆加生菜,非常标准。西餐从某种程度上讲,只烹不调,注重进餐过程中调味,而烹调的食物也大多是大块大片的,需食客自己用刀叉分割后食用。

二、西餐餐具的摆放与使用

西餐餐具种类繁多,摆放讲究,使用也讲规范,许多不了解西餐的人,坐在西餐桌前,面对琳琅满目的餐具,往往不知所措。

(一)西餐餐具的摆法

西餐餐具主要有刀、叉、匙、盘等。刀分食用刀、鱼刀、肉刀、奶油刀、水果刀;叉分食用叉、鱼叉、肉叉、龙虾叉;匙有汤匙、甜食匙、茶匙等;盘则有大小不同的菜盘、汤盘、垫底盘、面包盘等。酒杯则分为葡萄酒杯、香槟酒杯、烈性酒杯、啤酒杯等。西餐餐具一般在开餐前都已在餐桌上摆好。正式宴会的摆法一般是:座位前正面放垫底盘,左叉、右刀、上匙。左右侧最外边的刀叉是餐前食用刀叉,中间的刀叉是吃鱼用的刀叉,靠里边的刀叉是吃肉菜用的刀叉。它们都纵向放置在就餐者垫底盘的两侧,分别离桌缘1~2厘米。这些刀叉的摆放顺序,从外向里取用,与上菜的顺序一致。吃甜品用的刀叉,一般在最后使用,被横向摆放在垫底盘的正上方。垫底盘上方放甜食匙,再往前略靠右放酒杯,右起依次为葡萄酒杯、香槟酒杯、啤酒杯(水杯)。餐巾叠成花样插在水杯内或叠好放在餐盘上。面包盘置于叉子左侧1~2厘米处,离桌缘3~4厘米。此外,在座位左上方有一玻璃或金属水盂,盛有清水,有时还撒有花瓣,是供洗手用的,洗手时把手指轻涮一下即可。

(二)西餐餐具的用法

1. 餐巾

餐巾是为了在用餐时防止衣服弄脏而准备的。一般点完菜后才将餐巾打开。将餐巾打开后对折,并将开口朝外置于膝上。餐巾除了用来擦拭嘴巴、手指以外,也可以在吐出鱼骨头或水果的种籽时,拿来遮住嘴巴。擦拭嘴巴时,拿起餐巾的末端顺着嘴唇轻轻压一下,弄脏的部分为了不让人看见,可往内侧卷起。将鱼骨头或水果的种子吐出时,可利用餐巾遮住嘴后,用手指拿出来或吐在叉子上后再放在餐盘上,也可以直接吐在餐巾内,再将餐巾向内侧折起。通常服务生会注意到并换上一条新的餐巾。用餐巾擦汗或擦鼻涕,或将口红整个印在餐巾上等都是不文明的。暂时要离开座位时,轻轻地将餐巾折好,自然地放在餐桌上或椅子上。不要把餐巾挂在椅背上,或是揉成一团放在桌子上。

2. 刀、叉、匙的用法

刀、叉又分为肉类用、鱼类用、前菜用、甜点用,而汤匙除了前菜用、汤用、咖啡用、茶用之外,还有调味料用汤匙。调味料用汤匙即是添加调味料时所使用的汤匙,多用于甜点或鱼类菜品。刀叉正式的用法为两只一组的使用,右手拿刀,左手拿叉。

叉子的拿法为将食指伸直按住叉子的背部。刀子除了与叉子同样拿法外,还可以用拇指与食指紧夹住刀柄与刀刃的接合处。可依料理选择较容易进餐的方法。如果以全部的手指握住的话,会破坏整体平衡,利用拇指与食指握住才是拿刀叉的要诀。

以汤匙代替刀时,须右手拿汤匙,左手拿叉。汤匙的握法与握笔方法相同。

吃米饭之类的食物时,可以很自然地将叉子转到下面舀起食用,因为叉子下面的凹下部位是为此用法而设计的。这时,也可利用刀子在一旁辅助用餐动作。将餐盘上的食物舀起时,利用刀子挡着以免食物散落到盘子外面,就可以很利落地将盘内食物舀起。

刀与叉除了将菜切开送入口中之外,另一项重要的功用是刀叉的摆置方式,传达出"用餐中"或是"结束用餐"的信息。服务生利用这种方式,判断客人的用餐情形,以及是否收拾餐具准备接下来的服务等,因此,应记住正确的餐具摆置方式。用餐过程中暂时离开时,可将刀与叉呈八字形摆在盘中,而刀刃侧必须面向自己,这表示正在进行中。用餐结束的信息是:将叉子的正面向上,刀子的刀刃侧向内与叉子并拢,平行放置于餐盘上。而没用过的刀子,原样放在桌子上即可,服务生会将它收走。

三、西餐菜点食用礼仪

要了解西餐礼仪,必须了解西餐的上菜顺序。正餐的上菜顺序如下:第一道菜是开胃菜,是主菜前的小菜,配以鸡尾酒。第二道菜是面包、黄油(或果酱、奶油)。第三道菜是汤,喝汤以刺激胃分泌消化液,为进食热菜做准备,喝汤时上雪利酒。第四道菜是冷盘,又叫小吃,用中刀叉,上烈性酒,用立口杯。第五道菜是主菜,一份是鱼,用鱼刀叉,上白葡萄酒;一份是肉(添加海味),用肉刀叉,上红葡萄酒。第六道菜是点心(如蛋糕、饼干、馅饼、三明治等)。第七道菜是甜品(如布丁、冰淇淋、冷冻食品等),用甜点勺和中叉,上香槟酒。第八道菜是果品(主要是时令水果或什锦果盘),用水果刀。第九道菜是热饮,上红茶或咖啡,这是西餐的"压轴戏"。此外,有时还供应利口酒等饭后酒。

在正式的宴会上,食物应一道接一道送上来,客人吃完一道菜,再上第二道菜。作为参宴者每吃完一道菜,把刀叉(匙)并排放在盘里,待侍者从你的右手边收走,接着从你的右手边送来下一道菜。

西餐便餐主要由开胃菜、面包、汤、主菜(一份)、甜品、热饮构成。

西餐各道菜品,其具体的食法各不相同。按照西方礼仪,同桌多人就餐时,必须等每位都上完一道菜后才能同时用餐,要注意速度以配合大家。下面介绍几种主要食品的食用方法。

(一)前菜,又称开胃菜

前菜是在主菜之前的少量料理。为了使主菜更加美味,利用少量的前菜让肚子做一下暖身运动,以增加食欲。正统的前菜大都以鱼子酱、烟熏鲑鱼、生火腿、小龙虾等冷冻肉或沙拉类为主。

冷冻肉的料理又以鹅肝酱最具代表性。鹅肝酱的材料是以特殊饲养方式所养殖的鹅的肝脏,其口感浓郁,与鱼子酱、松露合称为世界三大珍味。冷冻肉用刀与叉食用,如果有附带切成薄片的吐司,则利用刀将冷冻肉涂抹于吐司上食用。

鱼子酱通常会附加在冷冻肉的料理旁,有时也会直接放置于餐具内端出来,这时候可利用汤匙舀起来吃。不过,有时也会做成开式三明治的样子。开式三明治,即是在切成薄片的吐司上摆上菜肴做成的三明治。如果是开式吐司的话,一般都是直接用手拿起来吃。不过,如果大小不是一口即可食用的话,用刀叉切开吃也可以。小龙虾则是一边加酱料一边食用。

（二）面包

正宗的法国餐厅很少提供米饭,大多以面包为主。面包是无限量供应的。面包不是主菜,只是为了点缀食品而存在的。面包一般由服务生放入篮子内送出来,可以挑选自己喜欢的面包并放在左侧的面包盘内。如果没有面包盘,可以直接放在左侧的桌巾上。如果一开始就已经摆上面包,那么左侧的面包就是你的了。为了不吃太多面包,最好在用过前菜,汤端上来后再开始吃面包。吃面包的时候应先以手撕下一口大小的量后再吃。用刀切面包,或是以叉子叉住面包后切成几小块都是违反用餐礼仪的。

（三）喝汤

法国人所谓的汤,指的就是浓汤。依季节的不同也有冷汤,不过一般都是热汤。汤端到桌上时,首先用手轻轻地接触一下餐盘,确认一下汤的热度。喝的时候,将汤匙由内向外舀起,饮用时不要发出声音。千万不要用力吸汤,应让汤自然流入口中,慢慢地喝。如果是加料的浓汤类,可以像吃东西那样喝下去。如果汤只剩下一点,可以将盘子稍微倾斜,利用汤匙轻轻地舀起来喝。要注意不要让汤匙刮到盘底而发出声音。有时硬饼或起司棒会与汤一起送上来,硬饼指的是浮在汤面上的料。有时端上来就已经加在汤里面了,有时会放在类似放调味酱那样的小杯子内与汤一起端上来,可以用附在一旁的小汤匙取一些放入自己的汤中。

起司棒也可以直接拿起来吃,不过最初人们是将其弄碎放入汤中与汤一起吃。喝完汤后,汤匙直接放在汤盘内或放在汤盘下的餐盘内都可以,但不要放在桌巾上,会把桌巾弄脏。

（四）主菜

主菜主要有鱼、肉类食品和搭配的蔬菜。

（1）如果是整条鱼,左手用叉压住鱼头,右手用刀自鱼头后面沿着中间脊骨至尾部划开,起出上边一半鱼肉放在盘子靠自己的一边,淋上酱汁,用刀叉自左侧吃起。吃鱼不能翻转鱼身。吃完上边的鱼肉后,再用叉压住鱼头,用刀从骨头和下层鱼肉之间划过,把鱼骨剔出,将下层鱼肉移至面前的盘上食用。吐出鱼刺时,应将叉子靠近嘴边拦住,与鱼头、鱼骨等剩余物整齐地放在盘子的另一侧。如果吃整块鱼片,应从左边开始,每切成一口大小蘸调料吃。这种鱼有时会以蒸烤用的玻璃纸或锡箔纸包裹端上桌,应用刀把玻璃纸或锡箔纸从中间划开,让鱼露出,再开始食用。吃龙虾要用刀叉先把虾肉取出再吃。

(2) 吃肉菜时,应从左侧切成一口大小,吃一块切一块,切勿一次全切好。如果肉较大,可先切成两块,把其中一块移至盘中间,切而食之。如果是带骨的肉,可用叉子压住肉,刀沿着骨头划开,将骨取出,再切成一口大小食用。

(3) 吃鸡肉,用刀叉先去掉鸡骨之后,再用餐刀切成一小块,叉而食之。吃煎荷包蛋,欧美人习惯煎成两面白,先戳破半熟的蛋黄,然后用刀切成小块,用叉叉着吃,流在盘中的蛋黄可用小块面包蘸着吃。

(4) 吃牛排,根据自己的口味,选择几成熟,搭配的蔬菜要和主菜交互着吃,才显得出菜肴的美味。盘里剩的肉汁或调味汁,可以用面包蘸干,再用叉子送进嘴里。

(五) 咖啡

咖啡是西餐中最常用的一种饮品,不论是小咖啡杯还是普通的咖啡杯,如果内侧有华丽的装饰,服务生一般会先让客人观赏后再把咖啡倒入。喝咖啡时,加入糖与牛奶之前先小饮一口,品尝一下纯咖啡的香气。再将糖、牛奶等与咖啡混合,轻轻地捏住杯耳并注意不要让咖啡匙碰伤杯子内侧,轻轻地搅拌液体即可。加方糖时,用夹子将方糖先放在汤匙上,再轻轻倒入咖啡杯中,防止咖啡溅起来。如果咖啡端出来的时候杯耳在左侧,然后将咖啡盘放在餐桌上,只端起咖啡杯饮用即可,不需持咖啡杯碟。

欧洲人习惯把糖放入浓缩咖啡后,不加以搅拌,而花费 20~30 分钟慢慢饮用,享受糖在咖啡杯底慢慢溶化,咖啡逐渐变甜的过程。

四、西餐宴会礼仪

(一) 西餐宴会的形式

西餐宴会按进餐时间及内容的不同,分为晚宴、午宴、下午茶派对、鸡尾酒派对、花园派对、招待会等。

晚宴是一种最讲究形式的宴会,一般从晚上七点开始聚餐,晚宴台型讲究,菜品丰盛,气氛热烈,是较正规的一种宴会。

午宴是中午十二点开始举行的宴会,内容与晚宴相当,但在规模和形式上较晚宴简略些。

下午茶派对是多在下午 2 点举办的以红茶、非酒精类饮料和茶点为主来招待宾客的轻松派对。

鸡尾酒派对多在下午晚些时候举行,以酒类及简单饮食款待宾客,比起以用餐为主的宴会,这种以社交为主要目的的宴会,来宾可以依自己喜欢的时间入场、退场。

花园派对是以私人庭院为场地举办的站立式宴会,通常从上午 11 点开始至下午 3 点左右。日本皇室于每年春天所举办的园游会也属花园式派对的一种。

招待会虽然和鸡尾酒会同样都是以社交为主要目的,但是招待会会带有公家的色彩,当然也有以外国大使或公使为主人举办的招待会。

（二）西餐宴会台型及席位安排

正式宴会一般均排席位，也可只排几位主宾的席位，其他客人只排桌次或自由入座。

西式宴席一般采用长条桌或蹄形桌，在座位的排列上，亦以右为尊，并以离主人座位的远近来决定客人地位的高低。离主人越近者，地位越高。

此外，在安排席位时，还需要考虑一些其他因素。如多边活动需要考虑客人之间的政治关系，政见分歧大，两国关系紧张的，要尽量避免安排在一起；还要适当考虑照顾身份大体相当、使用同一语言或属同一个专业者，把他们排在一起。翻译人员一般安排在主宾的右侧。在以长桌作主宾席时，翻译人员也可以考虑安排在对面，便于交谈。

西式宴会宾主席位的安排大致与中式宴会的相同，主人席位通常安排在席上方和正中，主宾席位安排在主人席位右边，副主宾安排在主人席位的左边，其他宾客则从上至下，从左至右依次排列。如宴会的正副主宾都偕夫人出席，在有副主人陪同的情况下，副主人的席位应安排在主人席位的对面，即餐台下方的中间席位上，右边安排副主宾，左边安排副主宾的夫人，主人席位的左边安排主宾夫人。

遇到特殊情况，可视具体情况灵活处理。如主宾身份高于主人，为表示对主宾的尊重，也可以让主宾坐主人位，而主人则坐在主宾的位置上，第二主人坐在主宾的左侧；如果本席出席人员中有身份高于主人者，可由身份高者坐主位，主人坐在身份高者左侧。

（三）西餐宴会礼仪

有道是："吃中餐，主要是看桌上的美味佳肴，吃西餐主要是看就餐者的举止风度。"参加正规西餐宴会，吃已不重要了，社交反而成为宴会的主题，每个人的行为举止，谈吐风度，在这种特殊的社交场所显得十分重要。

1. 着装讲究

针对不同的宴会形态、规模以及举办时间，适合穿着出席的服装也各有不同。若是邀请函已经指定的话，就依照指定穿着。一般来说，在正式的晚宴里，男性都是穿着无尾晚礼服，女性穿着晚礼服或小礼服出席。宴会没那么正式的话，男性可以身着深色西装出席，女性穿着连衣裙或套装出席即可。请女性留心的是，由于是用餐场合，请以清洁感的发型和化妆为主，香水要酌量使用。

2. 入座规范

根据请柬上注明的席位，或根据自己在众宾客中的身份位置，或由服务生（司仪）引坐，或自己寻找适合自己身份的位置落座。入座时，要从椅子的左侧进入，手扶椅背，将椅子略微抬起往后拉开；落座后，双手要抬起椅子，慢慢靠近桌边，使胸部与餐桌保持一个半拳头的距离为宜。坐定后，上身挺直，不能或仰或俯、东倒西歪；脚并拢，勿伸、勿跷、勿蹬；双手自然平放，手腕靠近桌缘或把手放在自己的膝腿上，不能趴在桌上也不能藏于桌下。进餐时，身子可以略向前靠，但不要把头低向盘子，更不要低头用嘴凑近盘边吃东西，也不要把盘碟端起来吃。

3. 女士优先

尊重女士是西餐礼仪的一大特点。在非官方的西餐宴会上，女主人通常处于第一主人的位置,主宾往往在女主人的右边;用餐的开始和结束,往往由女主人示意;来宾均先向女主人致意或送花。

西餐宴会一般是男女交叉安排、相邻而坐。为了体现男士的绅士风度,男客人应帮助他右边的女宾拉出座椅,待女宾入席下坐时,再帮助女士将座椅稍稍往前推,使其身体靠近桌的适宜位置,男士待女士坐下后就座。女士应对帮自己就座的男士微微一笑表示感谢后坐下,同时请身边的男士就座,并转身和他寒暄,以便引出交谈的话题。

在正式的西餐宴会上,除安排个别的女领位员外,概不使用女侍者,以体现对女士的尊重。

4. 友好交际

西餐宴会的主旨是交际,宴会交际已成为社会交往活动的重要组成部分。与宴者赴宴前应备好足够的名片,放在西装口袋(女士可放在小提包内)等易于取出的地方,以便交换名片之用。赴宴时的交际更多的是表现在餐桌上。有人说,没有交谈的餐桌上,仿佛少了一道菜。餐宴时的交谈以风雅为上,谈一些大家感兴趣又轻松愉快的话题,如赞美餐桌上的菜肴、酒水饮料和摆饰,或文艺、体育、旅游等话题,不宜谈及宗教、政治、疾病等可能触及别人忌讳的话题。

交谈对象,一般与左右邻座为宜,最好不要隔着人交谈,尤其不宜大声与餐桌对面的人交谈,但也不要耳语。满嘴食物和正在咀嚼食物时,不要与人交谈,如他人与自己交谈,也应等食物咽下后再应声。如果不擅长聊天又缺少话题,不妨当一个好听众,不要随意插话或打断别人的谈话。

为了广交朋友,餐桌上少不了交谈,但不宜太多,也不要说俏皮话、讽刺话和笑话。

5. 礼貌告辞

除了结婚喜宴和正式宴会之外,普通的宴会并不会清楚明确的结束时间。例如,参加鸡尾酒宴会,并没有规定何时离开宴会比较好,只要没什么重要的事,应尽量避免比主宾早离场。不是说待越久越好的意思。在离席的时机上,以"中场"为标准。中场为散会的间接说法,当司仪宣布"宴会已经进行到中场了",是在示意该陆陆续续离席的时候了,借此为离席的时机是不错的。离席时请不要忘记向主办者打招呼。

(四)自助餐进餐礼仪

自助餐本是西餐的一种进餐形式,由于具有自由灵活、品种丰富、时间机动、卫生洁净等特点,近些年来逐渐与中餐结合,成为饮食市场的主力军。自助餐也有礼仪规范。

1. 先落座,再取食

有些人一进自助餐厅就拿盘取食,取完食后,拿着满盘食物到处找座位,这是不文雅的行为。正确的做法是:由服务生领座,服务生安排在什么位置,就在什么位置落座,除非你向服务生提出特殊要求,并得到服务生允许。落座后将口布取下,压在盘碟下面,服务生倒上茶水,稍坐片刻再行取食。

2. 少量取,多次拿

自助餐菜品种类繁多,一般由冷菜、热菜(包括汤品)、水果、小点心及各种饮料组成。

取食程序是：先取饮品小饮两口，再取冷菜（或开胃菜），吃完冷菜再取热菜，吃完热菜再取小点心主食，吃完小点心主食，最后取水果。每次取食切忌贪多，自助餐以每次取食全部用完为佳，不许浪费。取食时不可将不同类别的食物混装于一盘，那种将冷菜、热菜、水果、点心等码在一个盘子上的做法，是不文明的进餐行为。

3. 菜取完，及时补

自助餐的菜品，有的菜会有较多人喜爱，于是会迅速取完，进餐者不必慌抢，服务生会通知厨房及时添加，这时，可以先品尝其他菜，待菜添上后再取。

4. 现加工，提要求

自助餐厅配有食品现加工，如煎蛋、煎牛排、下汤粉面等，点某道食品时，要向厨师说明烹调要求，常见有人因点要的食品不符合自己的要求而弃之不吃，这是一种不文明的表现，是一种浪费行为。

5. 只能吃，不能带

所有的自助餐，不论是以之待客的由主人亲自操办的自助餐，还是对外营业的正式餐馆里经营的自助餐，都有一条不成文的规定，就餐者在用餐现场里自行享用，不允许在用餐完毕之后携带回家。商务人员在参加自助餐时，要牢记。在用餐时不论吃多少东西都不碍事，但不要往自己的口袋、皮包里装自己喜欢的食物，更不要求侍者替自己"打包"。

第三节 饮酒礼仪

酒是一种奇特的食品，千百年来，没有哪一种食品像它这样令人惊奇、令人赞叹、令人陶醉。

酒，能够健身。我国最早创造的黄酒，素有"天乳""天之美禄"之称。啤酒含有人体需要的多种维生素，被誉为"流体面包"。药酒具有奇特的滋补作用和医药功能。就是各种白酒，只要少饮、适量，也能舒筋活血，理气和神，对身体健康有益处。

酒，可助兴、寄情、陶情怡志。因此，古人又称之为"欢伯"。在中国，人们的喜、怒、哀、乐、悲、欢、离、合等种种情感，往往都借酒来抒发和寄托。

酒，是友好的使者。大到官场外交，小到民间往来，大凡迎宾待客，往往都离不开酒。酒已成为公共关系活动中传送友谊的一种"载体"。

然而，酒与世间万物一样，也具有两重性。既能造福，也能惹祸；既给人们带来乐趣，也给人们造成危害。在古代，有多少无道昏君因沉湎酒色、狂饮无度而亡国害民，有多少文臣武将因贪杯暴饮而身败名裂，直至送命。看今天，有多少因酗酒醉酒而伤身误事，更有甚者酒后无德，而干出危害他人、危害社会的违法乱纪之事。有鉴于此，要提倡新的酒德酒风，养成有益于身心健康的饮酒习惯。

一、酒的种类及其特点

酒的种类颇多，酒的分类方法常见有以下三种。

（一）按生产方法的不同分为蒸馏酒、发酵酒、配制酒

蒸馏酒：原料发酵后，用蒸馏法制成的酒叫蒸馏酒。这类酒的酒精度较高，其他固形物含量极少，刺激性较强，白酒、白兰地等酒均属于蒸馏酒。

发酵酒：又叫压榨酒，原料经过发酵后，直接提取或用压榨法制成的酒。这类酒的酒精度较低，而且固形物含量较多，刺激性小，啤酒、果酒等均属于压榨酒。

配制酒：用成品酒或食用酒精，配合一定比例的糖分、芳香原料或中药材，混合储存后经过滤而成。用芳香原料配制的称为露酒；用中药材配制的称为药酒。常见露酒有青梅酒、玫瑰酒；药酒有莲花白、竹叶青等。

（二）按酒精含量的高低分为高度酒、中度酒、低度酒

高度酒：酒精含量均在 40% 以上，所以酒精含量在 40%（即 40 度）以上的酒称为高度酒。

中度酒：酒精含量在 20%～40%（即 20 度～40 度）的酒，属于中度酒，多数露酒和药酒都是中度酒。

低度酒：酒精含量在 20%（即 20 度）以下的酒，属于低度酒，如啤酒、黄酒、葡萄酒。

（三）按商业经营分为白酒、啤酒、葡萄酒、黄酒、露酒、药酒

白酒：又称烧酒、中国白酒，它与白兰地、威士忌、朗姆酒、伏特加、金酒齐名，被誉为世界六大蒸馏酒。我国白酒按香型分为酱香型白酒（以茅台酒为代表）、浓香型白酒（以泸州老窖为代表）、清香型白酒（以汾酒为代表）、米香型白酒（以桂林三花酒为代表）、其他香型白酒。

啤酒：啤酒为营养丰富型的清凉饮料，素有"液体面包"之称。啤酒根据杀菌与否分鲜啤和熟啤。

葡萄酒：以葡萄为原料酿造的酒，因酒液中含有人体所需的多种维生素和氨基酸，故成为高档宴会上不可缺少的饮料。葡萄酒根据葡萄颜色的不同分为白葡萄酒和红葡萄酒；根据含糖的多少分为干葡萄酒和甜葡萄酒。

黄酒：它是用粮食酿造的弱性酒，一般酒精含量在 10%～15%，因色泽黄亮而取名"黄酒"，是我国特有的传统饮用酒。

露酒：它是用葡萄酒或黄酒、食用酒精为酒基，加入一定的香料、糖料和食用色素等配制而成的一种酒。

药酒：它是以黄酒或白酒为酒基，配以各种药材经浸泡等工艺制作的，具有一定医疗作用和滋补作用的一类酒。

二、饮酒礼仪与禁忌

传承数千年的中华酒文化，积淀了丰厚的饮酒礼仪风俗，无论是三朋四友小酌，还是盛大宴席聚餐，人们必须遵循约定俗成的饮酒礼仪规范。

《晏子》载：有一次，齐景公乘着酒兴在酒宴上说，今天我想和诸位大夫们纵情酣饮，请大家不要拘于礼。这时齐相晏婴马上进行规劝，但是齐景公不听。饮了一会酒，齐景公外

出解手从晏婴身前走,晏婴不起身致礼;齐景公回来时从晏婴面前经过,他还是不起身致礼,对此,齐景公已有几分不快了。待到大家举杯饮酒时,晏婴不等齐景公先喝,便抢先喝了自己杯中的酒,对于晏婴一再违礼的做法,齐景公再也忍不住而大怒起来:晏子,你一向主张无礼不可,而今寡人出入你不起身,举杯时你又抢在寡人前喝酒,难道这就是礼吗!晏婴连忙离席再拜,然后对齐景公说道:晏婴怎敢违背君王在酒宴上所说的不需用礼的话,我刚才的举动是遵您的旨意而办的,君王如果真的想不拘礼的话,其后果必然这样,难道能说我无礼的做法不对吗?齐景公于是恍然大悟,便请晏婴入席,然后按照君臣饮酒的礼仪,行三巡酒而结束了酒宴。

由此可知,传承已久的饮宴礼仪是不能随便打破的,齐景公所说的不用拘于礼的话只不过是酒席上的醉语而已,一旦别人真的在酒桌上不讲君臣之礼,他就受不了了。

饮酒不讲礼不仅在官宴上不允许,就是在平民百姓的酒席上也会遭到人们的指责或被罚酒。

(一)古今通行的饮酒礼仪

1. 无酒不成席

凡设席宴客必置酒,否则被视为对设宴不重视或对被宴请的客人不尊重。即使主宾或主人不胜酒力,也拿些红酒、啤酒甚至米酒充当,总之,酒席中少了酒就失去了灵魂。

2. 七分茶八分酒

这是流传很广的一句话,也就是说给客人沏茶只能沏七分,而斟酒只能斟八成。常说的"满上满上"就是指斟上八成酒而言。这也是暗示饮酒之人不可贪杯过量,就是有十成酒量的人,喝到八成就好了,这样既不伤身体,又不会出洋相,可谓是斟酒的一礼。

3. 叩指礼

当主人给你斟酒的时候,把食指和中指捏在一块,轻轻地在桌边上点几下,以示感谢,就叫"叩指礼"。有一个民间传说,那是乾隆皇帝微服私访江南的时候,和太监一块饮酒,乾隆让太监坐在旁边。本来,朝廷里规矩多,奴才见了主子都得三叩九跪,太监和皇上坐在一块,他真得要喊几声"谢主隆恩"了。可这是微服私访,不能暴露身份,于是,太监就想出这么个办法,用三个指头在桌边轻轻地点了九下,象征着三叩九跪。后来,慢慢流传到民间,一直延续至今,只不过没有点那么多下了。这个礼节在我国广东、福建和香港地区,以及新加坡、马来西亚等国尤为盛行。

4. 先干为敬

两人碰杯,以先干者为表敬意。下级向上级敬酒碰杯时,下级先干;晚辈向长辈敬酒碰杯时,晚辈先干;男士向女士敬酒碰杯时,男士先干。总之,先干者表示对对方的敬意和尊重。

5. 低杯为敬

两人碰杯,身份低者或年轻者与身份高者或年长者敬酒碰杯时,前者应将杯身略低于后者的杯身为佳,否则为不礼貌。

6. 起身为敬

同桌敬酒,如身份、年龄相差较大,年轻、身份低者应站起向长者或身份高者敬酒。个别为表敬意,也可下位走近长者或身份高者身旁敬酒。

7. 双手捧杯为敬

年轻、身份低者向长辈或身份高的人敬酒,以双手握杯为表尊敬。

8. 碰杯必喝干

通常所说干杯,都是象征性的,而酒杯与酒杯相碰之后,则必须喝干,并且还应将酒杯倒过来,以示喝干净。若杯中还有酒滴出来,滴一滴就要罚酒一杯。

9. 敬酒讲秩序

同桌敬酒,讲究一定的秩序。随从人员陪上司宴请来宾时,陪同人员不可抢在上司之前向来宾敬酒,而应让上司先敬后,随从再敬。敬酒讲究顺序,或从最尊贵的客人敬起,以席上人员地位或年龄的高低,依次往后敬;或从主宾开始,顺时针方向敬。只要敬酒,全桌皆要敬,不可遗漏。

10. 代酒讲规矩

酒宴上,对方给自己敬酒,而自己又不胜酒力,这时可请人代酒(代饮)。代酒讲究一定的规矩:只能上级找下级代、年长者找年轻者代、女士找男士代,反之,则为不礼貌。

(二) 饮酒之礼忌

忌者,人之忌讳也。酒具有兴奋和麻醉神经的作用,人一旦饮酒过量,容易控制不住自己的情感,并失去理智,会导致一些失礼的行为发生。

1. 忌纵饮无度

孔子说:"饮酒以不醉为度。"然而有许多人却喜欢贪杯,贪杯则易醉,醉酒易失礼。醉酒之人往往话多,话多必失,酒后吐真言,如果吐出的是一些矛盾,则易引起纠纷;如果吐出的是机密,则是违法行为。因此,嗜酒者切忌贪杯、酗酒。

2. 忌闪约

朋友相邀,既已应约,须准时赴会。否则,酒菜已上,众宾客就座,唯独你一个人迟迟不来,不等你为不恭,等你又酒菜易凉,又似怠慢到席之人,徒使主人焦急为难。

3. 忌久饮不休

饮酒的时间,应有所控制,切忌"打疲劳战""持久战",动则"为长夜饮"。即使有朋自远方来,边饮边叙,时间不免要长一些,但不应忘乎所以,不顾休息,影响来日的生产、工作和学习。

4. 忌苦劝

要敬酒,可劝酒,但不能逼酒。应该"酒逢知己千杯少,能喝多少喝多少"。善意的劝酒,目的是使人喝好尽兴,绝非将人灌醉,使其遭罪。愿饮者,不用劝,不善饮者,不宜强劝。此外,劝酒不应"轮番轰炸",盯住一人,你敬我劝,都来"亲近",人欲推辞,则以种种理由强其干杯,或云"你喝了张三的,不喝我李四的"?或说"你喝了领导的,不喝群众的"?总之,不达目的,暂不罢休。须知,即使"酒场宿将",也经不起"车轮战术",如此下去,是非让人醉不可了。那么,你劝酒的善意又在哪里?

5. 忌不诚恳

不诚恳有种种表现。一是以水代酒,捉弄他人。酒席之上,觥筹交错,主客欢饮,必欲尽兴,不诚之人,乃趁机暗做手脚,以水代酒,邀人干杯,与人争胜。一旦"把戏"被人揭穿,必当场丢丑,留下话柄。二是入口不咽,暗地吐出。邀人同饮或被邀同饮,故作豪爽,二话不说,引颈举杯,倾酒入口,引得旁人喝彩叫好,然而就在这喝彩叫好声中,此君似不经意回身,或极自然低首,酒已吐之于地,旁人却浑然不觉;或酒刚入口,随即掏出手帕拭唇,顺势将酒吐之于手帕上。三是初饮推托,将散不休。常见一些"耍心眼""留后手"者,参加宴饮,唯恐喝醉,初饮时小心翼翼,略略沾唇而已,一巡过后,别人已酒尽杯空,他的杯中犹然半满。别人见此情形,出面劝酒,此君则连称已不善饮,谦恭有加。别人信以为实,也就准其随意自饮,不再强劝,酒宴自始至终,在一片和谐欢乐的气氛中进行。不想酒宴将阑,众人微醉之际,此君却突然酒瘾大发,酒兴大盛,呼甲唤乙,发动攻势,弄得众人瞠目结舌,不知所措,欲罢不甘,欲饮不能,不欢而散。四是能饮不饮,表面敷衍,众人干杯,能饮而不饮尽。更有一等人,"看人下菜碟",如果有地位有身份的人邀他干杯,他会情绪昂扬,一饮而尽;而一般人邀他干杯,或推辞,或饮而不尽,淡然冷漠,往往伤害对方的自尊心。

6. 忌争执骂座

众人饮酒,本来图个愉快欢乐,如果酒后骂座,挑起争斗,就无异于聚众闹事了。即使在席双方平素有些疙疙瘩瘩,但既然坐在一起,又当着其他宾客,双方就应克制,最好是趁此机会,彼此冰释前嫌,言归于好,这样将给酒宴添辉,主客皆为之祝贺、高兴,切忌"酒后借端,发泄宿怨",出言无忌,指桑骂槐,弄得主人不安,客人不快。

7. 忌当场呕吐

一旦饮酒过量,觉得反胃时,应赶快离开酒桌,切不可当场呕吐,既不卫生,又大煞风景。

8. 忌不遵令

众人饮酒,人人都要遵守酒席上的规矩。特别是飞觞行令时,酒令大于军令,一定要听令而行。第一是要听清楚酒令的内容、要求,不可违令。第二违令时要认罚,不得推托抵赖。

第四节 饮茶礼仪

茶是世界三大饮品(酒、茶、咖啡)之一,也是中国的"国饮"。我国历来有"客来敬茶"的礼俗,早在三千多年前,茶已被奉为礼品与贡品,到两晋、南北朝时,客来敬茶已经普遍成为人际交往的社交礼仪。

当今社会,饮茶更是人们日常社交活动不可缺少的一项内容,并形成一系列与日常生活相适应的礼仪。

一、茶的种类及其特点

茶树的鲜叶采摘后经过加工即制成各种茶叶。茶叶可分为两大类:基本茶类和再加工茶类。基本茶类包括绿茶、红茶、乌龙茶、白茶、黄茶、黑茶。再加工茶类包括花茶、紧压茶、萃取茶、果叶茶、保健茶。

绿茶是我国产量最多的茶叶,占世界茶叶贸易总量的70%。绿茶的基本特征是叶绿汤清,加工工艺是鲜叶采摘后经过高温杀青,然后经揉捻、干燥后制成(揉捻后用热锅炒干的称为炒青,揉捻后进行烘干的称为烘青,烘青的绿茶主要用来窨制花茶)。著名的绿茶品种有杭州的龙井、苏州的碧螺春、江西婺源的婺绿和庐山云雾、安徽屯溪的屯绿和六安瓜片以及河南的信阳毛尖等。绿茶中有"明前茶"和"雨前茶",分别是在每年清明和谷雨前采摘嫩芽幼叶制成,很珍贵。

红茶的基本特征是叶红汤红。红茶的加工工艺是鲜叶采摘后不用高温杀青,而是经过萎凋、揉捻、发酵(绿茶是不发酵的),叶子变红后再进行干燥。红茶又分为小种红茶(经过松柴烟熏具有特殊松烟香味)、工夫红茶、红碎茶(将叶片切碎后再发酵、干燥)。著名的品种有安徽的祁门红茶(祁红)、云南的滇红、江西的宁红等。

乌龙茶也称青茶,外形色泽青褐,属于半发酵茶。其加工工艺是鲜叶采摘后经过晒青、萎凋、反复数次摇青,叶子进行部分发酵红变,然后经高温锅炒、揉捻、干燥而成。冲泡后叶片上有红有绿,汤色黄红,有天然花香,滋味浓醇。著名品种有福建的武夷山岩茶、安溪铁观音等。

白茶属于轻微发酵茶,基本工艺是萎凋、晒干或烘干。成茶芽叶自然舒展,满披白色茸毛,汤色清淡,主产于福建福鼎一带。

黄茶是鲜叶杀青、揉捻后经过堆积闷黄,再炒,再堆积闷黄,然后烘焙干燥。著名的品种有湖南岳阳的君山银叶、安徽的霍山黄芽、四川的蒙顶黄芽等。

黑茶的原料一般较粗老,制作过程中堆积发酵时间较长,叶色油黑,故称为黑茶,可以直接饮用,也可制成紧压茶。

花茶一般是用烘青绿茶和香花拼和窨制,使茶叶吸收花香制成花茶,有茉莉花茶、白兰花茶、珠兰花茶、桂花茶等品种,以茉莉花茶最常见。北方饮花茶者较多。

紧压茶是用各类茶叶经过加工蒸压成一定形状,如砖茶、云南的普洱茶(沱茶)。

萃取茶是用热水萃取茶叶中的可溶物,过滤后获得茶汤,再经过浓缩干燥成固态的"速溶茶"或不经干燥制成液态的"茶饮料"。

果味茶是在茶中加入果汁制成茶饮料,如柠檬茶、橘汁茶等。

保健茶是在茶中加入中草药,加强防病治病的功效。严格说来,后二者茶的比重较小,如保健茶中更多的是靠中草药发挥作用,不能算是真正的茶。

二、约定俗成的饮茶礼仪

1."客来敬茶"

客来敬茶是我国生活礼仪的一项重要内容。有朋友来做客,主人首先要奉上一杯清茶。"请喝茶!"通常是主人对客人表示欢迎或尊重的一句话。待人以茶,常被视为高雅之举。我国古代许多清廉高洁之士,奉行"淡泊以明志,宁静以致远"的人生哲学,而淡泊正是茶的天性。饮茶可以使人达到一种平静和谐的心灵境界,可以陶冶人的性情,培养高雅情趣,协调人际关系。

2. "端茶送客"

茶可用来敬客,在中国历史上,也有用茶逐客的。这种做法多见于官场中。如大官接见小官,倘若有言语冲突,或言繁而烦心,大官就会严肃地端起茶杯,以一种端茶的特殊方式,示意侍从送客。相传,民国初时,孙中山先生为求团结救国,曾北上去找李鸿章,面呈政见,但由于话不投机,不一会李鸿章就生气地喊道:"端茶!"于是孙中山忿然起立,拂袖而去。端茶逐客与客来敬茶的美德是背道而驰的,在提倡社会文明的今天,这种习俗应扬弃。

3. "茶三酒四"

茶三酒四所表示的意思是品茶时,人不宜多,以二、三人为宜。而喝酒则不然,与品茶相比,人可以多些。明人陈继儒在《岩栖幽事》中提出:"品茶,一人得神,二人得趣,三人得味,七八人是名施茶。"人多嘈杂,不可能静心品饮,只不过是喝茶解渴而已。因此,如果是以品茶为形式的社交活动,人数以两三人为佳。

4. "浅茶满酒"

在中国民间有一种习俗,叫"茶满欺人,酒满敬人"或"浅茶满酒"。它指的是,在用玻璃杯或瓷杯或盖碗直接冲泡茶水,用来供宾客品饮时,一般只将茶水冲泡到品茗器的七八分满为止。首先,因为茶是用热水冲泡的,主人泡好茶后,马上奉茶给宾客,倘若是满满的一杯热茶,无法用双手端茶敬客,一旦茶汤晃出,又颇失礼仪。其次,人们品茶,通常采用热饮,满满一杯热茶,会烫坏嘴唇,这不是叫人无法饮茶吗?这会使宾客处于尴尬境地。再次,茶叶经热水冲泡后,会或多或少地有部分叶片浮在水面,人们饮茶时,常会用嘴稍稍吹口气,使茶杯内浮在表面的茶叶下沉。所以,茶水只倒七八分满,有利于品饮。而饮酒则不然,习惯于大口畅饮,显得更为豪放,所以在民间有"劝酒"的做法。加之通常饮酒,不必加热,提倡的是温饮。即使加热,也是稍稍加温,因此,大口喝酒,也不会伤口。所以说浅茶满酒,既是民间习俗,又符合饮茶喝酒的需求。

5. "七分茶三分情"

七分茶三分情,就是浅茶满酒的体现。做法是主人在为宾客分茶或直接泡茶时,用量正好控制在品茗杯(碗)的七分满为止,而留下的三分空间,当作是充满了主人对客人的情意。其实,这是泡茶和品茶的需要,而民间,则上升成为融洽宾主关系的一种礼仪用语。

6. "叩桌行礼"

人们在饮茶时,经常看到冲泡者向客人奉茶、续水时,客人会端坐桌前,用右手中指和食指缓慢而有节奏地屈指叩打桌面,以示行礼之举。在茶界,人们将这一动作俗称为"叩桌行礼",或叫"屈膝下跪",是下跪叩首之意。这一动作的寓意,与前面所说的"叩指礼"相同,均表示对主人的尊重。不过,这一寓意动作,又有了新的发展。有的茶客也会用一个食指叩桌,表示我向你叩首;倘用除大姆指以外的其余四指弯曲,连连叩桌,寓意我代表大家或全家向你叩首。这种情况,多用于主人向你敬茶时运用。

7. "以茶代酒"

在中国民间有以茶代酒之习俗,在饭席、宴请间,为朋友迎送叙谊时,遇有酒量小的宾客,或不胜饮酒的宾客,会以茶代酒,以饮茶方式来代替喝酒。这种做法,不但无损礼节,反而有优待之意。所以,在中国,此举随处可见。宋人杜耒诗曰:"寒夜客来茶当酒,竹炉汤沸火初红。寻常一样窗前月,为有梅花便不同。"说的就是这个意思。

8. "及时续水"

按照中国民间饮茶礼仪,当客人饮茶时,茶杯中的茶水只剩三分之一时,就得续水,否则就视为主人不热情,或认为主人不愿与来客多谈,请客人离开。因此,在日常接待活动中,一定要注意及时为客人续茶水。

9. "捂杯谢茶"

宾主双方经过长时间品饮聊天后,来宾要告辞了。这时如果主人或服务生续水,客人可以用左手掌轻轻按一下杯(碗)口,意思是:谢谢你,请不必再续水,我要告辞了。使用这种无声的语言,既显来宾讲礼貌、有涵养,又符合"廉、美、和、敬"的中国茶道精神。

10. "饮茶五忌"

在较为正式的场合饮茶时,应禁止下面五种不文明行为,统称"五忌":一忌狼吞虎咽;二忌连饮数杯;三忌响声大作;四忌嚼食茶叶;五忌吐回杯中。

思考与训练

1. 中式进餐有何讲究?
2. 西式宴会有哪些礼仪规范?
3. 说说饮酒礼仪及禁忌。
4. 谈谈喝茶之礼。
5. 古人云:吃有吃相。阅读下面两则案例,你认为赵海和李勇的吃相如何?

　　①赵海的好朋友从国外回来,赵海很热情地请好友来家里吃饭,席间不顾好友夫妇的一再推托,非常热情地为好友夹菜。在吃肉骨头的时候,有肉渣塞进牙缝,赵海拿起牙签,当众剔牙,还将剔出的肉渣放在桌子上。

　　②王飞今天心情特别好,要去参加同学聚会。聚会时气氛非常热烈,大家都在回忆过去美好的时光。吃饭时,王飞发现睡在他下铺的李勇吃饭时发出"吧唧吧唧"的声音,还边吃边说,唾沫四溅。吃完后,李勇伸了伸懒腰,做出很满足的样子,还打了一个响嗝。王飞的心情顿时暗淡起来。

6. 市场竞争日益激烈,天创和诸葛两家策划公司对某机电公司即将进行的车展都志在必得。于是天创公司张总请机电公司王总在王朝酒店中餐厅用餐。张总和秘书小柳刚到房间,王总也到了,双方问好就座后,小柳就叫服务员来点菜。15分钟后,小柳点好菜单对王总说:"王总,我也不知道这些菜合不合您的胃口,您看还要再点些其他菜吗?"王总说:"不必了。"席间,为表示热情,小柳不停地用自己的筷子为王总夹菜。当两位老总谈话正深入时,小柳起身将筷子横放碗上,为两位老总添加饮料,由于没有提示,差点将饮料泼在王总身上。

不久,张总收到王总发来的邮件,内容是:本来我还在犹豫选择哪家公司为我们策划车展,现在我们已经有了选择,以后有机会再与你们公司合作。张总感到莫名其妙。

7. 模拟情景训练：

（1）模拟客人入座顺序；

（2）根据中、西餐进餐禁忌，创设情景，分角色扮演，在演练中明确中、西餐进餐应遵守的事项；

（3）创设情景，演练主客双方如何离席。

8. 根据下述案例，结合所学知识，谈谈如何避免吃西餐出"洋相"？

据说美国最好的西餐厅都不是很大，我们一行四人开车到餐厅门口，在侍者礼貌而周到的接待下落座。看着花花绿绿的菜单，我们几个人傻了。这怎么点菜呢？说实话，我们对那些单词虽然也差不多都认识，但是拼到一起就都不知道是啥了。有一道菜，据说是他们餐厅的必点菜，叫"Newyork Rib Eye"。我们都知道"Newyork"是"纽约"的意思，"Rib"是"肋骨"的意思，"Eye"是"眼睛"的意思，那这三个词合在一起是啥意思呢？"纽约肋骨眼睛"，根本就说不通嘛。其实不能这么理解，就跟中餐有道菜叫"狮子头"一样，肯定不是狮子头做的吧。后来才知道那道菜叫"纽约肉眼牛排"。从那以后我明白了，吃西餐要有文化，不然你都不知道你吃的是啥。

我们点了这道必点菜之后，朋友们觉得就一道菜肯定吃不饱，于是有人提议再点道菜。我们选来选去最后每人又点了一道"East Coast Lobster"（东海岸龙虾）。侍者很吃惊地看着我们问："你们确定要点这么多菜吗？"我们反问："你为什么这么问？""这是八个人吃的东西啊！"侍者认真地说。我们也没管那么多，心里想，反正点都点了，到时候敞开吃呗。

吃完了蔬菜沙拉，喝过开胃酒。在正餐开始之前，侍者给我们每人端来了一杯水，上面漂着两片柠檬，我们都很开心，想都没想端起来就喝，心里还想着：吃西餐就是这么好，最起码人家餐厅想得周到呀，看我们吃过了沙拉，怕我们口中有杂味影响正餐，给我们端来柠檬水中和中和味道。我们正喝着呢，发现侍者腼腆而吃惊地盯着我们，心中大惑不解，问他为什么那么奇怪地看着我们，他欲说还休、扭扭捏捏地说："那柠檬水，是给你们洗手的。"

那一刻，我们都沉默了，想笑又笑不出来。唉，还是那句话，吃西餐是真得有文化啊，不然是真会闹笑话。

9. 饮茶之礼中包含着深刻的茶文化，郑板桥一生爱茶，常常以清淡之茶安享清贫人生，达到了喝茶的至高境界。茶乃解渴之饮，亦为润心之汤，生活就是一杯泡不完的茶，我们又该如何去品味呢？

郑板桥与茶

郑燮（1693—1766年），字克柔，号板桥，江苏兴化人，清代著名书画家、文学家。

作为"扬州八怪"之一的郑板桥，曾当过十二年七品官，他清廉刚正，在任时，他画过一幅墨竹图，上面题诗："衙斋卧听萧萧竹，疑是民间疾苦声。些小吾曹州县吏，一枝一叶总关情。"他对下层民众有着十分深厚的感情，对民情风俗有着浓厚的兴趣,在他的诗文书画中,总是不时地透露着这种清新的内容和别致的格调。茶,是其中的重要部分。

茶是郑板桥创作的伴侣,"茅屋一间,新篁数竿,雪白纸窗,微浸绿色,此时独坐其中,一盏雨前茶,一方端砚石,一张宣州纸,几笔折枝花。朋友来至,风声竹响,愈喧愈静"。

"墨兰数枝宣德纸,苦茗一杯成化窑。"

板桥善对联,多有名句流传:

楚尾吴头,一片青山入座;

淮南江北,半潭秋水烹茶。

从来名士能评水,自古高僧爱斗茶。白菜青盐粯子饭,瓦壶天水菊花茶。在他的诗书中,"茶味"更浓。他所书《竹枝词》云:

"溢江江口是奴家,郎若闲时来吃茶,黄土筑墙茅盖屋,门前一树紫荆花。"

他的一首"不风不雨正晴和,翠竹亭亭好节柯。最爱晚凉佳客至,一壶新茗泡松萝",得到了不少文人的共鸣。

郑板桥喜欢将茶饮与书画并论,饮茶的境界和书画创作的境界往往十分契合。清雅和清贫是郑板桥一生的写照,他的心境和创作目的在《题靳秋田素画》中表现得十分清楚:

"三间茅屋,十里春风,窗里幽竹。此何等雅趣,而安享之人不知也;懵懵懂懂,没没墨墨,绝不知乐在何处。惟劳苦贫病之人,忽得十日五日之暇,闭柴扉,扫竹径,对芳兰,啜苦茗。时有微风细雨,润泽于疏篱仄径之间,俗客不来,良朋辄至,亦适适然自惊,为此日之难得也。凡吾画兰画竹画石,用以慰天下之劳人,非以供天下之安享人也。"

第十三章 五光十色的世界
——宗教礼仪训练

宗教是人类社会发展到一定阶段出现的历史现象,有其产生、发展和消亡的过程。随着社会和历史的发展,宗教也不断演变,由部落宗教演化为民族宗教,一些宗教进而发展成世界宗教。在宗教发展过程中,各种宗教逐渐形成自己的教义信条、神学理论、清规戒律和祭仪制度等。

目前,世界上存在着佛教、犹太教、基督教、道教、伊斯兰教、印度教、神道教等多种宗教。全世界现有宗教信徒30多亿,其中大多数为当今世界三大宗教——基督教、伊斯兰教、佛教的信徒。

宗教是社会意识形态之一,是上层建筑的一部分。宗教不仅对信徒的思想观念产生深刻的影响,而且对他们的行为方式也有着重要的影响。宗教礼仪是宗教信仰者为了表达对崇拜对象的尊敬和崇拜而规定或约定俗成的仪式、礼节、活动等,对于坚定和巩固信徒的信念,激发和增进信徒的宗教感情有着重要的作用。

了解宗教礼仪,尊重不同民族不同宗教信仰者的习惯,是扩大对外开放的需要,也有助于我国与世界各国人民友好往来和文化交流的广泛开展。因此,本章着重介绍世界三大宗教的主要礼仪和主要节日。

第一节 基督教礼仪

基督教是当今世界三大宗教之一,是目前流传最广、影响最大、信徒最多的宗教。全世界信奉基督教的人数现有20多亿,约占世界总人数的1/3,分布在150多个国家和地区。

一、基督教的主要礼仪

基督教各派所行礼仪的项目和形式不尽相同,但绝大多数教派公认的礼仪有两项,即洗礼和圣餐礼。此外,基督教各派均遵守"十诫"和做礼拜。

(一)洗礼

洗礼是入教者必须履行的一种仪式。据《新约圣经》载,耶稣由先知约翰在约旦河为之施洗。基督教认为,人生来就有罪,洗礼可涤去人的原罪与本罪,施洗可使罪人变为义人。洗礼的方式有注水洗礼和浸礼两种。

注水洗礼(亦称"点洗")一般由神父或牧师主持。行礼时,主礼者在受洗者的额上洒少量水,同时口呼受洗者名并诵规定礼文:"我洗你,以父、及子、及圣神之名。阿门。"

浸礼通常亦由神父或牧师主持。行礼时，主礼者口诵规定礼文，引领受洗者全身或半身浸入天然水域或人工水池中片刻，然后出水。《新约·罗马人书》第六章载称，使徒保罗认为，人受洗时全身浸入水中，象征与基督一同死亡、埋葬和复活。

早期基督教，信教者为成年人，多用浸礼。后来出生不久的婴儿被父母抱到教堂施洗。8 世纪后，因浸礼对婴儿、患病者、体弱年老者不便施行，故行注水礼者多。到 12 世纪，西部教会几乎全部改用注水洗礼。现在，除了一些东部教会和新教会行浸礼外，其余大多数教会均改为注水洗礼。

（二）圣餐礼

圣餐礼是基督教主要礼仪之一。天主教称圣体圣事，称其礼仪为弥撒；东正教称圣体血；新教称圣餐。据《新约圣经·福音书》载称，耶稣在被捕前夕最后一次与门徒共进逾越节晚餐时，对饼和酒进行祝祷后，拿起面饼与葡萄酒对众门徒说："这是我的身体和血，是为众人免罪而舍弃和流出的。"耶稣还告诫其门徒，应当以吃饼和喝葡萄酒的方式来纪念他。早期基督教时期，圣餐礼是宗教仪式的中心内容。举行圣餐礼时，除吃饼喝酒外，还念新祷文，诵经讲道。至中世纪，圣餐礼由神职人员主持。教会称，经主礼者的祝祷，圣坛上摆设的面饼和葡萄酒就化成了耶稣的体和血。举行圣餐礼时，各教派的仪式不尽相同，但大都包括主礼者重复上述耶稣的话，将面饼（东正教用发酵面饼，天主教用无发酵面饼）和葡萄酒（新教用葡萄汁）分给信徒。天主教信徒只能领圣体（面饼），不能领圣杯（葡萄酒），而东正教和新教信徒可饼、杯同领。

（三）坚振礼（坚信礼）

坚振礼是天主教和东正教圣事之一。由主礼者把手按在受礼者的头上，敷圣油和划十字，并说："我奉圣父、圣子、圣灵的名，以十字圣号标志你，并以拯救的圣膏油坚振你。"天主教认为，这样可使圣灵降临到受礼者的身上，以坚定其信仰，振奋其心灵。在东正教，儿童同时接受洗礼、坚振礼和第一次圣餐。新教不称坚振礼为圣事。

（四）告解礼（悔罪礼）

告解礼是天主教、东正教圣事之一。认为是耶稣为赦免信徒在领洗后对上帝所犯的罪愆，使其重获上帝恩宠而亲自规定的。因此，所有信徒须经常向神父或牧师私下告明自己对上帝所犯的罪过，并表示忏悔。神父或牧师对教徒所告诸罪予以保密，并指点他（她）如何赎罪。天主教和东正教认为，这项圣礼可赦免信徒在受洗后对上帝所犯的罪过，重新获得上帝的恩宠。新教大多数派别认为只有上帝才能为信徒赦罪，因而不将其列为圣事。

（五）婚配礼

婚配礼是天主教、东正教圣事之一，是受过圣洗的男女双方在教堂由神父主礼，按教会规定礼仪结为夫妻的仪式。主要由神父询问双方是否愿意结为夫妻，在得到肯定回答后，主礼者诵念规定祷文，宣布"天主配合的，人不可分开"（见《马太福音》第 19 章第 6 节），并向新郎新娘祝福。新教教徒结婚也有请牧师主礼证婚的，但不视其为圣事。

（六）终傅礼（终敷礼）

终傅礼是天主教、东正教圣事之一。当信徒生命垂危之际，由神父或主教用祝祷过的橄榄油(圣油),敷擦于其额头、耳、目、口、鼻和手足等处,并口诵经文:"因这神圣的傅油礼,并因天主的无限仁慈,祈望天主宽赦你由视觉、听觉、嗅觉、味觉和语言、触觉、步履所犯的一切罪过。阿门。"天主教和东正教认为这样可以帮助受敷者忍受病痛,赦免其罪过,安然地去见天主。

(七)神品礼(派立礼)

神品礼是基督教会按规定程式任命神职人员的礼仪,又称授神职或按立圣职,被天主教会与东正教会视为七件圣事之一。由主礼人将手按在领受者头上,在其手上抹圣油,祈祷圣灵赋予他才干,上帝对他施予恩惠,使之能完成使命。神品礼在主教制教会由主教主持,在长老会则由区会牧师主持。

基督教由于教派众多,对圣事的看法不一,但各派均遵守犹太教和基督教的"十条诫命"。"十诫"基本内容是:①除上帝外不可敬拜别的神;②不可敬拜偶像(天主教十诫中无此条,另有一条"勿贪他人妻",列于第九诫);③不可妄称耶和华的名(即不许以上帝的名义发假誓);④当守安息圣日;⑤当孝敬父母;⑥不可杀人;⑦不可奸淫;⑧不可偷盗;⑨不可作假见证陷害人;⑩不可贪婪别人的财物。

以上十项戒条是犹太教和基督教的教规和道德准则。前四条着重讲人与上帝的关系,属于宗教信条;后六条侧重讲人与人的关系,系为人处世之道。

礼拜是基督教新教的主要崇拜活动。礼拜包括祈祷、读经、唱诗、布道等,一般是星期日在教堂内举行,由牧师主礼。无教堂之处可在信徒家中举行,无神职人员在场时亦可推举一位信徒主领。

基督教认为,祈祷(亦称"祷告")是教徒可以与上帝和基督心灵直接相通的方式之一,是信徒向上帝和耶稣基督表示感谢、赞美或请求等。教徒通常一天祈祷5次,即起床后、三餐前和睡觉前进行。此外在任何时候,只要认为有需要,都可以祈祷。祈祷时要闭上眼睛,祈祷完后再睁开眼睛。

祈祷方式有不出声的"默祷"(心祷)和出声的"口祷"、个人单独进行的"私祷"和集体进行的"公祷"、有规定的成文祷词和随口祷告等。新教公祷时可齐声祈祷,也可由领祷人口祷。大多数基督教会所用的祷词(主祷文)是:"我们在天上的父,愿人都尊你的名为圣。愿你的国降临。愿你的旨意行在地上如同行在天上。我们日用的饮食,今日赐给我们。免我们的债,如同我们免了人的债。不叫我们遇见试探,救我们脱离凶恶。因为国度、权柄、荣耀,全是你的,直到永远。阿门。"

二、基督教的主要节日

基督教三大派天主教、东正教和新教庆祝的节日有些不同。例如,天主教隆重庆祝圣母升天节(8月15日)、三王来朝节(1月6日)等10个大节日;东正教则重视主领洗节、圣母圣诞节(9月20日)等12个大节日。这里仅着重介绍基督教各派普遍庆祝的圣诞节、复活节、耶稣升天节和圣灵降临节等4个主要节日。

(一)圣诞节(12月25日)

这是庆祝耶稣诞辰的节日。具体日期是由罗马教会在公元354年确定的。圣诞节本是宗教节日,现已逐渐世俗化。在圣诞节来临之前,欧美国家几乎家家户户准备圣诞树——挂满彩花和彩灯的小松树或小杉树。人人准备送给亲友的各种礼物。许多基督教徒还把冬青树枝编成花环挂在大门上。圣诞节的庆祝活动从12月24日夜——圣诞夜开始。大多数基督教徒的家庭成员欢聚一堂,共进丰盛的晚餐。"团圆饭"后,家人互相赠送或挂在圣诞树上或摆在圣诞树下的"秘密"礼物,然后互相亲吻、拥抱,互致谢意。此后,一家人围坐在熊熊燃烧的火炉旁,弹琴唱歌,共叙天伦之乐。也有不少人在酒馆、舞厅、俱乐部里尽情欢乐,通宵达旦。而许多天真的孩子,则满怀希望地等待美丽传说中的圣诞老人——一位白发银须、身穿一件镶有白毛皮边的红外套的和蔼老人,背着大包礼品从北方雪国乘坐8匹驯鹿拉的雪橇而来。该夜子夜时分,教堂举行隆重的"子夜弥撒",庆祝耶稣的降生以及圣诞节的到来。待到圣诞节黎明时,人们见面都要亲切地互致问候,祝贺"圣诞快乐"。这一天,人人兴高采烈,处处洋溢着音乐之声,大街小巷充满快乐的节日气氛。一些大公司还雇人装扮成圣诞老人,在商店门口为儿童发糖果。人们吃圣诞餐,唱圣诞歌,欣赏亲朋好友寄来的圣诞卡,其乐无穷。

（二）复活节（每年春分月圆后的第一个星期日）

复活节是纪念耶稣复活的节日。据《新约圣经·福音书》记载,耶稣被钉死在十字架上后第三天复活。公元325年尼西亚大会会议规定,每年春分月圆后的第一个星期日为复活节。

复活节前三天开始举行耶稣受难纪念仪式。复活节当天,基督教教徒到教堂做礼拜,领取"圣餐"。复活节的传统食物有鸡蛋、野兔肉等。节日期间,信徒们相见,第一句话就是"主复活了!"人们互赠复活节彩蛋。在基督教教徒看来,鸡蛋象征着死后又要复活的生命,象征着繁荣。

复活节晚上,家家户户举行复活节晚宴。晚宴上的传统主菜是羊肉和熏火腿。

（三）耶稣升天节（复活节后第40天）

这是纪念耶稣升天的节日。据《新约圣经·使徒行传》记载,耶稣于复活后第40天,在众使徒面前,被一朵云彩接上天。因此,教会规定复活节后第40天为耶稣升天节。公元4世纪时,耶路撒冷教会首先开始纪念耶稣升天。

（四）圣灵降临节（复活节后第50天）

这是庆祝圣灵降临的节日。据《新约圣经·使徒行传》记载,耶稣复活后第一个五旬节时,门徒们聚在一起祈祷,圣灵降临,门徒领受圣灵后开始向世界各地广泛传教。后来,教会规定耶稣复活节后第50天为圣灵降临节。在4世纪的基督教有关文献中,已有耶路撒冷教会欢庆此节日的记述。

第二节 伊斯兰教礼仪

伊斯兰教是世界性宗教之一,7世纪初兴起于阿拉伯半岛,主要传播于亚洲、非洲,20世纪以来,在西欧、北美一些地区也有所传播和发展。全世界信奉伊斯兰教的穆斯林现有

13亿人。在马来西亚、塞内加尔等40多个亚非伊斯兰国家中,穆斯林占全国总人口的大多数。在埃及、伊朗、沙特阿拉伯等30多个国家中,伊斯兰教被定为国教。如今,伊斯兰国家和穆斯林人民在国际政治、经济、文化生活中发挥着日益重要的作用。

一、伊斯兰教的信仰和五功

伊斯兰教教义主要由五大信仰、五项宗教功课和八项言行准则组成,现简介如下。

(一) 伊斯兰教的五大信仰

《古兰经》第2章第177节说:"你们把自己的脸转向东方和西方,都不是正义。正义是信真主,信末日,信天神,信天经,信先知,并将所爱的财产施济亲戚、孤儿、贫民、旅客、乞丐和赎取奴隶,并谨守拜功,完纳天课,履行约言,忍受穷困、患难和战争。这等人,确是忠贞的;这等人,确是敬畏的。"其中提到的五信,就是伊斯兰教的五大信仰。

1. 信真主

伊斯兰教认为,安拉是宇宙的唯一主宰,是世界万物的创造者;安拉全知全能、至仁至慈、无形象、无方位、无所不在、无有匹敌。每一位穆斯林,都必须信仰真主安拉。

2. 信末日

伊斯兰教认为,世界终将有一天要毁灭。在世界末日到来时,每个人都将被带到真主的面前接受审判,行善者进入乐园,作恶者堕入火狱。

3. 信天神

伊斯兰教认为,天神(又称"天仙"或"天使")是真主用光创造的精灵,受真主驱使。天神数目颇多,其中著名的四大天神是:向穆罕默德传达真主"启示"的吉卜利勒,负责观察宇宙万物的米卡勒,专司人的生死事宜的阿兹拉伊勒,宣告世界末日来临的伊斯拉菲勒。

4. 信天经

伊斯兰教认为,《古兰经》是真主安拉的语言,是"天经"。此前,安拉曾给其他一些民族降示过经典,而《古兰经》是安拉最后降示给穆罕默德的一部最完整、最可靠的神圣经典。穆斯林应信仰天经,用《古兰经》规范自己的言行。

5. 信先知

伊斯兰教认为,安拉在不同历史时期差遣过多位使者或先知,如阿丹(一译"亚当")、努哈(一译"挪亚")、易卜拉欣(一译"亚伯拉罕"),而穆罕默德是安拉最后派遣的一位使者或先知,是"封印使者"或"封印先知",其言行代表安拉的意志。

除了上述五大信仰外,许多穆斯林还"信前定"和"信后世"。所谓"前定",即人生的命运由安拉意志先天决定;而所谓"后世",与短暂的今世相比,长存有"后世"幸福的乐园,才是人们的真正归宿。

(二) 伊斯兰教的五功及其由来

伊斯兰教的五项基本功课(即念功、拜功、斋功、课功和朝功,合在一起简称五功),是每个穆斯林必须履行的五项基本义务。

念功,系阿拉伯文的意译,原意为"作证",音译为"谢海代"。念功即念证词"除了安拉,别无神灵;穆罕默德是安拉的使者"。

穆罕默德(约 571—632 年)自公元 610 年开始创教活动。起初,他秘密传教,教义的基本信条是"认一论""安拉是独一的主宰"(《古兰经》6:19,前一数字代表《古兰经》中的章,后一数字代表节,下同)。

三年后,穆斯林增至 30 余人,穆罕默德正式宣称自己是"安拉的使者",开始公开传教。从此,承认和念诵"除了安拉,别无神灵;穆罕默德是安拉的使者",便成为伊斯兰教教徒——穆斯林信仰的根本和首要功课。

拜功(亦称"礼功"),阿拉伯文意译,音译"撒拉特"。每天五次面向麦加天房诵经(《古兰经》)、祈祷和跪拜;每周星期五午后在大礼拜寺(大清真寺)举行集体礼拜,简称"聚礼";每年开斋节(我国新疆的穆斯林称"肉孜节")和宰牲节(亦称"古尔邦节"),在大礼拜寺"会礼"、礼拜,合称"会礼"。

穆罕默德创教初期,仿效阿拉伯先知易卜拉欣的做法,每天早晚各礼拜一次。621 年,穆罕默德将每天礼拜的次数增为五次,并且确定了礼拜的时间。五次礼拜在日出前、晌午、晡时、日落后和夜晚做,分别称作晨礼、晌礼、晡礼、昏礼和宵礼。礼拜旨在使穆斯林对真主安拉更加虔诚;同时,也有益于保持身心的纯洁。"拜功的确能防止丑事和罪恶……"(《古兰经》29:45)

622 年,穆罕默德迁居麦地那,穆斯林队伍大大壮大了。怎样召唤穆斯林群众按时做礼拜呢?像犹太教那样用号角来召唤,或者像基督教那样用钟声召唤人们做礼拜,都不合适。最后,穆罕默德确定用宣礼的办法(礼拜寺设宣礼塔,声音洪亮的宣礼员站在上面高声唱诵宣礼词),召唤穆斯林做礼拜。直到现在,世界各地的穆斯林,仍然用宣礼的办法,召唤做礼拜,不过已经使用了现代化的扩音器等。

穆罕默德初到麦地那时,为了团结和争取城内的犹太教徒,亦朝向耶路撒冷做礼拜。伊斯兰历(以下简称为伊历)2 年(公元 623 年),穆罕默德将礼拜朝向由面向北方的耶路撒冷,改为面向南方的麦加天房。同年,穆罕默德还制定了举行节日礼拜的制度。每逢开斋节(伊历 10 月初)、宰牲节(伊历 12 月 10 日),穆斯林齐集礼拜寺"会礼",然后互相祝贺节日快乐。

斋功,阿拉伯文意译,音译为"沙吾姆"。在斋月(伊历 9 月)里,每天自破晓到日落,禁止一切饮食和房事等。

穆罕默德起初按照先知易卜拉欣的做法持斋,即每月 13、14、15 日封斋三天。迁居麦地那后穆罕默德效仿犹太人,定 1 月 10 日(犹太教的赎罪日)为斋戒日(后改为自愿斋戒日)。

623 年,穆罕默德规定,每年拉马丹月(阿拉伯文"伊历 9 月"的音译),成年的穆斯林应持斋。"拉马丹月中,开始降示《古兰经》,指导世人,昭示明证,以便遵循正道,分辨真伪。故在此月中,我们应当斋戒……"(《古兰经》2:185)

斋戒旨在考验穆斯林对真主安拉的忠诚;锻炼战士的意志;让饱汉体验饥饿和干渴的滋味,从而体会饥民的痛苦,向饥民馈赠物品。

课功,阿拉伯文的意译,音译"扎卡特"。伊斯兰教法定的"天课"("宗教税",又称"济贫税"),是穆斯林的一种善功。

穆罕默德在施舍方面堪称师表。早在创教前,他就经常接济穷人。传教初期,他一方面自己带头施舍,同时劝说有钱人赈济贫弱孤寡,以维系人心,缓和贫富间的矛盾。此时的施舍,尚是一种自愿的捐助。

623年,穆罕默德确定了缴纳天课的制度,规定了天课的标准及其分配原则。每人每年应纳财的四十分之一(后改为收入的十分之一)用于救济穷人和国家行政。从此,纳税成为社会救济和阿拉伯统一事业的财源之一。

朝功,阿拉伯文的意译,音译"哈杰"。凡有能力者,一生中须朝觐圣地麦加一次。朝觐后荣获"哈吉"(朝觐者)称号。

朝觐,原来是阿拉伯半岛上信仰多神教、拜物教的部落的传统宗教仪式。每年禁月(1、7、11、12四个月;禁月里禁止打仗),教徒们云集麦加城内的"卡阿白"(阿拉伯文"立方体"的音译)神庙敬神献祭。神庙里摆着各部落崇拜的三百多尊偶像;而镶在神庙东南角壁上的一块黑陨石,被古代阿拉伯人共同视为"神物"。

626年,穆罕默德参照古代阿拉伯的朝觐仪式,初步制定了伊斯兰教的朝觐制度。"凡能旅行到天房的人,都有为安拉而朝觐天房的义务。"(《古兰经》3:97)朝觐是在形式上沿袭阿拉伯宗教古习而在内容上却与之大相径庭的一项重要制度。

伊历6年11月(公元628年初),穆罕默德率领一千多人前往麦加小朝(阿拉伯文的意译,亦译"副朝""巡礼",音译"欧木拉"。伊历12月8、9、10日朝觐麦加,称为"大朝"或"正朝",其他时间皆称"小朝")。此行虽然未能如愿,但他在麦加附近的侯达比亚与古莱西贵族代表签订了《侯达比亚协议》,协议主要内容包括双方休战、穆斯林有权朝觐天房等。

翌年,穆罕默德率领两千余名穆斯林,补行了小朝。

伊历8年(公元630年)1月底,穆罕默德率领一万余名穆斯林,浩浩荡荡挺进麦加,进占麦加后,穆罕默德带头摧毁了神庙内外的所有偶像,下令涂掉了将众天使画成美女的壁画;宣布黑陨石为圣物,并将神庙改为圣寺(礼拜寺)。

同年,穆罕默德再次履行了小朝。

伊历10年11月25日(公元632年春天),穆罕默德带领数万名穆斯林,由麦地那出发,前往麦加朝觐。翌日清晨,穆罕默德和众穆斯林受戒,穿上了戒衣。12月4日,到达麦加。使者抚摸、亲吻黑陨石;绕天房走七圈。然后,在绥法和麦尔沃两座小山之间(相距四百多米)奔走七次。12月8日,穆罕默德到达米纳山,做了礼拜。9日,在阿拉法特山发表了著名的演说。10日,在米纳山谷,向三根石柱各掷石七粒(相传,易卜拉欣曾在此掷石驱魔),尔后回到麦加,献祭牲畜;剃头;再次绕天房走七圈。穆罕默德此次(第一次也是最后一次)正式朝觐天房时所履行的仪式,便成为穆斯林朝圣的最高典范。

一年一度的朝觐活动,既有助于统一各地穆斯林的意志,又有利于增进穆斯林的团结和联系。此外,当时管理天房的麦加贵族的经济利益,也得到了维护。

上述表明,伊斯兰教的五功,是伊斯兰教创始人穆罕默德根据政治、经济、宗教的需要,参照阿拉伯古代习俗和其他宗教,逐项确定和逐步完善起来的。

据 9 世纪辑成的《布哈里圣训实录》记载,穆罕默德曾说:"伊斯兰教建筑于五根柱石之上:念证词、做礼拜、纳天课、朝觐、过斋月。"后来,人们便把上述五点称为伊斯兰教的五项基本功课,简称五功,沿用至今。

(三) 伊斯兰教的八项言行准则

(1) 顺从。穆斯林应当顺从真主安拉的意志,顺从先知穆罕默德的教导,顺从代表民意的领导者。

(2) 仁慈。穆斯林应孝敬父母,和睦亲戚和邻居,宽以待人,助弱济贫。

(3) 公正。穆斯林应为人正直,办事公道,买卖公平。

(4) 坚忍。穆斯林应坚定信仰,知足常乐,反对贪婪。

(5) 劝善。穆斯林不仅要以身作则,起模范带头作用,而且还应规劝自己周围的人遵纪守法,多做好事。

(6) 止恶。穆斯林看见有人干坏事必须严加制止,并要引导他弃恶从善,做一个好公民。

(7) 远奸。穆斯林在社交场合,不要同行为不端且屡教不改的人交朋友,更不要与这种人为伍。

(8) 近贤。穆斯林要多结交廉洁奉公的好人,和他们一起推动社会进步。

二、伊斯兰教的主要节日

(一) 宰牲节(伊历 12 月 10 日)

宰牲节阿拉伯语音译是"尔德·艾道哈",又称"古尔邦节"(古尔邦意为"献牲"),是阿拉伯各国穆斯林和伊斯兰国家穆斯林的重大节日。每年宰牲节,穆斯林赴伊斯兰教圣地麦加朝觐,参加宰牲活动。而各地穆斯林则沐浴盛装,去清真寺参加会礼,赞颂安拉。会礼后,有经济能力的穆斯林宰杀牛、羊、骆驼,作为献祭以及待客、馈赠亲友的礼品。

(二) 开斋节(伊历 10 月 1 日)

伊斯兰教规定,伊历 9 月(拉马丹月)为斋月,凡年满 17 岁的男子、年满 15 岁的女子,除了老、病、孕、婴和正值经期的妇女外,所有穆斯林都要守斋 1 个月。斋月期间,穆斯林要在黎明前吃好封斋饭,从拂晓至日落,禁止饮食、抽烟等。日落后方可开始饮食,饭后到清真寺做礼拜。

伊历 10 月 1 日见到新月便可开斋。开斋节一般为 3 天,人们恢复白天吃喝习惯,沐浴更换新衣,去清真寺参加会礼等庆祝活动。家家户户备有节日佳肴,款待亲朋好友。一些富裕的穆斯林向穷人施舍。

(三) 圣纪与圣忌(伊历 3 月 12 日)

圣纪是指伊斯兰教创始人穆罕默德诞辰的纪念日。据说,穆罕默德于公元 571 年 4 月 20 日(伊历 3 月 12 日)出生。相传穆罕默德于伊历 11 年 3 月 12 日(公元 632 年 6 月 8 日)逝世,故又称该日为"圣忌"。每年这一天,世界各国的穆斯林都要举行各种形式的聚会,聆听教长诵读《古兰经》,讲述穆罕默德的生平,赞颂先知的功德等。他们还要宰牛杀羊进行祭祀，以表达对穆罕默德的敬仰之心和缅怀之情。

（四）阿舒拉节（伊历 1 月 10 日）

"阿舒拉"系阿拉伯语"十"的音译。逊尼派穆斯林和什叶派穆斯林都把这一天当作节日纪念。

逊尼派把伊斯兰教传说中的宗教故事，如真主于该日创造天园等、努哈（诺亚）制造的方舟于该日拯救遭遇洪水灾难的人们等，均同这一天联系起来。逊尼派穆斯林在这一天自愿斋戒，诵经祈祷。

什叶派则把这一天作为纪念侯赛因的哀悼日。公元 680 年，穆罕默德的外孙、阿里次子侯赛因被伊拉克人拥立为哈里发后，自麦地那赴库法上任。10 月 10 日行至卡尔巴拉时被伍麦叶王朝大军包围。侯赛因随行人员仅 200 名左右，寡不敌众，侯赛因被抓住，但他拒不承认叶齐德为哈里发，成为殉教者。这天时值伊历 61 年 1 月 10 日，即阿舒拉日。每年这一天遂成为什叶派纪念侯赛因的哀悼日，又称"阿舒拉节"。

每逢阿舒拉日，什叶派穆斯林都要举行隆重的祈祷仪式。他们身穿黑色丧服，朗诵哀悼侯赛因的诗歌，思念侯赛因的功德。

（五）法蒂玛节（伊历 9 月 14 日）

这是穆罕默德之女、阿里之妻法蒂玛逝世纪念日。法蒂玛于公元 605 年生于麦加，18 岁时与阿里结婚。法蒂玛聪颖贤惠、富有主见，曾随父参与攻克麦加和辞别朝觐等重大活动。布哈里和穆斯林各自汇编的圣训集，均收有法蒂玛传述的圣训 18 段。穆罕默德逝世后，她十分悲恸，料理完父亲的后事半年就去世了。各国穆斯林都很尊敬她，什叶派尊法蒂玛为"圣母"。每逢法蒂玛的忌日，各国穆斯林妇女都要举行纪念活动，听阿訇诵经、赞主、赞圣，讲述法蒂玛的品德、事迹。

除了上述节日外，比较重要的伊斯兰教节日还有登霄节（伊历 7 月 17 日）、盖德尔夜（伊历 9 月 27 日）。

第三节 佛教礼仪

佛教是历史悠久的宗教，曾对包括中国在内的一些亚洲国家产生深远的影响。佛教现为世界三大宗教之一，目前全球约有 3 亿多佛教徒。佛教徒主要集中在亚洲。

一、佛教历史概况

（一）佛教创始人释迦牟尼

释迦牟尼原是古印度北部迦毗罗卫国（今尼泊尔境内）的太子，本名悉达多，后被尊称为释迦牟尼（意为"释迦族的圣人"）。

释迦牟尼自幼生活优裕，长大后娶妻并生下一个儿子。父亲希望他继承王位，但他不满人世间的不平等，人生的苦难令他烦恼，而当时占统治地位的婆罗门教的主张也不能使他在精神上得到解脱。因此，29 岁时，他毅然舍弃王位、财富，离开父亲、妻子，出家修行，寻找人生的真谛。

出家后,他曾到摩揭陀国的首都王舍城修习,也曾在尼连禅河附近树林中苦思冥想,最后来到菩提伽耶一棵菩提树下,盘腿静坐。他修行7年,终于大彻大悟而"成佛",开始创立和传播佛教。

释迦牟尼创立的佛教,其教义的核心是"四谛",即四个真理:苦谛(以为世俗世界的一切,本性都是"苦")、集谛(指造成世间人生及其苦痛的原因)、灭谛(指断灭世俗诸苦得以产生的一切原因,是佛教修行所要达到的目的)、道谛(摆脱苦难的理论说教及修习方法)。佛教反对种姓制度的不平等,主张众生平等,倡导生死轮回、善恶报应,劝人在世从善等。

释迦牟尼在印度北部、中部恒河流域进行说法传教,长达45年。他带出了许多弟子,组成佛教僧团,奠定了原始佛教的基础。他80岁时在传教途中染病仙逝。

(二)佛教的传播

释迦牟尼仙逝后,其弟子们继续在南亚传播佛教。佛教在传播过程中,先后形成小乘佛教和大乘佛教两大教派。公元前2世纪—公元15年间,注重修持和自我解脱的小乘佛教盛行。其后,重视利他,即利益大众、解脱大众的大乘佛教渐占上风,传至全印度。后来又逐渐传入现今的斯里兰卡和东南亚一带,向北传至中亚,于公元1世纪传入中国。

传入中国的佛教分北传佛教和南传佛教。北传佛教以大乘佛教为主,传入汉族生活的大部分地区和西藏、内蒙古等西北地区;南传佛教以小乘佛教为主,主要传入云南一带傣族、崩龙族、布朗族等少数民族生活的地区。

佛教传入中国后,与中国固有的儒、道传统文化互相影响、融合,成为中国文化不可分割的一部分。中国成为佛教文化的世界中心之一,并将佛教及佛教文化传入日本、朝鲜、柬埔寨等国。

(三)佛教经典——大藏经

释迦牟尼涅槃不久,其弟子们为保存他的说教,统一佛教信徒的认识,通过会议方式的结集,形成公认的经、律、论。

经是释迦牟尼在世时的说教,后增入少数佛教徒(阿罗汉或菩萨)的说教;律是释迦牟尼为信徒制定的必须遵守的仪轨规则;论是关于佛教教理的阐述。经藏、律藏、论藏合称三藏,统称大藏经,在此基础上,后来又增加了有关经、律、论的注释和疏解等典籍,成为卷帙浩繁的四大部类。

二、佛教的主要礼仪

佛教的主要礼仪有剃度、受戒、参、斋、合十、五戒、礼拜、超度等。

(一)剃度

剃度是指佛教徒剃除须发、接受戒条的仪式。佛教认为是度生死之因,故称之为剃度。

(二)受戒

受戒是佛教徒接受佛教戒律的仪式。戒有五戒、八戒、十戒等。受戒仪式不尽相同。

（三）参

参有朝参、晚参等仪式。朝参是指早晨进堂听住持说法。晚参是指傍晚集会听住持说法或念诵。

（四）斋

斋作为佛教礼仪有两种含义：一是过中午不食名斋；二是素食也称为斋或"吃斋"。

（五）合十

合十是佛教徒的普通礼节。合十也称合掌，行礼时，左右合掌，十指并拢，置于胸前，表示敬意等。

（六）五戒

五戒是指佛教徒应遵守的五条戒条：一不杀生；二不偷盗；三不邪淫；四不妄语；五不饮酒。

（七）礼拜

礼拜是佛教仪式。《大唐西域记》卷二："致敬之式；其仪九等。发言慰问；俯首示敬；举手高揖；合掌平拱；屈膝；长跪；手膝踞地；五轮俱屈；五体投地。"

（八）超度

超度是佛教仪式。僧、尼为人诵经参忏，借此"超度亡灵""超脱苦难"。

此外，佛教仪式还有"绕佛""布萨"和"闭关"等。

根据佛教的制度，僧人的生活应当清净而俭约，不涂香装饰，不自歌舞也不观听歌舞。平日昼夜除一定时间睡眠、托钵、饮食、挑水等，其余时间都应用心研究教理和修习禅定。僧人的服装有便服和制服两种，制服有五衣、七衣和祖衣三种，总称袈裟。僧人平时穿便服，上殿诵经及参加庆典活动时穿制服。

三、佛教的主要节日

（一）佛诞节（阴历四月八日）

佛诞节是佛教创始人释迦牟尼诞辰纪念日。每逢此日，佛寺举行隆重的诵经法会，拜佛祭祖。佛教徒用各种名香浸水灌洗释迦牟尼像，称为浴佛。所以，佛诞节又称浴佛节。

（二）成道节（阴历十二月八日）

这是纪念释迦牟尼成道的节日。据说释迦牟尼成佛之前，曾苦修多年，变得骨瘦如柴，遇一牧女送他乳糜，食后身体逐渐康复，后端坐菩提树下沉思，于十二月八日"成道"。为纪念此事，我国佛教徒每逢此日，以米、赤豆和果品等煮粥供佛，称为"腊八粥"。

（三）涅槃节（阴历二月十五日）

这是释迦牟尼逝世纪念日。由于南传佛教、北传佛教对释迦牟尼的生卒年月的说法不同，各国纪念"佛涅槃日"（佛教称死为"涅槃"）的时间也不一致。届时佛教寺院举行佛涅槃法会，挂释迦牟尼涅槃图，诵《遗教经》等。

（四）盂兰盆会（阴历七月十五日）

盂兰盆会是佛教徒缅怀祖先的节日。盂兰盆是梵文的译音，意为"救倒悬"。据说，释迦牟尼的弟子目连，仿佛看见去世的母亲在地狱受苦，如处倒悬，求佛超度。释迦牟尼要他在七月十五日备百味饮食供僧，可使其母解脱。佛教徒据此神话办起盂兰盆会。过节时，除施斋供僧外，佛教寺院还举行诵经法会，举办水陆道场等。

除以上四大节日外，佛教还有观音节、灯节、守夏节和泼水节等。

附故事一则。

尊重客户习惯，赢得客户信任

北京某外贸公司一位女业务员，为了开展向中东某国的出口业务，潜心了解阿拉伯国家的民俗礼仪，在去该国推销产品时，尊重阿拉伯国家的习惯，穿上素服，戴上头巾不露秀发，因此赢得客户信任。在客户应邀来京谈判时，她又处处注意礼仪，坚持平等互利，每逢伊斯兰教节日，便中止谈判，安排客户前往北京牛街礼拜寺进行宗教活动，这样既建立了友谊，也取得了对方的信任与尊重，不但签署了上百万元的出口合同，而且随后这位客户凡有进出口业务都愿找这位女士。

思考与训练

1. 基督教的洗礼有几种？如何施洗？
2. 伊斯兰教的创始人是谁？他给后世留下了什么？
3. 穆斯林必须履行哪五功？
4. 佛教徒怎样行合十礼？
5. 组织学生讨论交流学习国家宗教政策的心得体会。
6. 下面这篇专稿发人深省。这些官太太们希望丈夫平安、家庭幸福的心情可以理解，然而通过烧香拜佛能实现她们的愿望吗？请谈谈自己的看法。

《国际先驱导报》2005年2月18—24日刊登记者专稿说，烧头炷香已经成为了一些官员的新时尚。记者在湖南南岳衡山采访时，听当地一位干部说，每年春节前后或一些"神灵"的"生日"到来之际，前往南岳烧香的领导干部的专车络绎不绝。新年的"第一炷香"已被炒至十多万元。

据悉，对于烧香拜佛活动的热衷，很多时候更表现在官太太身上。山东省某市的官太太们曾经有个相关的组织，每年共同到泰山进香，一年进香送的钱可达数十万。有趣的是，许多官太太在求菩萨保佑自己丈夫的同时，还要保佑自己的丈夫不出轨，这可能是新时期迷信活动中的一个新现象。

7. 阅读《白隐禅师》一文。本文赞扬了白隐禅师的高尚品德和忍让宽容的博大胸怀，禅师的道德情操对我们一般人的为人处世会有怎样的借鉴作用？你读后有何感想？

白隐禅师

日本的白隐禅师,是位生活纯净的修行者,因此受到乡里居民的称颂,都认为他是个可敬的圣者。

有一对夫妇在他住处附近开了一家食品店,家里有一个漂亮的女儿。不意间,夫妇俩发现女儿的肚子无缘无故地大起来。

这种见不得人的事,使得她的父母震怒异常!好端端的黄花闺女,竟做出不可告人的事。在父母的逼问下,她起初不肯招认那个人是谁,但经过一再苦逼之后,她终于吞吞吐吐说出"白隐"两字。

她的父母怒不可遏地去找白隐理论,但这位禅师不置可否,只若无其事地答道:"就是这样吗?"

孩子生下来后,就被送给白隐。此时,他的名誉虽已扫地,但他并不以为然,只是非常细心地照顾孩子——他向邻居乞求婴儿所需的奶水和其他用品,虽不免横遭白眼,或是冷嘲热讽,但他总是处之泰然,仿佛他是受托抚养别人的孩子一般。

事隔一年后,这位没有结婚的妈妈,终于不忍心再欺瞒下去了。她老老实实地向父母吐露真情:孩子的生父是在鱼市工作的一名青年。

她的父母立即将她带到白隐那里,向他道歉,请他原谅,并将孩子带回。

白隐仍然是淡然如水,他没有表示,也没有乘机教训他们。他只是在交回孩子的时候,轻声说道:"就是这样吗?"仿佛不曾发生过什么事;即使有,也只像微风吹过耳畔,霎时即逝。

8. 我国宪法《中华人民共和国宪法》第三十六条规定:"国家保护正常的宗教活动。"在宗教活动场所内以及按宗教习惯在教徒自己家里进行的一切正常的宗教活动,如拜佛、诵经、烧香、礼拜、祈祷、讲经、讲道、做弥撒、受洗、受戒、封斋、过宗教节日、终傅、追思等,都由宗教组织和信徒自理,任何人不得加以干涉。寺观和教堂还可以经售宗教书刊、宗教用品和宗教艺术品。任何人都不应到宗教场所进行无神论的宣传,或在某一种宗教场所宣传另一种宗教,或在信教群众中发动有关有神与无神的辩论;但是,任何宗教组织和信徒,也不应当在宗教活动场所以外布道、传道,宣传有神论,或者散发宗教传单。

根据以上阐释,请你讲述一个让人心动的宗教礼仪故事,或者讲述一个由于不懂宗教礼仪而导致矛盾冲突、令人痛心的故事。

第十四章 丰富多彩的习俗
——中国礼俗选介

我国是一个统一的多民族的社会主义国家。在广阔的中华大地上,生活着56个民族。各民族既有热爱祖国、尊老爱幼、勤劳勇敢等许多共同之处,又有各自独特的风俗习惯。囿于篇幅,本章仅着重介绍中华民族的主体民族——汉族的一些习俗与礼仪,并简要介绍人口较多的9个少数民族富有特色的习俗与礼仪。

第一节 汉族习俗与礼仪

汉族主要是由先秦时代的华夏族发展而来,在长期的历史过程中融合了众多民族,成为中华民族的主体民族。据2021年统计,汉族总人口为12.8631亿,占全国人口的91.11%。汉族居民分布于全国各地,主要聚居区在黄河、长江、珠江流域和松辽平原。

在漫长的历史发展过程中,汉族人民创造了光辉灿烂的汉文化,形成丰富多彩的习俗与礼仪。这里主要选介汉族的传统节日、诞辰礼仪、婚俗及葬礼。

一、传统节日

(一)元旦

元旦在古代时亦称"元日"。据说颛顼以农历正月为元,初一为旦。后历代的元旦日期不尽一致。辛亥革命后,农历正月初一改称春节,把阳历1月1日称为新年。1949年9月27日,中国人民政治协商会议第一届全体会议通过决议,"中华人民共和国纪年采用公元纪年法……"将公历(阳历)1月1日正式定为元旦,将农历(阴历)一月一日定为春节。

北宋著名政治家、文学家王安石的佳作《元日》,生动地描述了古时人们欢庆元旦的热闹情景。"爆竹声中一岁除,春风送暖入屠苏。千门万户曈曈日,总把新桃换旧符。"

如今,每逢元旦,全国放假一天。祖国各地张灯结彩,欢庆元旦。家家户户收拾得干干净净、整整齐齐。亲友通过电话、微信、QQ等互致问候,沉浸在节日的欢乐气氛中。

(二)春节

春节是汉族人民最隆重的传统节日。春节持续时间长,过去一般从农历十二月二十三日(俗称"小年")到正月十五日前,其内容丰富多彩,主要有过小年、祭灶、扫尘、买年货、贴春联、贴年画、除夕守岁、放鞭炮、拜年等。喜庆活动通常在大年三十(俗称"除夕")达到高潮。家家户户装饰一新,男女老少欢聚一堂,吃丰盛的团圆饭("年饭")。许多人家彻夜不眠,"秉烛待旦",迎接新年的到来,谓之"守岁"。唐太宗李世民有《守岁》诗一首记其事:"暮景斜芳殿,年华丽绮宫。寒辞去冬雪,暖带入春风。阶馥舒梅素,盘花卷烛红。共欢新故岁,迎送一宵中。"正月初一,人们开始拜年,先拜高堂尊长,然后向亲朋好友恭贺新禧。

如今,春节习俗有所改变。每逢新春佳节,全国放假三天。扫尘、守岁、拜年等习俗仍然盛行,但祭灶、拜天地神祇、行跪拜磕头礼等一些带有封建迷信色彩的陋俗被扬弃,而除夕晚上观看中央电视台的春节联欢晚会节目,春节期间举行团拜等具有时代特色的活动,为春节增添了新方式、新内容。

（三）元宵节

农历正月十五是元宵节。

据载,汉文帝刘恒将农历正月十五定为元宵节。农历正月十五之夜,是一年中第一个月圆之夜。相传汉明帝于元宵节在宫廷、寺院"燃灯表佛",令士族庶民仿行,以后相沿成俗。因此,元宵节亦称"灯节"。

每逢元宵节,家家户户吃元宵（又名"汤圆"），象征家庭团圆,和睦幸福。入夜,大街小巷张灯结彩。人们上街观灯,其乐融融。南宋著名词人辛弃疾（1140—1207年）的《青玉案·元夕》,准确描述了宋代的灯会盛况。"东风夜放花千树,更吹落,星如雨。宝马雕车香满路。凤箫声动,玉壶光转,一夜鱼龙舞。蛾儿雪柳黄金缕,笑语盈盈暗香去。众里寻他千百度。蓦然回首,那人却在,灯火阑珊处。"

元宵节习俗一直流传下来。如今,每逢农历正月十五,家家户户吃汤圆。华灯初上,城市里各种灯会竞放异彩,吸引了大量观众;农村儿童手提各种形状的小灯笼游玩,十分开心。而一些城乡居民扭秧歌、猜灯谜等,更增添了节日的欢乐气氛。

（四）清明节

清明节一般在农历二月中,公历4月5日前后（多为5日,有时为4日或6日）。清明节前一天,是纪念春秋时代晋文公的贤臣介子推的寒食节。

古时候,到了清明节,人们焚火寒食,上坟扫墓。唐代著名诗人杜牧的佳作《清明》脍炙人口,而宋代诗人高翥的清明诗,则形象地描述了清明节扫墓的情景。"南北山头多墓田,清明祭扫各纷然。纸灰飞作白蝴蝶,泪血染成红杜鹃。"此外,节日活动还有插柳戴柳、踏青、斗鸡、放风筝、荡秋千等。

如今,每逢清明节,人们手持鲜花或小花圈,为故人扫墓,焚香烧纸钱。不少单位还组织学生、职工,为英烈扫墓,向他们敬献花篮。许多人结伴踏青,欣赏美丽的春色。而"世界风筝都"潍坊市举办的国际风筝节和北京等城市举办的风筝比赛,让国内外游客大开眼界。

（五）端午节

农历五月初五是端午节。

关于端午节的起源,主要有"屈原说""伍子胥说""龙节说""恶日说"和"夏至说"五种。其中"屈原说"在民间流传最广。

屈原是战国时代楚国人,著有《离骚》等传世之作。他热爱楚国,刚直不阿,曾担任左徒。后来楚王听信谗言,把屈原削职流放。公元前278年,楚国郢都被秦军攻破。屈原悲愤万分,于同年五月初五抱石投入汨罗江,以身殉国。两岸百姓惊悉噩耗后,纷纷划船打捞他的尸体,往江里扔粽子,使鱼虾饱食,不吃他的尸体。唐代文秀的《端午诗》中说:"节分端午自谁言,万古传闻为屈原。堪笑楚江空渺渺,不能洗得直臣冤。"宋代朝廷追封屈原为"忠烈公",定农历五月初五为端午节,并谕知全国纪念屈原。历代沿袭下来,演变成端午节吃粽子、赛龙舟的习俗。

直到今天,每逢端午节,家家户户吃粽子,怀念屈原。许多地方举行龙舟赛,鼓声震天,欢声动地,蔚为壮观。

(六)中秋节

农历八月十五日是中秋节。

中国古代把月亮尊奉为"月神",周代已有中秋祭月活动。汉晋隋唐,出现登台观月、泛舟赏月等活动。宋代始定农历八月十五日为中秋节。

中秋之夜,金风玉露,月亮又圆又亮。家家户户围坐在一起,一边观赏明月,一边品尝月饼。人们因月圆联想到合家团圆,盼望与亲人聚会。北宋著名文学家苏轼的佳作《水调歌头》,隽永地表达了怀念亲人的眷眷情思而传颂至今。"明月几时有?把酒问青天。不知天上宫阙,今夕是何年。我欲乘风归去,又恐琼楼玉宇,高处不胜寒。起舞弄清影,何似在人间!转朱阁,低绮户,照无眠。不应有恨,何事长向别时圆?人有悲欢离合,月有阴晴圆缺,此事古难全。但愿人长久,千里共婵娟。"

如今,每逢中秋佳节,家家户户欢聚一堂,一边品尝月饼,一边欣赏明月。而昔日带有迷信色彩的祭月活动,则已被人们所扬弃。

(七)重阳节

农历九月九日是重阳节。

据《易经》"以阳爻为九",九为阳数。九月九日是两个阳数相重,故名"重阳"。战国时,重阳日已被视为吉日。汉代时,在重阳日过节渐成风习。重阳节活动内容主要有登高、赏菊(重阳节亦称"菊花节")、喝菊花酒、插茱萸(一种中药植物)、吃重阳糕。在描写重阳登高的大量诗篇中,唐代优秀诗人王维(701—761年)的《九月九日忆山东兄弟》久负盛名。"独在异乡为异客,每逢佳节倍思亲。遥知兄弟登高处,遍插茱萸少一人。"

重阳节习俗一直流传下来。如今,每逢重阳节,人们登山远足,进行野餐。政府职能部门和一些社会团体向老年人表达敬意,帮助他们解决困难。全国许多城市在重阳节前后举办菊花展。造型奇特、色彩纷呈的菊花展,吸引了无数爱菊、赏菊的市民。眼下菊花酒已不多见,但醇香爽口的菊花晶、菊花茶等,则颇受广大顾客的青睐。

二、诞辰礼仪

诞辰礼仪可细分为诞生礼和生日礼。

(一)诞生礼

诞生礼,是指孩子出生后举行的一系列喜庆活动,主要有贺三朝、满月礼、百日礼、周岁礼等。

实际上,孩子尚在母腹中,亲友们已是喜上眉梢,开始为孩子准备衣物。孩子出生后,女婿应去岳父家"报喜",送去染红的鸡蛋(俗称"喜蛋")等。

1. 贺三朝

孩子出生第三天,家长要宴请亲家及诸亲友,称"贺三朝"。该日午饭后给孩子洗澡,俗称"洗三"。

2. 满月礼

孩子满月,家长要请亲朋好友喝满月酒。宾客携贺礼赴宴。满月日给孩子剃头发。

3. 百日礼

孩子出生100天,家长要设宴款待前来庆贺的亲友。贺百日的传统礼物有百家衣、长命锁及鞋帽等。

4. 周岁礼

孩子满周岁,家长要盛宴亲朋宾客,还要举行富有特色的"抓周"活动。

抓周旨在检测周岁幼儿的性情、志趣,并据此预测其未来。通常在男孩面前放上弓箭、纸笔、饮食、珠宝、玩具等,在女孩面前再加上刀尺针线。看孩子抓取何物。古时候,家长最希望儿子抓纸笔刀枪,长大后"文能治国,武能安邦"。其实,孩子抓取何物并不能决定其一生,家长也不必太在意。但观看幼儿摸爬玩耍的天真神态,倒是别有情趣。

(二)生日礼

生日礼,即过生日的礼俗。

青少年和中年人每逢生日来临,要举行庆贺活动,即"过生日"。一般逢十举行隆重庆贺,尤以10岁、30岁为重。为年满60岁的老人举行庆贺活动,则称"做寿"。逢十(如70岁、80岁)做大寿。

古代孩子过生日,吃喝一顿就算了事。但为老人祝寿则特别讲究。通常要设寿堂、贴寿联、挂寿幛、点寿烛、献寿桃、吃寿面等。

现在,孩子们的生日越来越受重视。一般家庭父母等长辈要给过生日的孩子送礼物,如送玩具、新衣服、学习用品等,另给50元或100元甚至更多的现金。有些小孩过生日会邀请小朋友参加,点生日蜡烛、吃生日蛋糕。

生日蛋糕上所插的蜡烛的支数要与生日主人的年龄相对应。通常20岁以下可用1支蜡烛代表1岁,有多少岁插多少支,如过20岁生日便插20支蜡烛。20岁以上者,可用1支大蜡烛代表10岁,1支小蜡烛代表1岁。

现在给老人祝寿,既吃生日蛋糕,又吃长寿面,还要拍"全家福"照片以资留念。

三、婚俗

婚俗,即婚姻习俗。

男大当婚,女大当嫁。婚姻是一个人的终身大事,婚姻大事自古以来就很受重视,早在先秦时代便形成了旨在使婚礼隆重而正大光明的"六礼"。

"六礼"即纳采、问名、纳吉、纳征、请期、亲迎。

(一)纳采

男方父亲遣媒人向女方家提亲,女方父母同意后,男方派使者以雁、家鹅等物品为贽礼,正式向女方求婚。

(二)问名

男方通过媒人询问女方姓名、出生年月日、排行、生辰八字等。男方收到女方的庚帖后,请人占卜,预测这门亲事的吉凶。

（三）纳吉

男方占卜获得吉兆,便立即向女方家报喜,双方换帖,订立婚约。

（四）纳征

男方向女方送聘礼,进一步确定婚事。近代婚俗中的"送彩礼",即由此演变而来。

（五）请期

请期即议定结婚日期。男方择定完婚吉日,备礼去女方家,以征得同意。

（六）亲迎

男方于择定成婚日去女方家迎娶新娘。迎娶是婚礼的高潮,主要仪式包括迎轿、拜堂、合卺（后改为喝交杯酒）、闹洞房等。

上述"六礼"对汉族婚俗的演变长期起着主导作用。"六礼"使婚礼规范化,有章可循,但过于烦琐、迂腐,故此在历史上曾造成无数有情人难以结合的悲剧。到了近代,婚俗有所简化。婚嫁礼仪主要有说媒、相亲、定亲、迎娶等。而如今,婚俗更加简便。男女双方认识后彼此满意,交往一段日子便筹办婚事,然后选个好日子（诸如春节、元旦、"五一"或"十一"）举办婚礼。

四、葬礼

汉族人重视葬礼。葬礼可细分丧礼、葬礼、服丧三个部分。

（一）丧礼

依汉族风俗,人临终时,要将其抬到正厅的床上,头朝东,然后脱去内衣,换上新衣。

给死者洗浴完毕,就开始吊丧。首先由死者家属进行报丧。设灵堂,家属守灵。亲友闻讯,携挽联、挽幛、衣被及若干钱币,登门哀悼,死者子嗣披麻戴孝。吊丧期间,只吃素菜淡饭,妇女忌涂脂抹粉。

人去世后第二天举行小殓,为死者穿入棺的寿衣。第三天举行大殓,将尸体入棺。

（二）葬礼

下葬之日,先举行奠仪,宣读各方赠送的赙仪（绸帛、钱财等）,然后送死者灵柩下葬。出殡时,棺多由人抬,16至32杠不等。其时,长子扛灵头幡,以孝带牵头扛,女儿怀抱领魂鸡随后,鼓乐送至墓地下葬。古时多为土葬,坟墓上要立墓碑。碑上刻写死者生卒年月日等。

（三）服丧

灵柩下葬后,孝子孝女还要为去世的父母服丧守孝。民间受佛教影响,盛行"七七"之礼。人死后举行"斋七",每7天设斋祭奠死者,至七七四十九天而止,以为这样可以超度亡灵。

古代葬礼繁复,近代日趋简朴。如今,人死后送到殡仪馆整容。吊唁仪式大多都在殡仪馆举行。人们佩黑纱、戴白花、送花圈、开追悼会或举行遗体告别仪式,以寄托哀思。举行完遗体告别仪式,将尸体火化,然后把骨灰盒安放入骨灰盒存放室,并在嵌有死者照片的骨灰盒前放小花圈等。

第二节 主要少数民族习俗与礼仪

我国是个多民族的国家,有55个少数民族。2021年,少数民族总人口为12547万人。每个民族都各有千秋和特色。本节仅选介壮族、回族、维吾尔族、苗族、满族、藏族、蒙古族、土家族和朝鲜族等9个人口较多的少数民族颇具特色的民风民俗。

一、壮族习俗与礼仪

壮族是我国人口最多的少数民族之一,现有人口1700多万,其中绝大多数分布在广西壮族自治区,另有少部分生活在云南、广东、贵州和湖南等省境内。

壮族以大米、玉米、糯米为主食,其风味食品有色、香、味俱全的五色饭、沙糕,鲜美可口、略带甜味的白斩鸡,以及色泽金黄、脆嫩香酥的烤乳猪等。

壮族婚姻实行一夫一妻制。男女青年可以自由参加社交活动,谈情说爱,结婚需要事先征得父母的同意。

壮族盛行入赘的习俗,即男子上女方家门。婚礼在女方家举行。在婚礼上有一项特别的仪式,就是女方家请本族德高望重的长者,为新女婿改姓换名。姓从妻,名只保留后一个字,中间的字表示辈分,参加女方家的排行。入赘后的男子,在家庭中与社会上其他男子享有同等的地位,不受歧视。不过,少数地方认为上门不光彩。

壮族人素有尊老敬老的传统美德,平时尊敬老人,细心赡养老人,为老人祝寿时唱的《祝寿歌》简朴、动人:祝贺啊祝贺,祝你老人家,寿如清溪白鹤鸟,坚似高山香樟心。祝你七十好高龄,祝你八十好诞辰,祝你九十好高寿,祝你百岁抱玄孙。

壮族人是一个善歌唱的民族。农历三月初三,是壮族富有特色的歌节。相传三月三是壮族歌仙刘三姐去世的日子。人们为了纪念她,便在她的忌日唱歌怀念她。每逢三月三歌节,人们做五色饭和彩蛋,姑娘们精心赶制绣球。该日,小伙子们打扮得英俊潇洒,姑娘们穿戴如花似锦。人们先抬歌仙刘三姐的神像游行,然后汇集在风景秀丽的河边、山谷,进行交流和对歌。小伙子和他中意的姑娘对歌,姑娘们把绣球抛向意中人。小伙子若中意抛绣球的姑娘,就把礼品绑在绣球上,抛还女方。歌节里歌声动人,笑声朗朗,充满了诗情画意。

二、回族习俗与礼仪

回族是回回民族的简称。回族是我国少数民族中人口较多、分布地区最广的一个民族,现有人口1200多万。全国两千多个县、市中,几乎都有回族居民。回族相对集中在宁夏回族自治区,以及甘肃、河南、新疆、青海、云南、河北、山东、安徽、辽宁、陕西、天津、北京等地。

回族因长期和汉族杂居,基本使用汉语言,但在宗教生活中使用一些阿拉伯语词汇。回族人一般用汉名汉姓,再另起一个阿拉伯语名字,称经名。例如,现代著名回族学者马坚,其经名为穆罕默德。

回族的衣着与汉族差别不大,其主要不同之处是,回族男士头戴白色平顶圆帽,妇女戴头巾(盖头)较普遍。通常老年妇女戴白色盖头,已婚妇女戴黑色盖头,未婚女子戴绿色盖头。

回族信奉伊斯兰教。依据伊斯兰教教义,回族在肉食上以牛、羊肉为主,禁食猪、狗、猫、骡、驴肉,以及狮、虎、狼、豹等猛兽的肉,禁食自死动物,禁食血液和禁止饮酒。回族的风味食品有油香、馓子等。

回族一般是族内通婚,也有少量回族人与外族人结婚。回族青年男女成亲,需要具备下列条件:一是双方必须情愿;二是需要得到双方父母的允许;三是要有证婚人;四是男方赠送女方一件礼品信物或一个钱包,钱包中一般只有几枚硬币。婚礼通常在男方家举行。教长先问女方同意嫁给男方吗?再问男方同意娶女方为妻吗?在教长写完婚书并当众宣读后,女方家长和男方家长相继对这门亲事发表意见,众人鼓掌祝贺。

回族的民族节日主要有开斋节(伊历10月1日)、宰牲节(伊历12月10日)和圣纪(伊历3月12日)三大节。每逢这三大节日,回族和其他信奉伊斯兰教的中国少数民族特放假一天,以便欢度伊斯兰教节日。

三、维吾尔族习俗与礼仪

维吾尔族是我国古老的少数民族之一,人口近1200多万,主要聚居于新疆维吾尔自治区,其中80%居住在天山以南的新疆南部地区。另有少量维吾尔族人居住在湖南省的桃源、常德等县市。

维吾尔族有本民族的语言和文字。

维吾尔族的服饰丰富多彩。维吾尔族人戴的花帽图案精美,鲜艳夺目,富有特色。维吾尔族妇女喜爱穿用鲜艳绸缎制作的连衣裙。

维吾尔族人喜食面食、牛羊肉及酸奶。其特色食品有圆形烤饼和色香味俱全的"抓饭"等。在节日或喜庆日子里,或者贵客光临,维吾尔族人要吃抓饭或以抓饭招待客人。

维吾尔族人素有歌舞民族之称。男女老少几乎都能歌善舞。

维吾尔族信奉伊斯兰教,禁食猪肉等。

维吾尔族最盛大的民族节日是古尔邦节(即宰牲节,伊历12月10日)。节日期间,维吾尔族人穿新衣,宰牛羊,唱歌跳舞,喜气洋洋。

四、苗族习俗与礼仪

苗族是我国西南地区人口较多的一个少数民族,现有约950万人,其中多数居住在贵州省东南部和湖南省西部,另有少数分布在云南、四川、广西、广东等地。

贵州、云南苗族多数居住在山区,以务农为主。

苗族妇女心灵手巧,擅长刺绣。苗族人民普遍爱穿带花纹的衣服。因此,苗族被誉为"无人不穿花"的爱美民族。每逢盛大的民族节日和群众性的聚会,青年男女都要披上美丽的花披肩,光彩照人。

苗族青年的恋爱习俗比较独特,十五六岁的女孩子和十六七岁的男孩子可以参加"游方"即寻找异性朋友。每逢节假日或农闲时,男女青年便会不约而同地聚集到村寨附近的社交场所"马郎场",通过低声轻唱情歌找对象,谈情说爱。苗族青年还有"踩脚传情"的习俗。游方时,小伙子用脚尖轻踩女青年的脚,表达爱慕之情。女青年接受小伙子的求爱,便也轻踩小伙子的脚;若不接受,则不理会。

每年农历正月初一至初八,是苗族人民一年一度的传统佳节——采花山。节日里,人们穿着民族盛装,喝香醇的美酒,跳起古老的芦笙舞。而传统的斗牛、舞狮等活动,更增添了欢乐的气氛。

五、满族习俗与礼仪

满族是我国人数较多的少数民族之一,现有人口约1100万,其中大部分分布在辽宁、吉林、黑龙江三省,其余的散居于内蒙古、河北、北京、西安等地。

满族的主食有大菜包、大饼子、窝窝头、发糕等。满族人喜欢吃甜食和猪肉炖酸菜,喜欢喝酒,喜欢抽烟。中原人视为"关东城三大怪"之一的"十七八的姑娘叼着大烟袋",正是东北地区满族人嗜好抽烟的生动写照。满族的著名风味食品有萨琪玛、满汉全席等。满族人忌吃狗肉。

满族妇女的服饰较有特色,其中最有名的是旗袍。妇女讲究头饰,着重头髻装饰。

满族人住房内一般均设有"万字炕"(即里屋西、南、北三面都是土炕),西炕被视为最尊贵之处,用以供奉祖宗,故不可随意坐在上面。

满族的家庭添丁加口时也有传统的习俗。"引弓之民"——满族精于骑射,所以,生了男孩就在家门口挂上一把弓箭;生了女孩就挂一根红布条,表示吉祥。

满族重礼貌,讲礼节。平时相见要行请安礼。若遇长辈,先请安再讲话。逢年过节,晚辈要向长辈行大礼——打千。

满族盛行挂旗习俗。旗亦叫门笺、窗笺,类似剪纸。春节时,家家户户都要在门楣上、窗户上贴上挂旗,以增添节日气氛。

六、藏族习俗与礼仪

藏族是我国历史悠久的少数民族之一,现有人口600多万人,主要分布在西藏自治区以及与它邻接的四川、青海、甘肃和云南等省的部分地区。

藏族有自己的语言和文字。

藏族的服饰美观大方。男子普遍头戴镶边皮帽或毡帽,身穿长袍,束腰带,腰佩藏刀。妇女头梳小辫,再戴帽或包布帕。德钦一带的妇女爱穿青色大襟短衣,外着色彩鲜明的坎肩,下着长可曳地的长裙。

藏族人民常吃青稞面、肉食、奶制品,爱喝酥油茶。

藏族青年的恋爱方式颇具特色,抢帽子就是其中之一。当小伙子看中了一位姑娘,他不是先向姑娘表白,而是设法抢走她的帽子,过几天再奉还。倘若姑娘喜欢这个小伙子,就会高兴地收回帽子。如果不喜欢,就不要这顶帽子了。

姑娘向小伙子表达爱情的方式是赠送自己随身佩戴的耳环或者项珠之类的饰物。倘若正合小伙子心意,他会乐意接受,否则就不得收取姑娘的信物。

藏族人民有尊老敬老的良俗。每年藏历新年(藏历正月初一,与汉族的春节相近)的黎明，家里的女儿或儿媳，要出去背回当年的第一罐水（"吉祥水"），煮好酥油茶敬献给老人。

献"哈达"是藏族最常见的一种礼节。藏族人民在迎送宾客或与亲朋交往中，把哈达赠送给对方，表示敬意和祝福。

藏族的丧葬习俗独特，一般有五种葬法，即天葬、水葬、土葬、塔葬和火葬。此外，还有安葬死婴的风葬。

藏族人能歌善舞，歌声悠扬、嘹亮。男性的舞蹈动作粗犷，女性的舞蹈动作优美、轻柔。

七、蒙古族习俗与礼仪

蒙古族是我国人口较多的少数民族之一，现有 600 余万人，其中大多数聚居在内蒙古自治区，其余分布在辽宁、吉林、黑龙江、甘肃、青海等省以及新疆维吾尔自治区境内。

蒙古族有自己的语言和文字。

蒙古族男女老幼都喜欢穿长袍，束腰带。

蒙古族以肉食、奶食为主。爱吃羊肉、炒米，爱喝奶酒、奶茶。

挡风御寒、易于搬迁的蒙古包，是生活在大草原上的蒙古族人民喜爱的居所。

蒙古族热情好客，讲究礼貌。蒙古族有句谚语："没有羽毛，有多大的翅膀也不能飞翔；没有礼貌，再好看的容颜也被人耻笑。"蒙古族人民对来客，不论是熟人还是生人，总是热情问候，殷情待客。他们把客人请进蒙古包，先煮奶茶招待，再请客人吃酥脆的油炸馃子以及独具草原风味的"手扒羊肉"等。

蒙古族同辈相遇要互相问好，遇到长辈则首先请安。走路、上车、进门、落座、喝茶、吃饭、喝酒，一定让老人或长辈先来。

一年一度的"那达慕"，是蒙古族传统的节日盛会。会上除了"好汉的三种竞赛"——摔跤、射箭、赛马外，还有各种歌舞游艺和物资交流活动，热闹非凡。

八、土家族习俗与礼仪

土家族是我国历史悠久的少数民族之一，现有近 840 万人，主要分布在湖南省湘西土家族苗族自治州和湖北省西南部的恩施地区。

土家族服饰独特，妇女挽发髻、用布缠头，穿滚有三道花边的左襟大褂——俗称"三滴水"。男子则穿扣子很多的对襟短衣。

土家族的风味食品有坨子菜和合菜。坨子菜是把大坨的猪肉拌上小米和灌肠一起蒸在米饭上。合菜是把油炸豆腐、粉条、胡萝卜和白菜一锅炒，猪杂、海带放在锅上蒸。

土家族热情好客。每当家里来了客人，土家人就会为客人端上一碗香气扑鼻的"太婆油茶"。此茶油而不腻，非常可口。

土家人爱唱山歌。他们说："不唱山歌喉咙痒，嘴巴一张像河淌。"土家人的传统舞蹈是摆手舞。开始跳时，一人在中间打鼓敲锣，其他人由领舞者带领围圈跳舞，以两手摆舞为主，舞一圈或数圈变换一个动作。摆手舞节奏明快，动作优美，具有鲜明的民族特色。

九、朝鲜族习俗与礼仪

朝鲜族是我国颇有特色的少数民族之一,现有人口近 200 多万人,主要聚居在吉林省,另有少数分布在辽宁、黑龙江等省。

朝鲜族服装比较精美。男子爱穿漂亮的坎肩,妇女喜欢穿色彩艳丽的短衣长裙。短衣为斜襟,无扣,以布带打结,衣襟上挂上彩绸飘带;裙的长短视年龄大小有别,中年以上的妇女穿长及脚面的裙,少女及女青年的裙子则较短。

朝鲜族以大米、小米为主食,其风味食品有打糕、冷面、泡菜等。朝鲜族人爱吃狗肉,爱喝花茶和白酒。

朝鲜族素有尊老爱幼、礼貌待人的优良传统。老年人在家庭中和社会上处处受到人们的尊重。平时对老人说话要用尊称敬语。

朝鲜族是一个能歌善舞的民族,无论男女老少,几乎都能唱会跳。每逢节假日或喜庆日,朝鲜族群众载歌载舞,欢腾雀跃。朝鲜族妇女还长于荡秋千和跳跳板,她们的高超水平令人赞叹不已。

第三节 现代礼俗

礼俗是历史的产物,随着时代的进展不断发生变革。近百年来,我国发生了翻天覆地的变化。20 世纪初,清王朝覆灭;20 世纪中期,国民党反动统治崩溃,新中国建立;20 世纪后半叶,站起来的中华儿女阔步向前,历经风雨磨难,但百折不挠,奋斗进取,使一个初步繁荣昌盛、充满勃勃生机的社会主义中国巍然屹立在世界的东方。

百年沧桑,华夏巨变。其间,产生了一些新的礼俗。本节着重介绍"五四"青年节等 9 个比较重要的现代节日的源流,简要介绍 20 世纪 90 年代以来时兴的成人仪式,并择要介绍近年来相继出现和逐渐形成的一些新时尚。

一、现代节日

(一) 妇女节

3 月 8 日是世界各国劳动妇女的节日。

1909 年 3 月 8 日,美国芝加哥女工为争取自由平等,举行大罢工和示威游行,得到美国广大劳动妇女的积极响应。

1910 年 8 月,第二届国际社会主义妇女代表大会在丹麦哥本哈根举行。大会通过了德国革命家克拉拉·蔡特金的建议,定 3 月 8 日为国际劳动妇女节。

1911 年 3 月,美国、德国、瑞士等国的妇女首次举行纪念活动。1924 年 3 月,中国妇女代表在广州举行活动,纪念"三八"妇女节。

1949 年 12 月,我国中央人民政府政务院通令全国,规定每年 3 月 8 日为妇女节。

每年"三八"节,我国妇女放假半天。许多单位举办各种各样的活动,如召开小型座谈会,举行表彰优秀妇女大会,组织女职工看电影等。

（二）植树节

3月12日是我国的植树节。

1925年3月12日，我国伟大的革命先行者孙中山先生逝世。1929年，当时的国民政府规定3月12日为植树节。

1979年2月23日，第五届全国人民代表大会常务委员会第六次会议根据国务院的建议，正式确定3月12日为植树节。此后，每年3月12日，党和国家领导人与群众一起植树造林，绿化祖国。

（三）劳动节

5月1日是全世界劳动人民团结战斗的节日。

1886年5月1日，美国芝加哥工人举行大罢工，要求改善劳动条件，实行八小时工作制。经过流血斗争，终于赢得了胜利。

1889年7月14日，第二国际成立大会在法国巴黎举行。大会通过了法国代表拉文的提议，把5月1日定为"国际示威游行日"，亦称"劳动节"。

1890年5月1日，法国、美国、荷兰等国许多城市的工人举行声势浩大的示威游行，显示了欧美无产阶级的战斗力量。1922年5月1日，中国劳动人民代表在广州召开全国第一次劳动大会，庆祝国际劳动节。

1949年12月，中国中央人民政府政务院规定5月1日为劳动节。

每年5月1日，全国放假。许多单位召开表彰会、庆功会，宣传劳动模范的先进事迹。很多人利用假期外出旅游。不少地方举办游园会，张灯结彩，欢庆"五一"国际劳动节。

（四）青年节

5月4日是中国青年节。

1919年5月4日，以北京大学为首的北京13所高校的3000多名学生举行集会和示威游行，抗议帝国主义列强侵犯我国领土主权的无理决定，要求惩办亲日派卖国贼曹汝霖、陆宗舆、章宗祥。爱国学生痛打了正在曹汝霖住宅的章宗祥，放火焚烧了曹宅。北洋军阀政府派出大批军警镇压学生的爱国运动。

北京学生的反帝爱国斗争，首先得到全国各地学生的响应，他们纷纷举行罢课和示威游行。6月3日以后，上海、唐山、九江等地工人举行罢工游行，上海和其他城市的工商业者相继罢市，起初主要由青年学生参加的爱国运动，逐渐发展成为无产阶级、小资产阶级和民族资产阶级共同参加的全国范围的革命运动，并最终取得了胜利。

1939年，陕甘宁边区西北青年联合会规定5月4日为中国青年节。1949年12月，中国中央人民政府政务院正式宣布5月4日为中国青年节。

每年5月4日，全国各地青年举办报告会、演讲会、文艺晚会等各种活动，纪念五四运动，欢度青年节。

（五）儿童节

6月1日是国际儿童节，是全世界儿童的节日。

1949年11月，为了保障全世界儿童的生存权、保健权和受教育权，反对帝国主义战争贩子虐杀儿童,改善儿童生活,国际民主妇女联合会在莫斯科举行的理事会上作出决定,每年6月1日为国际儿童节。1949年12月,中央人民政府政务院规定6月1日为中国儿童节。

每年6月1日,我国各地儿童身穿节日盛装,举行联欢会、游园会等各种活动,欢庆自己的节日。

（六）建党节

7月1日是中国共产党诞生纪念日。

1921年7月,中国共产党第一次全国代表大会在上海举行。出席大会的有毛泽东、董必武、何叔衡、陈潭秋、李达等13名代表,共产国际代表马林和尼科尔斯基列席会议。大会通过了党纲,选举了党的领导机关,宣告中国共产党正式成立。

1941年6月,中共中央决定7月1日为党的诞生纪念日。

每年7月1日,全国各地举行研讨会、表彰会、庆功会、文艺晚会等活动,纪念党的生日。许多新党员在这一天宣誓入党。全国各条战线的共产党员和广大群众积极工作,以实际行动庆祝党的生日。

（七）建军节

8月1日是中国人民解放军诞生纪念日。

1927年8月1日,周恩来、朱德、贺龙、叶挺、刘伯承等领导武装部队3万余人,在江西南昌举行起义,向国民党反动派打响了第一枪。经过5个多小时的激战,全歼南昌守敌。当天,在南昌成立了以共产党人为核心,有国民党左派人士参加的中国国民革命委员会。此后,朱德、陈毅率领一部分起义部队到达井冈山,和毛泽东领导的工农革命军会师,成立了中国工农红军第四军。

1933年7月,中华苏维埃中央政府在瑞金作出了《中央政府关于"八一"纪念运动的决议》,规定8月1日为中国工农红军诞生纪念日。1949年6月15日,中国人民革命军事委员会正式发布命令,规定以"八一"字样作为中国人民解放军军旗和军徽的标志。从此,8月1日成为纪念中国人民解放军诞生的节日。

每年8月1日,全国各地开展拥军优属活动,举办军民联欢会等,纪念"八一"建军节。

（八）教师节

9月10日是中国教师节。

我国曾于20世纪30年代建立过教师节。1951年,教育部和全国教育工会宣布"五一"国际劳动节同时为教师节。1985年1月11日,国务院向全国人民代表大会常务委员会提出关于确定每年9月10日为"教师节"的议案。同年1月21日,第六届全国人民代表大会常务委员会第九次会议同意国务院关于建立教师节的议案,决定每年9月10日为我国教师节。

每年9月10日,全国各地举办茶话会、表彰会、联欢会等多种活动,欢庆教师节。

（九）国庆节

10月1日是中华人民共和国成立纪念日,亦称国庆节。

1949年9月21日至9月30日,中国人民政治协商会议第一次全体会议召开。会议通过了《中国人民政治协商会议共同纲领》，确定"中华人民共和国"为新中国的国家名称；选举毛泽东为中央人民政府主席，朱德、刘少奇、宋庆龄等为副主席；制定了国旗，规定《义勇军进行曲》为国歌；决定把北平改名为北京，作为首都。

1949年10月1日，在北京天安门举行了隆重的开国大典。毛泽东、朱德、周恩来等国家领导人登上天安门城楼。毛主席亲手按动电钮，升起新中国第一面五星红旗，并庄严宣告："中华人民共和国成立了，中国人民从此站起来了！"1949年12月3日，中央人民政府委员会第四次会议通过决议：10月1日为中华人民共和国国庆节。

每年10月1日，全国放假三天。祖国各地张灯结彩，全国各族人民以各种方式热烈欢庆国庆节。

二、成人仪式

成人仪式即成年礼，是一种古今中外都流行的风习。

（一）古今中外成人仪式一瞥

1. 中国成年礼

在中国，行成年礼由来已久，它是由上古氏族社会的成丁礼演变而来。男子20岁成年，要举行加冠礼。男子加冠，先把垂发束在一起，盘绕在头顶，用一块整幅（0.7米宽、2米长）的黑帛包住头发，然后加冠。加冠后便进入成人行列，既可以享受成年人的权利，又要为社会尽一个成年人应尽的义务。

女子15岁成年，行加笄礼。笄，即簪子。女子加笄，先把头发绾到头顶，用黑布包上发髻，然后插簪子固定。女子加笄后方可婚嫁。

汉唐以后，人们逐渐把成年礼和婚礼合在一起。但我国一些少数民族，如纳西族，至今还流行该民族传统的成年礼。男子成年行穿裤子礼，女子成年行穿裙子礼。

20世纪90年代以来，为了帮助年满18岁的公民树立成人意识，明确社会责任，我国许多城市开始举办现代成人仪式。1993年12月18日，共青团上海市委在上海人民英雄纪念塔前举办了"上海市首届18岁成人仪式"。1995年"五四"青年节，北京、上海、天津等地分别举办了隆重的成人仪式。1995年国庆期间，全国20多个省的许多城市普遍举行了成人仪式。通过举行成人仪式，极大地激发了广大青年人的责任感和使命感。如今，每逢"五四"青年节和"十一"国庆节，全国各地纷纷举办成人仪式，鼓励年满18岁的公民豪情满怀地进入成年人的行列。

2. 外国成人仪式

成人是人生旅程中的一个重要转折点。世界上许多国家都有成人节或举办成人仪式的习俗。这里仅简要介绍日本、德国的成人节和以色列犹太人的成人仪式。

（1）日本的成人节。日本为成年人举行仪式古已有之。1948年，日本政府决定每年1月15日为成人节，并规定年满20岁的青年（从上一年1月15日到当年1月15日期间年满20岁者）均有权参加成人仪式。届时全国放假一天。

每逢成人节，年满20岁的青年身穿节日盛装（男穿笔挺的西服，女穿华丽的和服），到当地公会堂或区民会馆参加政府部门为他们举办的成人仪式。举行成人仪式时，首先由当地政府首脑致词，然后青年们高声宣誓。宣誓完毕，大家把领带、围巾、影集、日记本等礼品、纪念品赠送给青年,以示祝贺。这些青年人从此正式进入成人的行列,享有法律赋予的一切权利,履行法律规定的所有义务。

(2) 以色列犹太人的成人仪式。在以色列,年满13岁的犹太男子、年满12岁的犹太女子便算成人,他们要参加在耶路撒冷老城举行的成人仪式,其主要程序包括在哭墙前起誓,成为犹太教徒等。

(3) 德国的成人节。在德国,根据日耳曼民族的古老传统,年满14岁便意味着已长大成人。在成人节这天上午,年满14岁的男子、女子身穿鲜艳的服装,参加成人仪式。在成人仪式上,当地负责人首先致词,然后,成年男女举起右手宣誓。此后,前来庆贺的师长、亲友向他们赠送礼物,天真活泼的小朋友向他们敬献鲜花。晚上,则举行盛大的晚会,欢庆成人节。

(二) 我国成人仪式

举行成人仪式,是一项十分有意义的活动。时间可安排在"五四"青年节或"十一"国庆节,地点宜选择具有历史意义的标志性场所。气氛要热烈。

成人仪式的基本程序如下。

(1) 升国旗,奏、唱国歌。
(2) 党政领导讲话。
(3) 革命老前辈代表致词。
(4) 父母代表发言。
(5) 成人代表表达心声。
(6) 面对国旗宣誓。
(7) 颁发纪念品。
(8) 参加公益活动。

下面附录李岚清同志的讲话与成人誓词。

附一:

在北京中学生成人仪式上的讲话
(一九九五年五月四日)
李岚清

青年朋友们:

今天,参加你们的18岁成人仪式,我感到十分高兴。从现在起,你们就踏进了成年人的行列,成为共和国的年轻公民。在此,我向你们及你们的同龄人表示热烈的祝贺!向为千千万万青少年的健康成长付出辛勤劳动的老师、家长和社会各界致以诚挚的谢意!

18岁是人生的一个重大转折,是人生新的起点。从今天开始,你们将以更加自主、更为积极的姿态去面对人生,你们的生活将会越来越丰富多彩。你们将享有全部宪法权利,承担全部宪法义务,在社会生活中扮演更加重要的角色,发挥更大的作用。你们将和你们的父母兄姐一样,担负起对国家、社会和家庭的责任,成为共和国新的建设者和保卫者,成为建设有中国特色社会主义的生力军。

共和国因为拥有你们这样朝气蓬勃、风华正茂的年轻人而充满生机、活力和希望。

今天是"五四"青年节。76年来,"五四"精神激励着一代又一代热血青年,为民族的振兴、国家的富强,前赴后继、英勇奋斗。当前我国正处在改革和发展的关键时刻,作为跨世纪的一代青年,你们身上凝聚着党和人民的殷切期望,担负着中华民族21世纪崛起和腾飞的历史使命。希望你们努力把自己培养成为跨世纪的一代"四有"新人。你们要树立远大的理想和坚定的信念,在学习和实践中确定正确的世界观、人生观和价值观;你们要弘扬中华民族的传统美德和社会主义的新风正气,努力养成良好的社会公德和高尚的道德情操;你们要刻苦学习现代科学文化知识,不断掌握新知识、新技能、新本领;你们要锻炼身体、磨炼意志,努力拥有一个能够担当起建设祖国未来重任的强健体魄。

我借此机会,将江泽民总书记提倡的下列64个字的创业精神作为对你们的赠言,希望我们共勉:解放思想,实事求是,积极探索,勇于创新,艰苦奋斗,知难而进,学习外国,自强不息,谦虚谨慎,不骄不躁,同心同德,顾全大局,勤俭节约,清正廉洁,励精图治,无私奉献。

青年朋友们,我们所处的时代,是一个需要青年而又培养青年的时代,是一个呼唤人才而又造就人才的时代。希望你们珍惜青春年华,珍惜时代赋予的宝贵机遇,在奉献奋斗和创造中领悟青春的瑰丽、人生的真谛和生命的价值,用自己的双肩担负起振兴祖国的历史责任,用坚定的信念撑起中华民族时代精神的脊梁。

附二:

成人誓词

我是中华人民共和国公民,在18岁成人之际,面对国旗,庄严宣誓:

我立志成为有理想、有道德、有文化、有纪律的社会主义公民,遵守宪法和法律,热爱社会主义祖国,拥护中国共产党的领导。正确行使公民权利,积极履行公民义务,自觉遵守社会公德。服务他人,奉献社会;崇尚科学,追求真知;完善人格,强健体魄,为中华民族的富强、民主和文明,艰苦创业,奋斗终生!

三、新时尚

自从20世纪70年代末我国实行改革开放政策以来,中外交流日益扩大,国民经济迅速发展,城乡居民的收入水平和生活水平不断提高,人们在衣、食、住、行、社会交往,以及娱乐消费等方面,相继出现和逐渐形成一些新时尚。现择要稍作介绍。

(一)衣着趋向优美、个性化

过去,我国老百姓的服装样式简单,颜色单调,大多数男士穿着蓝色中山装或列宁装。因此,外国人戏称中国人是"蓝蚂蚁"。但改革开放以来,这种情况发生了巨大的变化。人们的衣着从单一走向多元,服装的质地越来越考究,款式越来越新颖,色彩越来越丰富,美不胜收。

（二）饮食讲究质量、科学化

近些年来，随着经济的蓬勃发展和"菜篮子"等工程的顺利实施，饮食品种逐渐齐全，商品数量日益充足，市场走向兴旺与繁荣。广大消费者的饮食观及饮食结构也随之发生了很大的变化。

过去，我国实行计划经济，许多商品凭票证限量供应。实行改革开放以来，市场逐渐活起来，商品丰富、充足，百货大楼、超级市场、副食品商店里货物琳琅满目。人们只要有钱，想吃啥买啥。再也用不着早起排队买肉购鱼。

如今，大多数居民家庭在吃饱喝足之余，饮食观发生了变化，不仅要吃饱，而且要吃好，饮食消费从对量的满足转向对质的追求。餐桌上的花样增多，牛奶、咖啡、果汁、啤酒、白酒、葡萄酒、白兰地、威士忌、鸡尾酒、矿泉水等多种酒水供人们选用。人们的膳食结构发生改变，米饭、馒头等传统主食逐渐减少，肉、鱼、蛋、奶、植物油、豆制品、水果、蔬菜相应增加。很多家庭注意饮食科学化，根据人体需要合理安排饮食，摄取适量的蛋白质、脂肪、糖、维生素、矿物质和水。一些厂家积极捕捉市场信息，及时开发出绿色食品、保健食品等，以满足人们的需要。

（三）室内装修追求新潮、安逸

近些年，我国城乡居民的居住条件有了很大的改善，人均居住面积逐渐增大。许多城镇居民从一居室住房扩展到两居室、两室一厅，不少家庭搬进了三室一厅，一些家庭搬进了三室两厅、四室两厅。

许多家庭购买了宽敞或较为宽敞的住房后，便开始对室内进行精心装修。地上铺地板或地砖，墙上贴瓷砖或刷乳胶漆或贴墙纸，天花板吊顶。客厅、卧室里不同形状的吊灯、壁灯、吸顶灯、床头灯，以及五光十色的窗帘与精美的地毯壁挂，使家里充满了温馨和浪漫色彩；厨房装吊柜、无烟灶台，以及配备电饭锅、微波炉等现代炊具，烹调既省时省力，又赏心悦目；卫生间安装浴盆、洗脸台、烘发器等，方便而优雅。此外，人们在房间隔音、家具艺术化、操控智能化等方面下功夫，使居住环境更加舒适和安逸。

（四）化妆、美容之风日盛

20 世纪 50 年代至 70 年代中期，除了文艺工作者外，一般老百姓很少有人刻意化妆，通过整形美化容貌者更是寥若晨星。

但自从 20 世纪 70 年代末以来，随着对外交流的不断扩大，人们的生活水平逐渐提高，化妆不再仅仅是演员、空姐的专利，从营业员到乘务员，从白领丽人到普通市民，化妆之风日盛。雪花膏、玉兰油、早霜、晚霜、洗面奶、润肤霜、增白霜、防晒霜、防裂霜，以及香水、口红、睫毛膏等各种化妆品应有尽有。樱唇点点口红让容颜倍添姿色，身上喷少许香水令人顿感惬意和温馨。

近些年来，人们从注意理发到讲究美发，从画眉发展到文眉、文眼线，从隆鼻发展到隆胸，以及割眼皮、切眼袋、挖酒窝等，不一而足。

爱美之心，人皆有之。整形美容，无可非议。不过，说实话，整容得当，的确可以美化容貌；但如整容不当，则会弄巧成拙。因此，整形美容应慎重，要因人而异。千万不要一味赶时髦、追潮流,以免事与愿违,后悔莫及。

(五) 都市兴起礼仪文化热

我国是一个具有 5000 多年历史的文明古国、礼仪之邦。尊老爱幼、讲究信义、以诚待人、先人后己等美德传承至今。随着经济的大发展,人民的生活水平不断提高。物质生活逐渐富裕起来的人们,对精神生活有更强烈的渴求,从而自觉或不自觉地加入精神文明建设的大军。

这些年,以贺卡(如贺年卡、生日卡等)为代表的礼品热日趋流行,它将人们的温情和祝福传至四面八方。遍布大街小巷装饰精美的礼品店和香气四溢的鲜花店,让人感到生活的美好。在都市,逢年过节,探亲访友,不再总是拎着罐头、水果,送上一束康乃馨或红玫瑰已成为许多人(尤其是青年人)的选择。在政府和企业的社会活动中,礼仪的成分也明显加重。一些注重企业形象、文化品位较高的公司,建立起自己的礼仪队和以礼仪表演为主要任务的管乐队、时装队等,既给都市增添了斑斓的色彩,又提高了企业的知名度和美誉度。礼仪文化已成为现代企业文化的一个重要组成部分。

礼仪文化热的另一重要标志,是教育文化领域和新闻出版界对它表现出的极大兴趣。例如,1995 年暑假期间,武汉大学开设礼仪文化课,预计会有 200 余人选修此课,没想到一下子竟来了 800 多名学生。教务处只好临时增开一个班,但蜂拥而至的学生仍把教室挤得满满的。而为了满足人们对礼仪知识的渴求,一批涉及礼仪文化的报刊应运而生,如《现代交际》等。另有一些介绍礼仪知识的图书也及时面世,如《中国应用礼仪大全》等,对礼仪文化热的兴起和发展起到了推波助澜的作用。

如今,越来越多的人在社会交往中自觉使用礼貌语言,登门拜访人家事先预约。自费旅游、参观展览、出席音乐会的人数呈上升趋势,报名参加集体婚礼的新人踊跃,电台点歌、电话拜年和使用手机发短信拜年非常时兴。"外语热""考研热""出国热""创业热"和"健身热"在辽阔的华夏大地上不断升温。此外,随着社会的发展与科技的进步,通过国际互联网发电子邮件以及网上交往等一些新时尚,已经形成或正在形成之中。

思考与训练

1. 古今汉族习俗有哪些异同?
2. 我国少数民族的风习有什么特点?
3. 通过看录像、电影或实地采风,了解民风民俗。
4. 每位同学或每个学习小组着重收集一个少数民族的礼仪资料,然后在班上进行交流。
5. 请同学们补充我国近年来涌现的新时尚。
6. 组织学生表演"民族服装秀"。
7. 中国有尊老爱幼的优良传统,讲究"滴水之恩,当涌泉相报"。下面这个故事中的小伙子,本来想表达对老同志的感激之情,可由于他用词不当,结果适得其反。请谈谈自己的感想。

新年快到了,某单位举行元旦聚餐。一位刚参加工作不久的年轻职工对一位即将退休的老同志说:"您多吃菜,来,我敬您一杯。您跟我们不一样,我们今后聚餐的机会多得很,您老是吃一顿少一顿……"老同志听了小伙子的话后,脸色非常难看,旁边的几位同事忙用眼色示意小伙子不要再说下去。可是,这位小伙子仍然没有领悟,自以为是地继续说:"我这是真心实意地敬您啊,自从我进单位以来,您给了我不少帮助,喝一杯吧,再不喝就没有机会了。"此时,老同志脸色苍白,起身拂袖而去。

8.《文汇报》曾刊登过这样一个故事,题目是《一口痰"吐掉"一项合同》。内容是,国内某医疗器械厂与美国客商达成了引进"大输液管"生产线的协议,第二天就要签字了。可是,当这个厂的厂长陪同外商参观车间时,向墙角吐了一口痰,然后用鞋底去擦。外商看到这一幕后,彻夜难眠。外商让翻译给那位厂长送去了一封信,信中写道:"恕我直言,一个厂长的卫生习惯可以反映出一个工厂的管理素质,况且,我们今后要生产的是用来治病的输液皮管。贵国有句谚语:人命关天! 请原谅我的不辞而别……"就这样,因为这位厂长的卫生意识差,一项已经基本谈成的项目告吹。

这个故事发人深省,现在是改一改随地吐痰的坏习惯的时候了;否则,类似事件还会发生和重演。

9. 赵英俊为了帮助牺牲的战友和安慰烈士的母亲,孝敬烈士母亲20年,令人感动和钦佩。孝敬父母是中国人的传统美德。孝敬战友的母亲,更是高尚的人间真情。读了这个故事,你是否对中国礼俗有了进一步的认识? 情感是否得到升华?

《中国民兵》2005年第5期叙述了一个为友孝母20年的真实故事。

1984年,济南军区某部特务连出现两位容貌酷似的军人——排长赵英俊和新调来的侦察兵李军。两人籍贯均系湖北省,口音相同,经历也十分相似。他俩很快成了无话不谈的知心朋友。

1984年11月,李军、赵英俊同赴前线。李军在战场上不幸牺牲。李军牺牲3个月后,赵英俊接到上级通知,代表组织前往武汉处理李军后事。当一身戎装的赵英俊来到李军母亲李祖珍病床前时,精神恍惚的李祖珍竟然眼睛一亮,说:"军军……我的军军回来了!"她把长相酷似儿子的赵英俊当成了儿子李军。赵英俊意识到老人的误认,将错就错,一下跪倒在床头:"妈,我从前线回来晚了,让妈担心了!"一连几天,赵英俊对"妈妈"精心照料。

随着时间推移和李祖珍的康复,假儿子的破绽开始显露。一天,在医院花园散步时,"妈妈"忽然停住了脚步,满脸不解地看着"儿子":"孩子,你告诉我,你到底是谁? 军军到底在哪?""妈,我就是军军啊!""别瞒我了,好孩子,我都会挺住的!"赵英俊泪水夺眶而出,只好将自己的真实身份和李军壮烈牺牲的情况禀告老人家。李祖珍虽没有放声痛哭,但大颗大颗的泪珠从她憔悴的双颊滚滚而下。过了几分钟,李祖珍擦干了眼泪说:"军军为国捐躯,我为儿子骄傲。只是我会特别难受一段时间,请大家原谅!"

赵英俊"扑通"一声跪在李祖珍面前:"妈妈,今后我就是您的儿子,我会像李军一样侍奉您!"归队不久,赵英俊就将李祖珍接到部队。

李祖珍在部队期间,每一位官兵都将她当成自己的母亲一样尊敬,而赵英俊则以"儿子"的身份跑前跑后地照顾李祖珍。李祖珍很快从痛失爱子的阴影里走了出来。

1986年春,赵英俊成家了。不久,他们调往武汉,并有了孩子。20年来,他们一直侍奉着李祖珍。用人间真情凝结的"高尚血缘",使这个家庭亲密无间。

第十五章　外国礼仪与禁忌集锦

第一节　一些亚非国家的礼仪与禁忌

一、日本礼仪与禁忌

（一）礼仪

1. 礼仪教育与社交礼仪

在日本，孩子从会说话起，就开始接受父母、亲属的礼仪教育。小学生入学后，要接受学校的礼仪教育。在小学生守则上，有关待人接物的规矩写得清清楚楚。礼仪是日本中学生的必修课。日本青年走上社会后，要接受工作单位的岗前培训和礼仪训练，从发型、衣着、坐立姿势、鞠躬角度、打电话和接电话的口气与表情，到怎样带路和开门，以及如何奉茶、如何与主管谈话等都有一定的规矩。许多单位还将厚达数百页的礼仪手册发给新职员，借此规范他们的行为举止，提高他们的礼仪水平。此外，日本还有不少团体和个人积极提倡、组织开展礼仪运动。

日本人平时见面要互致问候，行鞠躬礼，鞠躬15度是一般礼节，30度为普通礼节，45度为最尊敬礼节，只有老朋友久别重逢才一边握手，一边鞠躬。初次见面，要行90度鞠躬礼，男士双手垂下贴腿鞠躬，女士将左手压着右手放在小腹前鞠躬，并口念"初次见面，请多关照"，然后互相交换名片。交换名片时，年纪较轻和身份较低的人先递上名片。

日本人在社交场合注意仪表的美观，勤修边幅，保持衣着整洁。天气炎热时穿衬衣不卷袖子，在公共场合不穿背心。日本人讲究坐立姿势，讲话低声细语，措辞含蓄婉转，笑不露齿。接电话时，在对方通报姓名后，会迅速地自报单位、姓名。通话完毕，等拨号者先挂断，自己才放话筒。

在日本，根深蒂固的等级观念与盘根错节的集团意识浸透到社交活动中。日本人相当重视等级观念，在工作单位，下级对上级毕恭毕敬，在社交场合，对地位比自己高的人要用敬语称呼。不论举行何种性质的集会，与会者各自谦让一番后，最终总是按最恰当的等级次序落座。此外，不少日本人有相当强的集团观念，注意集团内外有别，即使平时对集团领导人有意见，牢骚满腹，但与集团外的人接触时，总是说自己集团的好话。在作自我介绍时，也是突出介绍自己所在的集团，简单地介绍自己。由于强烈的集团意识，导致一些谨小慎微的日本人局限于内部交流的小圈子里，而较少参与集团外的横向交流。

2. 忘年会和新年会

日本各团体，通常在年末举行忘年会，在年初举行新年会。过去的忘年会是以老人为中心举行宴会,使老人忘掉自己的年龄。现代忘年会演变为众人一起举行宴会,"忘却过去一年中的辛劳和烦恼",成为一种重要的年末社交活动。在忘年会上,人们自由自在,边吃边唱,边谈边闹,尽情欢乐。新年会则比较庄重,多在各单位领导主持下进行。

3. 社交10条

日本人认为谦恭是一种美德,他们提倡在社交中克制自己,尊重他人,并总结出以下10条礼俗:

(1) 忘掉自我;
(2) 切莫自夸和自我吹嘘;
(3) 要尽量避免议论别人;
(4) 说话要有条理,表达清楚;
(5) 避免使用直接性语言;
(6) 避免攻击他人;
(7) 避免道破他人的秘密;
(8) 不显露自己曾施惠予他人;
(9) 不忘记自己曾接受他人的恩惠;
(10) 不可说大话。

4. 送礼礼仪

日本人在社交活动中非常重视送礼和还礼。日文中"馈赠"一词写作"赠答",遇红白喜事送礼,访亲问友、做客赴宴要携带礼物。此外,还有季节性送礼习俗。每年仲夏,下级给上级、晚辈给长辈、孩子给父母送礼,以表谢意。每年岁末,上级给下级、长辈给晚辈、大人给孩子及孩子的老师送礼,以示关怀。日本人送礼的内容丰富多彩,礼品包括土特产、工艺品或其他有实用价值的东西。现在盛行送现金,在封面上写上赠送目的和数量。日本人送礼时喜单数。送礼品讲究装潢,往往要包上好几层,再系上一条美观的红白纸绳和缎带。送礼时双手捧着送上。受礼也用双手,并要微微鞠躬。日本人注重礼尚往来,除了办丧事等特殊情况接受赠礼后不宜立即还礼外,一般都尽快还礼,或等待适当时机给予回报。回赠礼品的价值应与赠礼价值大体相等。

5. 家访礼仪

到他人家中做客,预先和主人约定时间。进门前,按电铃、通报姓名。进屋后,主动摘帽、摘围巾、脱鞋、脱大衣。寒暄后,把礼品献给主人。做客时要讲礼貌,未经允许不得擅自进入人家的卧室、厨房。交谈完毕和茶余饭后,由客人主动表示谢意和提出告别。回到住所要打电话告诉对方,并再致谢意。

(二) 禁忌

日本人举止庄重,谈吐文雅,图吉利,避凶祸,在日常生活和社会交往中有不少忌讳,归纳如下。

1. 语言忌

参加别人的婚礼时,忌说"完了""断绝"等词。参加葬礼时,忌说"频繁""又"等词。与男士交谈时,忌问收入、物价等;与女士谈话时忌问年龄及婚配情况。对老人忌用"年迈"

等字眼。和残疾人谈话时,忌说"残疾"之类的词语。应称盲人为"眼睛不自由的人",称聋人为"耳朵不自由的人",称哑巴为"嘴巴不自由的人"。众人一起评论他人时,忌谈他人的生理缺陷等。

2. 数字忌

日本人对数字的吉凶概念很敏感,忌讳"4"(与"死"发音同)、"6"(发音为"劳苦")、"9"(在日语中有一种发音同"苦"字谐音)和"42"。因此,在喜庆场合,以及剧场、影院、医院等场所,一般不使用这几个"不吉利"的数字。

3. 衣着忌

在正式场合忌衣着不整。参加别人的婚礼时,男士宜穿黑西服,系白领带;女士宜穿色彩明快的服装,但艳丽的程度忌超过新娘。参加葬礼时,男士应穿黑色西装或燕尾服,系黑色领带;女士应穿黑色套装或黑色连衣裙,忌衣色过于明快。

4. 筷子忌

日本人一家人或亲朋好友围坐在一张桌子上吃饭的时候,忌舔筷(用舌头舔筷子)、迷筷(拿筷子在餐桌上晃来晃去)、移筷(连续夹两种菜)、扭筷(扭转着筷子用嘴舔取粘在筷子上的饭粒)、插筷(用筷插着菜送进嘴里)、掏筷(用筷子从菜的当中扒开挑菜吃)、跨筷(把筷子跨放在碗、碟上面)、剔筷(用筷子当牙签剔牙)。

5. 邮信忌

忌邮票倒贴;向受灾人发慰问信时,忌用双层信封;折叠信纸时,忌将收信人的名字头朝下。

6. 馈赠忌

赠送礼品时,忌赠送容易破损的陶瓷、玻璃制品。最忌讳以梳子作礼品。

7. 颜色忌

忌绿色,认为绿色是不祥之色,故忌用绿色做装饰色;忌紫色,认为紫色不牢靠,因此忌用紫色纸或紫色布包装食品等。

此外,在商品上,日本人忌用荷花(丧花)、狐狸(贪婪)、獾(狡诈)等图案。

二、韩国礼仪与禁忌

(一)礼仪

大部分韩国人热情,好客,性格开朗,彬彬有礼。韩国人重视礼节,尊老爱幼,讲究等级(职务和头衔)和男女有别。

1. 尊老礼仪

韩国社会有"尊老"传统。在公共场合,年轻人与年长者打交道,必须表示应有的礼节,无论是认识的还是陌生的,要让座,让道,使用敬语,表示谦恭的姿势……而年长者要表现出尊严,对看不顺眼的事可直接指斥。除了地位高低以外,一般来说,年龄关系大于其他关系。在韩国,年轻人不能在年长者面前吸烟,否则被认为是一件非常失礼的事情。万一正在吸烟时碰到年长者,也马上把拿烟的手藏在背后,等年长者走了以后再吸烟。在韩国,谁要是"没大没小",会被看成是粗俗无礼之辈。

2. 着装礼仪

在韩国,大学男教师必须穿西服,打领带。即使在夏天穿短袖衬衣,也一律打领带。教师衣着端庄,仪表整洁,不仅是为人师表者的仪容所要求,也是对学生的尊重。此外,韩国公务员和公司职员等,也十分讲究着装礼仪。

3. 饮食礼仪

韩国人吃饭,一般要等长辈先动筷,晚辈才能动筷。吃饭时,要安静地坐着吃,不可喋喋不休。进餐时,晚辈不能正面对着长辈喝酒,而是侧身90度左右喝酒。韩国人重视环保,环保意识较强。在韩国大大小小的餐馆,包括学校的教师餐厅、学生餐厅,一律使用金属筷子。由于金属筷子夹食容易滑动,所以厂家特意在筷子下端制成锯齿形状。韩国禁止使用一次性木筷,认为浪费太大,不利于生态环保。因此,韩国所有餐厅的水杯都是金属杯子,不提供一次性纸杯。

4. 见面礼仪

在社交场合,韩国男士一般先鞠躬再握手。男士一般不主动和女士握手。在社交场合,女士很少握手,但如果女士先伸出手,男士也应该握手。年轻者见到年长者、下级见到上级要先鞠躬,待对方伸出手后再握手。初次见面的两个韩国人,通常先仔细阅读对方的名片,再比较彼此的年龄,然后才正式开始交谈。

(二)禁忌

韩国人忌讳数字"4",因为在韩语中,"4"和"死"的发音一样。

韩国人聚会时,除了专业女歌手外,忌讳随便邀请女性唱歌。

韩国人说话比较直率,但在公共场合和社交活动中,忌谈国内政治问题、宗教问题。

三、泰国礼仪与禁忌

(一)礼仪

泰国人见面时一般不握手,行合十礼,并互道一声"沙越里"(泰语音译,意为"安乐吉祥")。合十礼源于佛教的合掌礼。行礼时双手合掌,十指并拢,置于胸前,掌尖对鼻尖,微微低头。晚辈见长辈时双手举至眼部,平辈相见举到鼻部,长辈对晚辈还礼时举至胸前。地位较低或年纪较轻者应先行礼。行礼时动作缓慢有度。当一方致意时,受礼者还致合十礼。泰国人告辞时也互致合十礼。现在泰国政府官员、知识分子见面时常握手问好。

许多泰国人讲文明,讲礼貌,老人和蔼可亲,青年人彬彬有礼,妇女脸上常带着友好的微笑。泰国人讲话轻声细语,举止温文尔雅。泰国人讲究礼仪,例如,泰国平民遇见王室成员或高僧,需行下跪礼,王室成员和高僧不需还礼;行人从坐着的人身边经过,要略微躬身,以表示礼貌;长者在座,晚辈坐地或蹲跪,头的高度不可超过长者。此外,泰国人的拜师仪式也相当隆重。

(二)禁忌

1. 头部忌

泰国人十分重视头部,认为头部是人的智慧所在,是身体的最重要部位,是神圣不可侵犯的。随便用手触摸他人的头部,被视为对他人的极大侮辱。即使对小孩表示亲昵,也不要随便抚摸头部,以免给小孩带来"厄运"。

2. 门槛忌

到泰国朋友家做客,进门时要小心跨过门槛,不可踏入家门槛。泰国人认为门槛下住着神灵,断不可冒犯。

3. 红色忌

在泰国,人们用红笔将死者的姓名写在棺木上。因此,泰国人忌用红笔签名,认为红色是不吉利的。

4. 鹤、龟忌

鹤和龟的图案在泰国是不受欢迎的。鹤被视为"色情"鸟;龟则被视为男性"性"的象征。因此,泰国人忌讳这两种动物以及印有其形象的物品。

5. 发怒忌

泰国人讨厌在公共场所勃然大怒的人。在社交场合大发脾气的人,常常会失去友谊;在商务活动中容易发怒的人,往往会丢掉生意。

四、菲律宾礼仪与禁忌

(一)礼仪

1. 见面礼

菲律宾人讲礼貌。同辈人相见时,互相握手问好。遇见长辈时,要吻长辈的手背,或者拿起长者的右手碰自己的前额,以示尊敬。女友之间久别重逢时往往拥抱和亲吻。

2. 叫门礼

菲律宾他加禄人在访亲拜友时,如果主人没出来迎接,客人便需先叫门。可敲门或敲墙壁,并轻声而有礼貌地说:"道——波!"直译是"先生,有人!"

(二)禁忌

1. 颜色忌

菲律宾青年人恋爱时,男友常赠送女友化妆品和鲜花等。花的颜色以白色为佳,茶色和红色属禁忌之色。

2. 话题忌

菲律宾人聊天时常谈论教育、孩子等大众话题,而忌谈政治、宗教等敏感话题。

五、马来西亚礼仪与禁忌

(一)礼仪

1. 见面礼

马来西亚马来人见面时通常行鞠躬礼。男士行礼时,一边举右手抚于自己胸前,一边深深鞠躬,以示敬意。女士行礼时,双膝微微弯曲,然后再深深鞠躬,以示敬意。

2. 做客礼

马来西亚马来人注重礼节。到别人家访问或做客时,应衣冠整洁,按时赴约,否则被认为失礼。马来西亚马来人的内厅是祈祷和做礼拜的地方,因此,进屋时应当脱鞋。若穿鞋进内厅,则被认为有渎神灵。在马来西亚马来人家做客时,主人会以马来糕或点心以及冰水等招待客人。客人应当吃一点,喝一点,以示领受主人的情意。客人如果谢绝主人的殷勤款待,会引起主人的反感。因此客人不要太客气,以免宾主之间产生隔阂和不愉快。

(二)禁忌

1. 忌触摸头部

马来西亚马来人认为头部是神圣不可侵犯的,因此忌摸别人的头部。如果某人的头部被别人触摸,便认为受了极大的侮辱。

2. 忌公开亲热

在马来西亚,公开表示亲热是不受欢迎的。在首都吉隆坡,严禁男女在公共场合接吻,违者会被处以罚款或囚禁。

3. 忌黄色、白色

马来西亚马来人忌黄色,黄色是马来西亚王公贵族的专用色。马来西亚马来人忌用白色纸包礼品,因为白色与办丧事有联系。

六、新加坡礼仪与禁忌

(一)礼仪

1. 见面礼

新加坡的华人见面时多行传统礼——相互作揖;新加坡的马来人见面时多行握手礼,印度人见面时常行合十礼。

2. 红包礼

新加坡的华人过春节时,亲友之间要互赠红包,以联络感情。有些企业家在职工初四上班时,要分发一个"开工红包"给职工,以表示开门吉利。

3. 敬长礼

新加坡人非常尊重长辈。他们的敬老准则是:对父母和其他长辈,要用亲切的称呼;当父母或其他长辈讲话时,不要插嘴;父母或其他长辈呼唤时,要随叫随到。

4. 待邻礼

在日常生活中,大多数新加坡人都能够自觉地执行"邻里礼貌守则":见到邻居要互相问候;逢年过节要请邻居来访;帮助邻居照管房屋;使用公共电话或公用场所,要时时多为别人着想。

5. 微笑礼

新加坡人十分重视"礼貌之道重于行"的准则,礼貌口号是:"真诚微笑。"人们处世待人,总是伴以真诚的微笑。当因故对别人有所干扰时,当事人总要笑着说:"对不起,打扰您了。"在公共电话机旁排队打电话时,打电话者会笑着对等候者说:"对不起,让您久等。"

即使交通警察对违章者罚款时,也是笑容可掬。因此,一些司机幽默地说:"我最怕警察对我笑。"

新加坡重视礼貌教育,文化部印发了《礼貌手册》,对在家庭、学校、工作场所和马路上如何讲礼貌提供指导。而在街头张贴的讲礼貌宣传品上,总是印有一张笑脸和一些口号:"处世待人,讲究礼貌"、"真诚微笑,处世之道"或"人人讲礼貌,生活更美好"。

6. 待客礼

新加坡店员重视礼貌待客。他们严格遵循的守则是:"顾客临门,笑脸相迎;顾客购物,别等他开口;顾客选物,耐心介绍;顾客提问,细心聆听,认真解答。"

(二)禁忌

1. 言词忌

新加坡人忌说"恭喜发财"。他们将"发财"理解为"不义之财",认为说这句话不是教唆人发不义之财,就是侮蔑别人的财路不正。

2. 长发忌

当代新加坡人对留胡须、蓄长发的男人极为反感。众多的家长和学校,严禁男青年蓄长发。许多公共场所的标语牌上写着"长发男子不受欢迎!"

3. 颜色忌

新加坡人忌黄色。

七、印度尼西亚礼仪与禁忌

(一)礼仪

1. 见面礼

印度尼西亚穆斯林见面时通常行握手礼,互致问候;也有一些印尼人习惯行鞠躬礼,行礼时,上身前倾以 30 度为宜。信奉印度教的巴厘人行合十礼。

2. 名片礼

在印尼,知识分子、公务人员,尤其是商人,与生人初次结识时,总要立刻将自己的名片呈递给对方,借此表达友好之情和敬意。

3. 搀扶礼

按照印尼人的礼节,年轻人见到行动不便的长者或老人,应主动上前去搀扶。在某些情况下,男士也应搀扶女士,如走险路、上下楼梯和台阶、上下车时等,男士均应扶持女士臂肘。搀扶时只能轻扶其臂,切不可挽其手,否则便为失礼。

4. 宴会礼节

宾客赴宴不可太早或过迟,应准时到达或略晚 5 分钟。到达时要先向女主人致意,并与邻近者握手,朝较远者点头示意。席次一般按男宾职位高低安排,以男女宾相间为原则。入座后姿势宜端正。每道菜上桌时,女主人先作品尝的表示,客人要注意女主人的动作。喝汤时不可发出响声。如果出席西式宴会,要注意刀、叉、勺的用法和饮酒礼节。侍者先敬鸡尾酒,将上鱼时敬白酒,上鸡时敬红酒,上点心、水果时敬香槟酒。红白酒杯及香槟酒杯均有区别,不可混用。白兰地等烈性酒一般饭后在客厅中饮咖啡时享用。宴毕,主宾应尽余兴,不要过早告辞。通常待主宾告辞后,方可向主人致谢、告辞。

5. 巴塔克人的公、媳对话礼节

苏门答腊岛上的巴塔克人,儿媳与公公不能直接对话。有话要说时,须通过"中间人"做媒介。如儿媳要问公公中午吃什么饭,须对在场的第三者发问:"某某,请问一下公公,中午吃什么饭?"公公答:"某某,请告诉她,中午吃米饭。"而充当中间人的第三者不必讲话。如没有第三者在场,房屋、家具、石头、树木、公路等均可充当"中间人"。

6. 米南卡保人的岳母、女婿对话礼节

米南卡保人实行的是母权制家庭制度。男子出嫁,女子娶亲。丈夫夜间到女家过夜。在夫从妻居的情况下,规定岳母和女婿不能同盆吃饭,不能同席而坐,不能直接对话,有事得通过第三者转达。

(二)禁忌

1. 口哨忌

爪哇人夜间外出忌吹口哨,以免口哨声招来恶魔,导致不幸。

2. 左手忌

印尼人敬烟、倒酒、端茶、递东西等均用右手,忌用左手。用左手待客被视为不礼貌。

3. 打听隐私忌

在印尼,不要打听别人的私事,以免引起对方的反感。

4. 动作忌

在印尼,对着别人用手指指点点是不礼貌的行为,故应谨慎处世。

5. 触摸头部忌

印尼人认为头部是神圣的部位,不容亵渎。因此,在与印尼人交往时,不要随便触摸人家的头部。

八、阿拉伯国家礼仪与禁忌

(一)礼仪

1. 见面礼

阿拉伯人见面时通常行握手礼,人们首次见面或关系一般者见面时行握手礼,但同性别的亲朋好友见面时行亲吻礼,关系特别要好的男子之间互相贴脸,以示亲热;而彼此熟悉或合得来的女子之间平时行握手礼,久别重逢时则互亲对方右脸颊和左脸颊。此外,部分阿拉伯国家的一些地区还有特殊的见面礼节,例如,一些科威特人见面时,除了握手外,还喜欢吻对方的额头和鼻子。因为信奉伊斯兰教的阿拉伯人做礼拜时,额头和鼻子是头部最先着地的部位。吻这两个部位,一是表示尊重对方,二是期望双方吉祥如意。而也门马里卜地区的阿拉伯人则常行碰鼻尖礼。

2. 家庭礼仪

大多数阿拉伯人家庭讲究家庭礼仪,敬重双亲,尊老爱幼,亲人之间互相关心,互相帮助。不过,在一些封建思想及男尊女卑的传统观念较严重的阿拉伯人家庭里,男主女从的现象普遍存在。

3. 公共场所礼仪

阿拉伯人比较讲究公共道德,出门时衣冠整洁,购物自觉排队,在公共场合尊重妇女,在公共汽车上为老人让座等。当人们相遇时,年轻者先问候年长者,行者先问候坐者,后到者先问候先到者等。讲话时注意看着对方,声音不大不小,语言婉转;听讲者神情专注,不轻易打断对方的话。当有人需要帮忙时,大家都会自觉地伸出援助之手。

阿拉伯人具有好客的优良传统,不仅逢年过节邀请亲朋好友到家里做客,盛情款待,对于素不相识的不速之客和萍水相逢的过路人,也同样以礼相待。倘若有谁待客冷淡或将远方客人拒之门外,则被认为有伤风化,玷污门楣,会受到众人的批评。

(二)禁忌

1. 饮食忌

伊斯兰教禁酒和禁吃猪肉,因此,虔诚的阿拉伯穆斯林滴酒不沾。

2. 问候忌

许多阿拉伯人在交往中忌问候对方的女眷,很少有人唐突地热情地问对方:"您夫人近来好吗?"

3. 偶像忌

严格恪守伊斯兰教的沙特阿拉伯人禁止崇拜一切偶像,尤其为膜拜而制作人物塑像是绝对禁止的。

4. 左手忌

大多数阿拉伯人习惯在上厕所后用左手清洁身体,因而认为左手是不干净的。所以,人们吃饭、握手或传递物品等均用右手,忌用左手递东西给别人和用左手行握手礼等。

九、以色列礼仪与禁忌

(一)礼仪

1. 见面礼

以色列人见面时通常行握手礼,亲密朋友久别重逢时行拥抱礼,女友之间相互亲吻。宾主见面相互躬身施礼,把手放在胸口、嘴上和额头,分别表示我的心、我的嘴、我的头脑,都愿意为您效劳。

2. 待客礼

以色列人非常好客,把远道来的客人看成上帝派来的使者。他们热情迎接客人,以丰盛的饮食款待客人。当客人执意要走时,主人常送出很远。大多数以色列人待人坦率、诚恳,守信誉。

(二)禁忌

1. 忌造偶像等

信奉犹太教的以色列人严格遵守"摩西十诫",即所谓古代以色列部族首领摩西在西奈接受上帝授予的十条诫命：不可信他神、不可造偶像、不可妄称神的名称、安息日不可工作、孝敬父母、不可杀人、不可奸淫、不可偷盗、不可作伪证、不可贪恋他人之物。

2. 饮食禁忌

犹太教禁止食用出自不洁动物身上的东西。因此，以色列人忌吃不洁的动物（马、猫、猪、狗、自死动物）以及虾、蟹、贝类等。

第二节 一些欧洲国家的礼仪与禁忌

一、俄罗斯礼仪与禁忌

（一）礼仪

1. 见面礼

俄罗斯人注重礼貌，见面时要相互问好，道一声"早安""日安"或"晚安"。同事相见一般行握手礼。女子之间的好友相遇时，通常是亲切拥抱，有时也接吻；男士之间只互相拥抱。男士对女士则以亲吻手背为宜。

俄罗斯人初相识时一般称姓，熟识了就会互用爱称（如喀秋莎是叶卡切琳娜的爱称）。对一般的同事和朋友只称其姓，对晚辈和至亲好友可直呼其名，对成年人通常以称其名和父名为最适宜。

2. 公共场所礼仪

俄罗斯人外出时衣冠楚楚，在电车上和公共汽车上主动让座给老人、残疾人、孕妇和儿童。人们在言谈中常使用"请""谢谢""对不起"等礼貌语言，普遍自觉遵守公共秩序，注意保持公共场所的卫生。

3. 待客、做客礼仪

俄罗斯人比较好客，喜欢在节日和工作之暇邀友小聚。主人请客之前要打扫和布置房间，餐桌上要摆鲜花，餐具要在客人到来之前摆好，食品丰盛，饮料充足……

应邀做客要准时赴约，进屋要敲门，得到允许才能入内。进屋先脱外套和帽子、围巾，然后向女主人鞠躬问好，并向男主人和其他人问好。进餐时动作要文雅，嚼东西时要微闭嘴唇，不要嚼出声来。

4. 赠礼礼仪

俄罗斯人也有在逢年过节或婚丧嫁娶等特殊日子和做客、探望病人等特殊情况时向亲友赠送礼物的习惯。他们讲究送礼要及时，不要雨后送伞。礼品要合适，应因人因事而异，如给女主人送鲜花，给儿童送智力游戏玩具等。俄罗斯人注重礼品的美观及实用。收礼者要对送礼者表示谢意。

（二）禁忌

1. 颜色忌

传统上俄罗斯人忌讳黑色，他们认为黑色是不吉利的颜色；而红色是美丽和吉祥的象征,白色表示纯洁,绿色代表希望,粉红色是青春的象征,蓝色表示忠诚……黄色是背叛、分手的象征,因此,送花不送黄色的花。

2. 数字忌

俄罗斯人和西方人一样,也忌讳"13"这个数字,认为它是凶险和死亡的象征;而数字"7"则是个吉祥的标志,意味着幸福和成功。

此外,俄罗斯人还忌讳打翻盐瓶,打碎镜子,打听女子的年龄,询问别人的收入,以及忌讳别人送钱等。

送花一般要送单数,最好是3、5枝,不送1枝花。而参加葬礼时才送双数枝花。

二、德国礼仪与禁忌

(一)礼仪

1. 见面礼

在德国,熟人碰到一起时,男性首先向女性致意,年轻男性首先向年老男性致意,年轻女性首先向年长女性和比自己年纪大得多的男性致意,下级首先向上级致意。握手时,年长女性先向年轻女性伸手,女性先向男性伸手,老师先向学生伸手。如果两对夫妇见面,先是女性互相致意,然后男性分别向对方的妻子致意,最后才是男性相互致意。在街上打招呼,男性应欠身、脱帽。

2. 交谈礼

交谈时要看着对方的眼睛。讲话应慢条斯理,吐词清晰。不要吹牛、说大话,不要应承自己办不到的事。谈话时,两手不要插进衣袋,更不能对别人指手画脚。当对方反驳自己的意见时,切勿急躁、恼怒。

3. 待客礼

星期日下午,是德国人在家接待宾客的时间。家家户户都保持着最佳状态的整洁,以便随时准备开门迎接客人。大多数德国人不尚空谈,待人接物以诚恳为礼。一般来说,主人要等客人坐定之后才能坐下,并应热情待客,如给客人上饮料、敬烟、递打火机等。细心的主人上饮料前会征求客人的意见:"我可以上给您什么饮料?"或者问:"您想喝点什么?"德国人敬烟不劝烟。客人告别时,要让客人自己开门,否则易使人误解你要下逐客令。

(二)禁忌

1. 符号忌

德国人最禁忌的符号是"卐"。1921年,希特勒设置卐字旗作为纳粹党的标志。第二次世界大战期间,纳粹的暴行令人发指。因此,德国人对这个符号十分反感。

2. 颜色忌

有些德国人对以茶色、红色、深蓝色和黑色作为包装材料的颜色不感兴趣。在德国一些地方,红色被视为色情的颜色。而黑色是悲哀的颜色,令人毛骨悚然。

三、法国礼仪与禁忌

(一) 礼仪

大多数法国人讲究文明礼貌,具有良好的社交风范。注重外表美,衣着整洁;崇尚"骑士风度",尊重妇女;谈吐文雅,在日常生活中经常使用"对不起""不客气""很乐意为您服务""谢谢"等礼貌用语。下面仅着重介绍一下握手礼和谈话礼以及尊重妇女的情况。

1. 握手礼

在法国通行握手礼,不论什么场合都要握手。进入法国人的办公室时,必须与所有在场者一一握手,走时还要再重复一遍。但男女见面时,男士要待女士先伸出手后才能与之相握。男士与女士握手时应脱去手套,女士则不必。如果女士无握手之意而不主动伸出手,男士应点头鞠躬致意。若是女主人,一般都会热情伸出手来表示对客人的欢迎。

2. 谈话礼

有教养的法国人注重谈话时的礼貌,与人交谈时,态度热情大方,语气自然、和蔼,言词文雅、婉转,声音高低适度。交谈时尽可能选谈诸如文化、教育、体育等大家都感兴趣、又都有所了解的公共话题,并注意自我克制,不把自己的观点强加于人,尽量避免冒犯他人。在听别人讲话时,神情要专注,眼睛应注视对方,不轻易打断别人的话。

3. 尊重妇女

在法国,在公共场合大多数男士都注意有礼貌地对待每一位相识的或不相识的妇女。女士走进房间时,男士要起立;拜访时,先向女主人致意,告别时,先向女主人道谢;男女共餐时,点菜、上菜、敬酒均应"女士优先";男女同行时,男士要为女士开车门、房门;上楼时,女士走在男士前面,下楼梯时,则男士先行;乘电梯和汽车时,男士均应后进先出;坐火车时,男士应把靠窗的座位让给女士。

(二) 忌讳

1. 颜色忌

传统上法国人忌讳灰绿色,因为在第二次世界大战期间,希特勒法西斯军队穿着灰绿色军服。法国人亦讨厌紫色,它是西方人公认的属于同性恋者的颜色。一般法国人喜欢天蓝色或淡蓝色。

2. 菊花忌

在法国,人们通常把黄色的菊花放在墓前吊唁死者。因此,法国人忌讳菊花。

3. 数字 13 忌

信天主教的法国人不喜欢 13 这个数字,认为 13 号加上星期五是非常不吉利的数字。因此,他们往往以"14(A)"或"12(B)"代替 13。

4. 打听隐私忌

在法国,与人交谈时,不要过问别人的隐私,不要询问对方的年龄、家庭生活、婚姻状况、有无子女等,更不要打听对方的收入、财产、家庭用具的价值,以及身体健康状况等,以免令人讨厌。

四、英国礼仪与禁忌

(一) 礼仪

1. 称呼

英国人一般对初识的人,根据不同情况采取不同的称呼方式,对地位较高或年龄较长的男女,称为 Sir(先生)或 Madam(夫人),而不带姓。这是正式并带有敬意的称呼。一般情况下使用 Mr(先生)、Mrs(夫人)或 Miss(小姐)带上对方的姓。结识一段时间后,双方关系逐渐密切,就会自然改为用个人的名字相称。近年来,一些英国青年相识后便直呼其名。而亲人挚友之间,互相称呼时还使用昵称,但不及美国人那样普遍。

2. 见面礼

英国人初次相识时,一般都要握握手。而平时相见,很少握手,彼此寒暄几句,除了对不常见的朋友问"身体可好"之外,通常只道"早安"或"下午好",再则对变化无常的天气略加评论。有时只是举一下帽子略示致意。不过,朋友久别重逢时要握手。此外,人们在长途旅行之前握手话别。

3. 介绍礼

英国人为他人作介绍的先后顺序是:先向年长者介绍年轻者;先向女士介绍男士(只有王子例外);先向身份高者介绍身份低者;先向先到者介绍后到者;先向已婚妇女介绍未婚女子。

4. 谈话礼

英国人在日常交谈中,注意使用"请""谢谢""对不起"等礼貌用语。英国人有很强的民族自豪感。一般不和别人进行无谓的争论。在倾听别人意见时,保留自己的看法。不打断对方讲话,不用手指点对方。喜欢讲风趣幽默的妙语,很少说引起对方不快的话。讲究风度,很少有人在谈话时大发脾气,令人扫兴。

英国男子崇尚绅士风度,在社交场合遵循"女士优先"(Ladies first)的原则。发表演说时,开场白总要先说"女士们",再说"先生们";在宴会上或餐馆里,先给女客人上菜,再给男客人上菜;当轮船遇到危难时,让妇女和儿童先上救生艇;男女同行,让妇女走在前面,男子走在后面;若并肩而行,男左女右;在人行道上走,男子应走在靠外的一边;进入剧场或电影院,让妇女先行;到衣帽间存放衣物,男人要先帮女人脱下大衣存放好,然后再存放自己的大衣。

5. 做客礼仪

在英国,不速之客是不受欢迎的。无正当理由,切勿随便干扰别人的"个人天地"。若有事拜访,要事先约好。应邀赴茶会或做客,一要注意衣着整洁(大多数英国男子讲究修边幅,不留胡须),二要尽量准时到达,不宜迟到或早到。英国人讲究准时,诚如作家冯骥才所说:"钟表对于他们,好像一个特殊的计算器,计算一个人的信义、教养和品德的水准。"入门前先敲门或按电铃,经主人允许方可进门。男人进门须脱帽,以示敬意。如果男女主人在一起,应先与女主人打招呼。若是礼节性拜访,客人一般不宜停留过久,以 20 分钟左右为宜。

6. 敬茶礼

英国人喜欢通过请友人喝下午茶,增进了解和友谊。英国人喝茶大多是红茶加牛奶和糖。糖和牛奶放在单独的器皿中,客人按个人口味取用,用自己的小茶匙调和。茶会还上一些饼干、三明治或小面包。客人取用时,放在自己的小吃盘上。有时茶会上还备有咖啡,供客人选用。

7. 敬酒礼

英国人爱饮酒,不少男士有在小酒馆消磨空闲时光的习惯。有些英国人也乐意邀请朋友下酒馆小酌。英国人请人喝酒,往往请客人挑选酒,并劝客人尽兴喝,但不灌酒。宾主不时互相举杯,说一声健康。英国人请朋友喝酒,主要是为了欢聚一下,促膝畅谈。

8. 公共场所礼仪

绝大多数英国人能够自觉遵守公共秩序,等车排队,购物也排队。看电影,看演出,听音乐会,注意保持安静,很少有人走动、说话或大声咳嗽。为演员的精彩表演鼓掌也有讲究,看戏是在每一幕完结时鼓掌,看芭蕾舞可以在演出中间、一段独舞或双人舞表演之后鼓掌,听音乐会在一曲终了之后鼓掌。

(二) 禁忌

1. 忌问私事

英国人忌讳询问别人的私事。忌讳打听女子的年龄、婚姻状况等。在日常交往中,不过问人家从哪里来,到哪里去,不问别人的收入、存款、物价、房租等,也不要问别人属于哪个党派、选举中投谁的票等。

2. 忌讳"13"

绝大多数英国人忌讳数字"13",认为这个数字不吉利。因此,英国人请客时总是避免宾主共 13 人(通常是 12 人),重要的活动也不安排在 13 日。英国的饭店一律没有 13 号房间。

3. 忌讳黑猫、孔雀

虽然不少英国人喜欢养狗喂猫,但有些英国人却认为,黑猫是不祥之物。如果有人看见黑猫在他的面前穿过,便预示他将遭到不幸。而孔雀是淫鸟,孔雀开屏则是自我炫耀的表现。

4. 忌碰响水杯

有些英国人认为,吃饭时如果刀叉碰响了水杯,任它发出响声不去终止,便会带来不幸。所以,英国人吃饭时,尽量避免刀叉器皿碰撞出声。万一碰到杯子发出响声时,要赶快用手捏一下使它停止作响。

此外,还有一些英国人认为,家中镜子破碎和百叶窗突然不关自合,预兆家中将有丧事发生。

五、意大利礼仪与禁忌

（一）礼仪

1. 见面礼

意大利人热情,普通同事见面时行握手礼;熟人、友人之间见面常行拥抱礼,通常男子之间相互抱肩拥抱,关系亲近的妇女之间互亲对方的脸,男女之间贴面颊。

2. 谈话礼

意大利人开朗、健谈,讲究礼仪。两人交谈时习惯保持40厘米左右的礼节性距离。因为双方间距太远,容易冲淡谈话气氛;倘若离得过近,又难免使人拘谨。

（二）禁忌

1. 手帕忌

在意大利,友人之间赠送礼物时,忌送手帕。他们认为手帕是分手者擦泪之物。

2. 菊花忌

意大利人普遍忌讳菊花,视菊花为墓地之花。意大利人平时忌讳以菊花相赠,甚至连带菊花图案的礼品也属禁忌之列,因为菊花是送给死人的,以表哀思。

第三节　美洲、大洋洲一些国家的礼仪与禁忌

一、美国礼仪与禁忌

（一）礼仪

1. 见面礼

美国人在日常交往时比较随便,朋友之间见面时通常只打个招呼。美国人一般只同那些不常见面的朋友握手,而不同经常见面的熟人握手。但在正式场合,人们讲究礼节,见面时行握手礼,男女之间由女方先伸手;长幼之间,年长者先伸手;上下级之间,上级先伸手;宾主之间,则由主人先伸手。人多时不可交叉握手。

2. 女士优先

美国人在社交场合,遵循女士优先的原则,例如,上下电梯,应让女士走在前边;下车、下楼时,男士应走在前边,以便照顾女士;进餐时,请女士先点菜,等等。

3. 讲礼貌语言

美国人热情,经常在各种场合讲礼貌用语。见面时互相致意,亲切问候,说话常带"请"等客气字眼,得到别人的帮助时会道谢。

4. 做客礼仪

美国人办事讲究效率,计划性强。若想拜访人家,必须事先约好,不做不速之客。赴约要准时,既不要早到,让人家措手不及,也不要迟到,让人家久等。做客时要彬彬有礼,落落大方。拜访时间不宜太长。若到亲友家中做客,一定要准备小礼物(如香水、酒等)送

给主人。

一般来说，许多美国人在非正式社交场合比较随便，不拘礼仪，但大多数美国人讲礼貌。例如，美国人如果要拒绝别人的要求，往往首先要说非常抱歉，然后尽量用婉转的言辞坦陈自己的意见。为了提高礼仪水平，美国首都华盛顿及其他一些城市，还专门开办了女子礼仪学校，培训夫人、小姐掌握化妆技术和社交礼仪。

（二）禁忌

1. 忌打听或谈论别人的隐私

美国人注重个人隐私权。美国俗语"Go fly your kite"（去放你自己的风筝），形象而婉转地点明了这一点。因此，在社交场合，忌问女子的年龄、婚配、履历等，忌问男子的收入、财产、信仰、党派等。也不要随便问别人来自何方，到哪里去。

2. 忌在宴会上喝醉

在宴会上喝酒要适量，切勿贪杯，不要喝得酩酊大醉。

3. 忌在别人面前吐舌头

美国人认为，成年人在别人面前吐舌头，是一种既不雅观又不礼貌的行为。

此外，美国人忌讳"不吉利"的"13""星期五""黑猫"等。忌随地吐痰和乱扔果皮纸屑等恶习。

二、加拿大礼仪与禁忌

（一）礼仪

1. 见面礼

加拿大人随和，讲礼貌而不拘繁礼。相识的人见面时互致问候，老朋友久别重逢则热烈拥抱和握手。

2. 公共场所礼仪

加拿大人在公共场所讲究文明礼让，出门时衣着整洁，注意公共卫生，没有人随地吐痰。自觉遵守交通规则，依序排队上车，在公共汽车上主动让座给残疾人。

3. 待客礼

加拿大人过节（感恩节、圣诞节）时喜欢在家里宴请客人。主人事先将各种食品摆在桌上，主宾随吃随取，边吃边谈。

加拿大人一般不做不速之客。欲访问别人先预约，然后准时赴约。

（二）禁忌

1. 数字忌

信奉基督教的加拿大人忌讳"13"这个数字，认为它不吉利。因此，门牌号码、聚会日、宴会的桌号均不用"13"这个数字。

2. 话题忌

加拿大人在社交场合忌谈及死亡、灾难、性等方面的话题，以免破坏轻松的气氛。

此外，一些加拿大人认为，吃饭时把盐撒了不吉利，玻璃被打碎了也是不祥之兆。所以,应尽量避免发生此类事件。

三、澳大利亚礼仪与禁忌

(一) 礼仪

1. 见面礼

澳大利亚人见面时通常行握手礼。亲密的男朋友相见时可亲热地拍拍对方的后背,要好的女朋友相逢时常常亲吻。

2. 称呼礼

大多数澳大利亚人性格外向、热情、坦率,容易接触与相处。初次见面时称呼别人先说姓,加上"先生""小姐"或"太太"等。熟识后若以小名相称,则表明双方的关系很融洽。

3. 交谈礼

澳大利亚人不喜欢自夸与吹牛。交谈时语气平和,声音高低适度,不喜欢转弯抹角、拖泥带水。异性之间交谈时,男士若对女士挤眉弄眼,是不礼貌的。

(二) 禁忌

1. 数字忌

信奉基督教的澳大利亚人忌讳数字"13",认为"13"是个不吉利的数字。

2. 比较忌

自尊心强的澳大利亚人不喜欢别人把他们与英国人或美国人相比,或者评论他们之间的异同。澳大利亚人常为自己独特的民族风格而自豪。

3. 话题忌

澳大利亚人比较随和,但对宗教却非常认真。因此,平时交谈,应尽量避免谈工会、宗教与个人问题等话题,也不要扯澳大利亚土著人社会与现代人社会的关系,以及关于袋鼠数量控制等敏感话题。

附外国礼仪故事一则。

一位日本人应邀到阿拉伯人家做客。热情的阿拉伯人准备了丰盛的菜肴,为客人的大餐盘里添满了食物。日本人以吃完主人招待的食品表示对主人的敬意和谢意,而阿拉伯人一定要让远道来的客人吃好、吃饱。于是,阿拉伯人不停地添,日本人卖力地吃……最后,日本人捧着鼓鼓的肚子躺在了地毯上。

思考与训练

1. 日本人和阿拉伯人的问候礼有何区别?
2. 新加坡人和俄罗斯人怎样看待微笑礼?
3. 法国人和英国人的饮食各有什么特点?
4. 在老师的指导下练习合十礼。

5. 请同学们交流在母亲节和父亲节的计划。

6. 安排同学们表演小品,模拟德国人在家接待中国留学生。

7. 下面这个故事发生在阿拉伯国家,反映了东西方习俗的差异。

  在沙特阿拉伯,一个美国人结束会谈后走到大街上,他感到一切都很新奇。正在这个时候,一位曾参加会谈的沙特阿拉伯人走过来,并拉住这位美国人的手,没有说话。美国人顿时惊慌失措。

  看完上述故事后,请说一说阿拉伯人拉美国人的手传递的是什么信息?而美国人为什么感到惊慌失措?

8. 在维多利亚女王统治英国时期,人们认为男士应该帮助他陪伴的女士携带属于她的任何东西,其中包括手套、遮阳伞等。这条曾经是男士绝对遵守的老规矩,实际上一直保持至今,就是男士应该帮助女士。例如,携带从商店里采购的较重的物品,帮助提旅行包等。一些似乎已成为女子服装一部分的物品,男士不必要拿。但是,女士们手上有一样东西男士不能拿。请回答下列物品中哪一项为正确答案。

  (1) 手套

  (2) 小手提包

  (3) 大衣

9. 读了下面这则报道,我们不由得为部分海外华人和华侨的处境感到担忧。请你想一想,采取什么方式,有助于改善这部分人的处境?

  据《法制晚报》2005年4月19日报道,近年来,纽约地区已先后发生几十起中餐馆外卖郎被劫、被抢甚至被杀害的事件,凶案发生率远远高于其他族裔。

  纽约福建工商总会主席赵伯铭说,目前,仅是纽约、新州、康州三个地区,中餐外卖店保守估计就超过8000家,而其中80%的外卖店由闽籍人士经营。在华裔社区中,经常可以听到这样的抱怨:华人一向给人一盘散沙的印象,虽然人数众多,却成了弱势群体。中餐馆不仅店面镶有防弹玻璃,下方只开一小窗口,窗口里面有一个类似银行柜台的小柜台,供员工收钱找钱,顾客不论付款、拿食品都只能通过这一个小窗口。这种整家店面有如"密封的箱子"般的情形,在韩国人的社区中是见不到的。因为韩国人相当团结,只要一有事情发生,附近居民、商户就蜂拥而至施以援手,报警的报警,还击的还击。

  "而华人经营中餐外卖店,早已沦入恶性竞争的结果中,为了竞争,中餐馆纷纷破坏行情、削价抢生意,营业时间也越来越长、越来越晚。若遇到邻近的中餐馆发生事故,同业不仅不愿伸出援手,反而隔岸观火,趁机多做点生意。"纽约华人黄克锵说。

  福建同乡社区在黄克锵的倡导下,在今年1月成立了"全美反餐馆暴力联盟"。黄克锵认为:"华人社区应该摒弃'自扫门前雪,哪管他人瓦上霜'的狭隘地域观念,齐心协力对抗暴力,保护华裔安全。"

10. 下面这篇文章摘自作家梁晓声发表在2004年7月31日《人民日报》上的访法纪事。通过阅读法国人主动让车和找人两个小故事,你能体会到作家的心情吗?

20世纪80年代我曾和林斤澜、柳溪两位老作家访法。有一个风雨天我们的汽车驶在乡间道路上。在我们前边有一辆汽车,他们的车轮扬起的尘土,一阵阵落在我们的车前窗上。而且,那条曲折的小道没法超车。终于到了一个足以超车的拐弯处,前边的车停住了。开车的丈夫下了车,向我们的车走来,用法语跟我们的司机说了半天。后来,我们的车开到前边去了。

我问翻译:"你们说了些什么?"

他说,对方坚持让他将车开到前边去。

他说,对方认为,自己的车始终开在前边,对我们太不公平。

隔日,我们的车在路上撞着了一只农家犬。是的,只不过是"碰"了那犬一下。只不过它叫着跑开时,一条后腿稍微有那么一点儿瘸,稍微而已。法国司机却将车停下了,去找养那只犬的人家。十几分钟后回来,说没找到。半小时后我们决定在一个小镇的快餐店吃午饭,那法国青年说他还是得开车回去找一下,说要不他心里很别扭。后来他终于找到了养那条犬的一户农家,而那条犬已经若无其事了。于是郑重道歉,主动留下了名片、车号、驾照号码……

回来时,他心里不"别扭"了。接下来的一路,又有说有笑了。

我想,文明一定不是要刻意做给别人看的一件事情。它应该首先成为使自己愉快并且自然而然的一件事情。

11. 下面是作者星竹发表在2004年8月5日《北京晚报》上的一篇文章。德国人设计、修建的德塞公园,经受了时间和风雨的考验。此文对你进一步认识德国人有何帮助?对你今后的工作有哪些启示?

南非的德塞公园是在国际上招标建设的,中标的是一家德国的设计院。当时就有非议。建成后,市民们更不满意,能找出许多不尽如人意的地方。

后来南非人再建公园,就不用外国人了。20世纪70年代,南非人自己动手,修建了一个很大的公园——克克娜公园。没想到,两年后南非人的看法却发生了惊人的变化。

在雨季到来时,克克娜公园被大水所淹,而德塞公园却没有一点渍水的痕迹。德国人不但为整个公园建了下水道,还垫高了两尺。这是当初人们不能理解的地方,直到大水到来,人们才为此感到惊奇。

克克娜公园在举行集会时,秀丽的公园大门因为过小,造成了安全事故。这时人们才想到德塞公园大门的宽敞方便。而当时人们对德塞公园大门的过大给予了批评,认为它有点傻。

在炎热的夏季,克克娜公园遮阳的地方太少,所谓的凉亭子只是花架子,容纳不了多少人。而德塞公园纳凉的亭子,因为棚檐宽大,能容纳许多人。

几年后,克克娜公园的石板地磨损严重,不得不翻修。而德塞公园的石板地却坚如磐石,雨后如新。而当初因为德塞公园的石板路投资过高,南非人差点叫德方停工。当时的德国人非常固执,一定要坚持自己的做法,双方争得脸红脖子粗。当地人曾一度认为,德国人太死板、太愚笨。现在看来,德国人是对的。

德国人在设计时,考虑到了南非的方方面面,包括天气与季节,地理与环境。而南非人自己却没有顾及这些。

德塞公园建成后,多少年没有变样,而克克娜公园总要修修补补,已经花掉了建德塞公园两倍的钱。为此,南非同行曾问德国同行,你们怎么会这么精明。德国人回答,我们只是实在,并非精明,精明的倒是你们南非人。

纵观历史,无论是做人,还是做事,实在的品格在最初往往都无法被证明,甚至是费力不讨好的,有时还很容易被人错怪。只有时间过去,经过风雨的磨砺,实在的东西才能发挥出它固有的光彩和价值,才能被完全地证实。

主要参考书目

[1] 郝铭鉴,孙为.中国应用礼仪大全[M].上海:上海文化出版社,1991.
[2] 李斌.国际礼仪与交际礼节[M].北京:世界知识出版社,1985.
[3] 谭敏,唐苓.国际社交礼仪[M].北京:中信出版社,1990.
[4] 侯宪举,周俊安.实用中外礼仪[M].西安:西安交通大学出版社,1989.
[5] 邢颖,曾宪植.社交与礼仪[M].北京:民族出版社,1993.
[6] 黄士平.现代礼仪学[M].武汉:武汉测绘科技大学出版社,1995.
[7] 于明,田晓娜.礼仪全书[M].北京:国际文化出版公司,1993.
[8] 李鸿军.交际礼仪学[M].武汉:华中理工大学出版社,1997.
[9] 李荣建,宋和平.外国习俗与礼仪[M].武汉:武汉大学出版社,1996.
[10] 李荣建,宋和平.谈判艺术品评[M].武汉:华中理工大学出版社,1997.
[11] 埃尔西·伯奇·唐纳德.现代西方礼仪[M].侯俊,吴多英,王延茂,等,译.上海:上海翻译出版公司,1986.
[12] 刘积山.卡耐基论事业与智慧[M].北京:北京燕山出版社,1997.
[13] 乌丙安.中国民俗学[M].沈阳:辽宁大学出版社,1985.
[14] 洪涛.生活美的艺术[M].北京:旅游教育出版社,1993.
[15] 李飞.家庭交际礼仪手册[M].北京:北京体育学院出版社,1987.
[16] 晓燕.公关礼仪[M].南昌:百花洲文艺出版社,1995.
[17] 任继愈.宗教词典[M].上海:上海辞书出版社,1981.
[18] 卡尔·斯莫尔卡.请注意您的风度[M].靳建国,厉兵,译.北京:世界知识出版社,1987.
[19] 胡锐.现代礼仪教程[M].杭州:浙江大学出版社,1995.
[20] 让·塞尔.西方礼节与习俗[M].高凌瀚,译.上海:上海人民出版社,1987.
[21] 冯天瑜,何晓明,周积明.中华文化简史[M].上海:上海人民出版社,1993.
[22] 杨存田.中国风俗概观[M].北京:北京大学出版社,1994.
[23] 王锡龄.中华风情大观[M].北京:中国民间文艺出版社,1990.
[24] 赵荣光.满族食文化变迁与满汉全席问题研究[M].哈尔滨:黑龙江人民出版社,1996.
[25] 梁庭望.壮族风俗志[M].北京:中央民族学院出版社,1987.
[26] 金正昆.商务礼仪[M].北京:北京大学出版社,2004.
[27] 陈萍.最新礼仪规范[M].北京:线装书局,2004.
[28] 李莉.实用礼仪教程[M].北京:中国人民大学出版社,2004.

[29]　李天民.现代国际礼仪知识[M].北京:世界知识出版社,1999.
[30]　胡静.实用礼仪教程[M].武汉:武汉大学出版社,2003.
[31]　韩英.现代社交礼仪[M].青岛:青岛出版社,2005.
[32]　李荣建.现代礼仪[M].北京:高等教育出版社,2011.

后　　记

《礼仪训练》于1999年出版第一版,2005年出版第二版,2015年出版第三版,迄今已多次印刷,总印数逾3万册。该书受到读者的欢迎和好评,被国内许多大专院校选作教材或教学参考书。一些同行在编撰新著时青睐并引用该书部分内容。

近几年来,社会在继续进步,礼仪在不断发展。根据新的变化和需要,与时俱进的《礼仪训练》即将出版第四版。为此,我们在保持原书体例基本不变的基础上,补充了志愿者礼仪、乘地铁礼仪等新内容,删除了一些过时的案例,更新了部分数据,增加了视频等电子信息链接,为教材配备了全套课件。

参加《礼仪训练》(第四版)修改工作的有:主编李荣建,以及宋和平、李雯、丁建安等。

谨此再次感谢丛书主编李元授教授,他约我们编撰了此书,并对该书修订事宜进行了具体的指导。

李荣建

2022年1月于武汉珞珈山麓